Transformation des Geldes im digitalen Zeitalter

Harald Meisner

Transformation des Geldes im digitalen Zeitalter

Blockchain-Technologie, Token-Ökonomie und Künstliche Intelligenz

Harald Meisner
MeisCon Hürth
Hürth, Deutschland

ISBN 978-3-658-48234-3   ISBN 978-3-658-48235-0 (eBook)
https://doi.org/10.1007/978-3-658-48235-0

Die Deutsche Nationalbibliothek verzeichnet diese Publikation in der Deutschen Nationalbibliografie; detaillierte bibliografische Daten sind im Internet über https://portal.dnb.de abrufbar.

© Der/die Herausgeber bzw. der/die Autor(en), exklusiv lizenziert an Springer Fachmedien Wiesbaden GmbH, ein Teil von Springer Nature 2025

Das Werk einschließlich aller seiner Teile ist urheberrechtlich geschützt. Jede Verwertung, die nicht ausdrücklich vom Urheberrechtsgesetz zugelassen ist, bedarf der vorherigen Zustimmung des Verlags. Das gilt insbesondere für Vervielfältigungen, Bearbeitungen, Übersetzungen, Mikroverfilmungen und die Einspeicherung und Verarbeitung in elektronischen Systemen.
Die Wiedergabe von allgemein beschreibenden Bezeichnungen, Marken, Unternehmensnamen etc. in diesem Werk bedeutet nicht, dass diese frei durch jede Person benutzt werden dürfen. Die Berechtigung zur Benutzung unterliegt, auch ohne gesonderten Hinweis hierzu, den Regeln des Markenrechts. Die Rechte des/der jeweiligen Zeicheninhaber*in sind zu beachten.
Der Verlag, die Autor*innen und die Herausgeber*innen gehen davon aus, dass die Angaben und Informationen in diesem Werk zum Zeitpunkt der Veröffentlichung vollständig und korrekt sind. Weder der Verlag noch die Autor*innen oder die Herausgeber*innen übernehmen, ausdrücklich oder implizit, Gewähr für den Inhalt des Werkes, etwaige Fehler oder Äußerungen. Der Verlag bleibt im Hinblick auf geografische Zuordnungen und Gebietsbezeichnungen in veröffentlichten Karten und Institutionsadressen neutral.

Springer Gabler ist ein Imprint der eingetragenen Gesellschaft Springer Fachmedien Wiesbaden GmbH und ist ein Teil von Springer Nature.
Die Anschrift der Gesellschaft ist: Abraham-Lincoln-Str. 46, 65189 Wiesbaden, Germany

Wenn Sie dieses Produkt entsorgen, geben Sie das Papier bitte zum Recycling.

Vorwort

Geld ist für viele Menschen das Synonym für Vermögensverfügung, für Macht oder für Wohlstand. Die Diskussionen um den Bitcoin zum Beispiel ist von einer Reihe Missverständnissen geprägt – und von Vorurteilen. Einerseits wird der Bitcoin als Zockerwerkzeug abgetan, andererseits wird er als Heilsinstrument gefeiert. Beide Interpretationen vernachlässigen den Charakter dieses Tokens, der in dem Whitepaper von Satoshi Nakamoto dargelegt wird (vgl. Nakamoto, 2008). Dezentralität und technologische Souveränität wären hier zu nennen – diese Aspekte sind Meilenstein in der Geschichte des Geldes. In diesem Buch soll es daher darum gehen, eine kurze Zeitgeschichte des Geldes mit den Entwicklungslinien der Kryptoökonomie zu verknüpfen.

Den zahlreichen Vorbehalten und Missverständnissen, die Kryptowährungen begleiten, kann nicht nur mit ökonomischen Argumenten begegnet werden. Psychologische und soziologische Faktoren müssen ebenso herangezogen werden. Viele Menschen in demokratischen Staaten, die eine Marktwirtschaft als wirtschaftliche Grundlage haben, wissen sehr wenig über die Dynamik dieser Systeme und folgen häufig Vereinfachungsmustern.

Dieses Buch untersucht vor allem die Transformation des Geldes im digitalen Zeitalter. Es beginnt mit einer historischen Betrachtung des Geldes und seiner philosophischen Grundlagen, um das Verständnis der monetären Evolution zu schärfen. Darauf aufbauend wird der Wert des Geldes, insbesondere im Kontext von Zins und Inflation, betrachtet, bevor die Rolle des Geldes in der Internetökonomie untersucht wird – einer zunehmend digitalisierten Ökonomie, die als Nukleus moderner ökonomischer Prozesse verstanden wird.

Wie kann Geld über die Zeit, die Kulturen und die materiellen Grundlagen eingeordnet werden? Historisch gesehen war Geld ursprünglich ein Mittel zum Zweck – ein Tauschmittel, das den Handel vereinfachte. In vielen alten Kulturen waren Werte oft nicht in monetären Begriffen definiert. Stattdessen lag der Fokus auf zwischenmenschlichen Beziehungen, Gemeinschaftswerten und spirituellen Überzeugungen (vgl. hierzu Graeber, 2011, S. 21 ff.). Inwieweit dies die Geldentwicklung beeinflusst hat, wird auch ein Thema dieses Buches sein.

Psychologisch betrachtet kann Geld für Sicherheit, Macht und Status stehen. In einer von Unsicherheit geprägten Welt bietet Geld ein Gefühl der Sicherheit – es ermöglicht den Zugang zu Grundbedürfnissen wie Nahrung, Unterkunft und Gesundheitsversorgung. Darüber hinaus wird Geld oft mit persönlichem Erfolg gleichgesetzt, was zu einem stärkeren Fokus auf materiellen Reichtum als auf immaterielle Werte führt.

In sozioökonomischer Hinsicht ist Geld ein Symbol der Macht und des Einflusses. In kapitalistischen Gesellschaften wird Reichtum oft mit einem höheren Status gleichgesetzt, was zu einem Ungleichgewicht in der Machtverteilung führt. Geld wird eben nicht nur ausgegeben, sondern es hilft, Vermögen aufzubauen. Die Vermögensbesitzer haben oft großen Einfluss auf politische und soziale Entscheidungen.

Zu Beginn direkt eines, was sich in diesem Buch immer wieder als entscheidender Punkt herauskristallisieren wird: Es gibt einen Zusammenhang von Geldverständnis und Bildung (vgl. Lusardi, 2019). In den letzten 50 Jahren hat sich der Bildungsstand in den OECD-Ländern stark verbessert. Ein Schlüsselelement dieser Entwicklung ist die Erkenntnis, dass der Abschluss der Sekundarstufe II zunehmend als grundlegendes Bildungsniveau angesehen wird. Dennoch hat ein bedeutender Anteil der Erwachsenen in den OECD-Ländern keinen Sekundarstufenabschluss erreicht. Zudem hat sich gezeigt, dass lebenslanges Lernen für die Erwachsenenbildung maßgeblich ist, wobei jedoch viele Erwachsene nicht an solchen Bildungsprogrammen partizipieren. Ein weiterer wichtiger Aspekt ist die zunehmende Bildungsbeteiligung von Frauen, die in einigen Bereichen die Männer überholt hat (vgl. OECD, o. J.).

Bei allen umfassenden Bildungsanstrengungen in den OECD-Ländern muss festgestellt werden, dass das Thema Geld und Finanzwirtschaft zu kurz gekommen ist. Menschen agieren mit Geld, verdienen Geld und sparen, häufig ohne wirklich grundlegende Kenntnisse über die geldwirtschaftlichen Zusammenhänge zu haben. Handwerkliche Fähigkeiten werden zurecht den Menschen positiv zugerechnet, doch der Umgang mit Geld oder Finanzen wird outgesourct, weil er zum einen komplex ist und zum anderen wenig Spaß macht. Die Konsequenzen sind bekannt. Die Ungleichverteilung von Vermögen ist bemerkenswert (vgl. Deutsches Aktieninstitut, o. J.).

Der empirische Befund ist für Deutschland ernüchternd: Deutsche Privathaushalte halten einen erheblichen Teil ihres Geldvermögens in Sichteinlagen wie Giro- und Tagesgeldkonten. Ende 2023 betrug dieser Anteil rund 28 % des gesamten Geldvermögens, was etwa 2132 Mrd. € entspricht (vgl. Statista, 2025). Diese Präferenz für liquide, aber niedrig verzinste Anlagen führt dazu, dass potenzielle Renditen ungenutzt bleiben. Obwohl der DAX im Jahr 2023 um über 20 % zulegte, investieren deutsche Sparer wenig in renditestärkere Wertpapiere wie Aktien oder Investmentfonds. Ende 2023 machten Aktien und sonstige Anteilsrechte lediglich etwa 12,9 % des Geldvermögens aus (vgl. Klatt, 2024).

In diesem Buch kann die Frage nicht beantwortet werden, warum in Deutschland so viele Menschen ihr Geld nicht richtig anlegen, aber es wird Hinweise für die Analyse dieses Zustands geben und es werden technologische Hilfsmöglichkeiten wie generative Künstliche Intelligenz erörtert, die dieses Problem erheblich abmildern können. Immerhin: Immer mehr Sparer auch in Deutschland entdecken die Vorteile der einfachen, günstigen und gestreuten Geldanlage in Aktien (Exchange Traded Funds, ETFs) und es werden mehr – vor allem junge Leute. Diese Instrumente werden daher in diesem Buch auch zur Portfoliogestaltung herangezogen.

Ein zentraler Punkt des Buches ist die aufkommende Blockchain-Technologie, einschließlich ihrer Grundlagen und der Token-Ökonomie. Besondere Aufmerksamkeit wird dabei den Themen CBDCs (Central Bank Digital Currencies) und Stablecoins gewidmet, die als stabile Anker im digitalisierten Finanzsystem fungieren.

Im weiteren Verlauf wird die Funktionswelt des Geldes in der Finanzwirtschaft beleuchtet: digitale Finanzierungen, mit einem speziellen Fokus auf Peer-to-Peer-Ansätzen, alternativen Finanzierungsmodellen wie Crowdinvesting sowie die Möglichkeiten der dezentralen Finanzwirtschaft (DeFi). Es wird außerdem erörtert, wie Business Intelligence, Big Data und Künstliche Intelligenz die Portfoliosteuerung und das Finanzmanagement erleichtern und verbessern können. Diese technologischen Betrachtungen sind nicht nur einfach mit einer Erweiterung des Instrumentenkastens der Finanzwirtschaft verknüpft, sondern sie verdeutlichen eine qualitative Veränderung in der Finanzwelt – hin zu autonomen und eigenverantwortlichen Akteuren des Finanzgeschehens.

In einem Ausblick wird die Möglichkeit einer Peer-to-Peer-basierten Zukunft des Geldes skizziert, in der Finanzströme direkt zwischen Individuen fließen könnten und die mit der Entwicklung der materiellen Grundlagen der globalen Wirtschaft verknüpft ist.

Dabei werden auch kritische Perspektiven auf Kryptowährungen, insbesondere Bitcoin, beleuchtet, die dazu anregen, grundlegende Überlegungen zu Vermögenswerten und ihren immateriellen Bestandteilen anzustellen. Interessanterweise halten viele Menschen an traditionellen Vorstellungen von Wert fest, die der digitalen und zunehmend entmaterialisierten Wirtschaftswelt nicht mehr gerecht werden. Die ungebrochene Faszination für technologische Megatrends wie Digitalisierung und Künstliche Intelligenz ist in der Öffentlichkeit vorhanden, deren Einfluss in der Debatte um Vermögenswerte findet jedoch wenig Beachtung.

Im Kern lautet die Frage: Ist Bitcoin oder sind Kryptowährungen mit einem relevanten Wert verknüpft oder sind sie „wertlos"? Es wird deutlich, dass digitale Einheiten in einer digitalen Welt durchaus mit Werten verknüpft sind und sogar Mehrwerte bieten können. Das Vorurteil, ein digitales Asset kann keinen Wert haben, ist demnach auf verschiedenen Ebenen mit Missverständnissen verknüpft. Das Buch versucht diesen Einwänden auf diesen verschiedenen Ebenen nachzugehen.

Literatur

Deutscher Aktieninstitut. (o.J.). Aktionärszahlen – Wie halten es die Deutschen mit den Aktien? https://www.dai.de/aktionaerszahlen/. Zugegriffen am 03.04.2025.

Graeber, G. (2011). *Debt – the first 5000 years*. New York.

Klatt, R. (2024). Geldvermögen der Deutschen ist deutlich gewachsen. https://www.forschung-und-wissen.de/nachrichten/oekonomie/geldvermoegen-der-deutschen-ist-deutlich-gewachsen-13379192. Zugegriffen am 03.04.2025.

Lusardi, A. (2019). Financial literacy and the need for financial education: evidence and implications. *Swiss Journal of Economics and Statistics, 155*(1), 1–8. Springer;Swiss Society of Economics and Statistics.

Nakamoto, S. (2008). Bitcoin – A Peer-to-Peer Electronic Cash System. https://bitcoin.org/bitcoin.pdf. Zugegriffen am 03.04.2025.

OECD. (o.J.). Gender equality in education. https://www.oecd-ilibrary.org/en/topics/gender-in-education.html?utm. Zugegriffen am 23.04.2025.

Statista. (2025). Bargeld und Sichteinlagen der privaten Haushalte in Deutschland von 1999 bis 2023. https://de.statista.com/statistik/daten/studie/236300/umfrage/bargeld-und-sichteinlagen-der-privaten-haushalte-in-deutschland/. Zugegriffen am 03.04.2025.

Hürth, Deutschland   Harald Meisner

Interessenkonflikt

Der/die Autor*in hat keine für den Inhalt dieses Manuskripts relevanten Interessenkonflikte.

Inhaltsverzeichnis

1 Geschichte des Geldes 1
   1.1 Historische Grundlagen 1
   1.2 Metalle und Handelsentwicklung 14
   1.3 Regionale neuere Geldgeschichte 16
   1.4 Von der Industrialisierung bis zur Netzwerkwirtschaft 21
   Literatur 23

2 Geldphilosophie und Geldtheorie 25
   2.1 Grundlegende philosophische Geldbetrachtungen 25
   2.2 Wirtschaftstheoretiker 26
   Literatur 30

3 Zeitwert des Geldes: Zins und Inflation 31
   Literatur 35

4 Geld in der Internetökonomie 37
   4.1 Internetökonomie als Nukleus allen modernen Wirtschaftens .. 37
   4.2 Ressourcensteuerung in der Internetökonomie 44
   4.3 Finanzmittel in der Internetökonomie 49
   4.4 Kapitalmarkttheorien in der Internetökonomie 53
   4.5 Einschränkungen der Mainstreamtheorien 59
   4.6 Verhaltensanomalien 62
   4.7 Zusammenfassung 68
   Literatur 70

5 Blockchain und Token 73
   5.1 Grundlagen der Blockchain 73
   5.2 Smart Contracts 79
   5.3 Was sind Token? 81
   5.4 Beispiele für Projekt Token 84
   5.5 Real World Asset Token (RWA Token) 90
   5.6 CBDC und Stablecoins als Anker 92

	5.7	Regulierung als Herausforderung	97
	5.8	Zusammenfassung	99
		Literatur	100
6	**Business Intelligence und Künstliche Intelligenz**		103
	6.1	Business Intelligence und Big Data	103
	6.2	Künstliche Intelligenz (KI)	106
	6.3	Finanztheorie, BI und KI	112
	6.4	Zusammenfassung	112
		Literatur	113
7	**Digitale Finanzierungen**		115
	7.1	Peer-to-Peer-Ausrichtung	115
	7.2	Alternative Finanzierungen (Crowdinvesting et al.)	118
	7.3	Decentralized Finance (DeFi)	120
	7.4	Finanzierungstoken	125
	7.5	Technologische Portfoliosteuerung	128
	7.6	Mächtige Bots	132
	7.7	Nachhaltige Finanzierungen	138
	7.8	Zusammenfassung	142
		Literatur	143
8	**Zukünftige Finanzlandschaften**		145
	8.1	Technische Grundlagen und Bildung	145
	8.2	KI als große Herausforderung	147
	8.3	Reise ins Botland	148
	8.4	Cockpitsteuerung für jeden	153
	8.5	Veränderte Kapitalmarktlandschaften	162
	8.6	Web 3.0 als Ziel	166
	8.7	Zusammenfassung	168
		Literatur	170
9	**Epilog: Die Zukunft der Finanzlandschaften – Zwischen Dezentralität, Technologie und neuer Anlegerkultur**		171
	9.1	Dezentrale Ökonomien: Vom Randphänomen zur Transformation	171
		9.1.1 Kraft der Dezentralität	171
		9.1.2 Nischenmarkt mit Potenzial	172
	9.2	Rolle der Technologie	172
		9.2.1 Künstliche Intelligenz als Risikomanager	172
		9.2.2 Technologien als Bildungsinstrument	173
	9.3	Neue Anlegergeneration: motiviert und technologieaffin	173
		9.3.1 Intrinsische Motivation für Vermögensaufbau	173
		9.3.2 Technologiekompetenz als Schlüssel	173

	9.4	Kapitalerträge als zweite Einkommensquelle	174
		9.4.1 Diversifikation durch neue Anlageklassen	174
		9.4.2 Automatisierte und passive Einkommensströme	174
	9.5	Fazit: Digitale Finanzlandschaften im dezentralen Umfeld	174
10	**Anlage 1: Technische Darstellung einer Token – Umgebung**		**175**
	Literatur		179
11	**Anlage 2: Konkrete Gestaltung eines Finanz-Cockpits**		**181**

Abbildungsverzeichnis

Abb. 1.1 Von der Kaurischnecke zur Münze. (Quelle: eigene Darstellung) 3
Abb. 1.2 Entwicklung des Bankwesens und des Papiergeldes. (Quelle: eigene Darstellung) 8
Abb. 3.1 Barwert und Zins. (Quelle: eigene Darstellung) 32
Abb. 4.1 Netzwerkeffekte. (Quelle: eigene Darstellung) 39
Abb. 4.2 Finanzportale. (Quelle: eigene Darstellung) 50
Abb. 4.3 Idealer Finanzintermediär. (Quelle: eigene Darstellung) 52
Abb. 4.4 Überblick über die wichtigsten Finanzinstrumente. (Quelle: eigene Darstellung) 54
Abb. 4.5 Wertfunktion. (Quelle: eigene Darstellung). 63
Abb. 7.1 Dezentraler Finanzstapel. (Quelle: eigene Darstellung in Anlehnung an Schär, 2020, S. 4) 122
Abb. 8.1 Zusammenwirken von KI, Big Data und Blockchain. (Quelle: eigene Darstellung) 148
Abb. 8.2 Entwurf für ein Cockpit. (Quelle: eigene Darstellung) 154

Tabellenverzeichnis

Tab. 5.1　Vergleich Stablecoins und CBDCs 96
Tab. 7.1　DeFi und zentralisierte Finanzen. (Quelle: eigene Darstellung
　　　　　in Anlehnung an Grigo et al., 2020). 121

Geschichte des Geldes   1

1.1 Historische Grundlagen

Geld ist ein universeller Begriff, der eine geschichtliche Würdigung erfordert. Geld bewegt die Menschen seit allen Zeiten. Geld ist Ausdruck der materiellen Grundlagen des menschlichen Lebens. Die Verfügungsgewalt über Ressourcen gibt den Menschen Wohlstand und Macht – genau dies zeigt sich in der Geschichte des Geldes. Sie zeigt, wie sich Geldsysteme von den Anfängen der Zivilisation bis hin zur modernen digitalen Ära entwickelt haben und dies veranschaulicht den Einfluss des Geldes auf die Gesellschaft und Wirtschaft durch die Jahrhunderte. Alle historischen Prozesse, seien es Herrschaftszeiten, Kriege oder soziale Umwälzungen, weisen auf die Bedeutung des Geldes hin.

Die Geschichte des Geldes ist so alt wie der Handel selbst, geprägt durch eine beständige Evolution, die von Tauschhandel und Naturalwirtschaft bis hin zu den komplexen Finanzsystemen der heutigen Zeit reicht. Ein faszinierendes Kapitel in dieser langen Geschichte spielt die Kaurischnecke, ein kleines Meereslebewesen, dessen Schalen in vielen Teilen der Welt als frühe Form des Geldes dienten. Diese Praxis veranschaulicht die kreativen Lösungen, die menschliche Gesellschaften gefunden haben, um die Herausforderungen des Tausches und der Wertspeicherung zu bewältigen (vgl. Walker, 2015, S. 6).

Es kann angezweifelt werden, dass alle prä-metallischen Geldformen ausschließlich mit primitiven Gemeinschaften verbunden sind: das Bankwesen in einigen Kulturen (zum Beispiel in Babylon) ging der ‚Erfindung' von Münzgeld voran, was zeigt, dass Bankwesen und Geldentwicklung nicht unbedingt parallel verlaufen (vgl. Davies, 2002, Kap. 2).

Die hier hervorzuhebenden **Kaurischnecken**, insbesondere die Art Cypraea moneta, wurden nicht nur wegen ihrer Schönheit geschätzt, sondern auch wegen ihrer Haltbarkeit, Uniformität und relativen Seltenheit wurden sie in bestimmten Regionen als ideales Tauschmittel angesehen. Sie ermöglichten den Handel über weite Strecken, verbanden verschiedene Kulturen und förderten so den Austausch nicht nur von Waren, sondern auch von Wissen und Traditionen. Der Einsatz von Kaurischnecken in Afrika, Asien und im Pazifikraum zeigt, wie ein natürliches Objekt die **Grundfunktionen des Geldes – als Tauschmittel, Werteinheit und Wertaufbewahrungsmittel** – erfüllen kann. In China begann die Verwendung von Kaurischnecken als Geld bereits im dritten Jahrtausend vor Christus. und dauerte bis ins zweite Jahrtausend nach Christus. In Afrika wurden sie bis ins 20. Jahrhundert hinein verwendet, insbesondere in Westafrika, wo sie bis ins 19. Jahrhundert ein wichtiges Zahlungsmittel darstellten und sogar noch bis ins frühe 20. Jahrhundert in einigen Regionen im Umlauf waren. In der Südsee waren sie bis ins 19. Jahrhundert relevant (vgl. Davies, 2002, Kap. 2).

Doch die Kaurischnecke ist nur ein Beispiel für die Vielfalt der Zahlungsmittel, die im Laufe der Geschichte genutzt wurden. Ähnliche Konstrukte umfassen unter anderem Salz in antiken und mittelalterlichen Gesellschaften, das aufgrund seiner essenziellen Rolle in der Ernährung und Konservierung wertvoll war oder Teeziegel in Teilen Asiens, deren Wert sich aus der Bedeutung des Tees als Alltagsgetränk und Handelsware ableitete. Diese Beispiele zeigen, wie die Wahl der Zahlungsmittel oft von lokalen Gegebenheiten und der Verfügbarkeit bestimmter Ressourcen beeinflusst wurde.

Die Kaurischnecke und ähnliche Geldformen erinnern daran, dass das Konzept des Geldes tief in der menschlichen Kultur verwurzelt ist, sich ständig weiterentwickelt und weit mehr als nur ein physisches Objekt darstellt – es ist ein grundlegendes Element der sozialen Organisation, das Handel, Kommunikation und die Entwicklung von Gesellschaften ermöglicht hat.

Die traditionelle Erzählung suggeriert, dass Geld aus der Notwendigkeit heraus entstanden ist, den ineffizienten Tauschhandel zu überwinden, und skizziert einen linearen Fortschritt von primitiven Tauschhandelsgesellschaften zur Entstehung von Geld und schließlich zur Entwicklung des Bank- und Kreditwesens. Diese Darstellung wird jedoch von anthropologischen Studien und historischen Belegen in Frage gestellt, die zeigen, dass Tauschhandel selten als primäres Wirtschaftssystem innerhalb von Gemeinschaften diente, sondern eher zwischen Fremden oder feindlichen Gruppen auftrat. Viele Gesellschaften ohne Geld organisierten ihre Wirtschaft durch komplexe Kreditsysteme oder andere Formen des sozialen Austauschs, die nicht auf direktem Warentausch basierten (vgl. Gräeber Graeber, 2011, Kap. 2).

An dieser Stelle soll chronologisch die Geschichte des Geldes aufgezeigt werden (vgl. Abb. 1.1).

Die Antike: Die Erfindung der Münzprägung in Lydien um das siebte Jahrhundert vor Christus kann als markante Wegmarke gesehen werden. Der Goldbergbau der Lydier war die Grundlage für den sagenhaften Reichtum jenes Königs Krösus, der im sechsten Jahrhundert vor Christus lebte (vgl. Walker, 2015, S. 7).

Diese Neuerung führte zu einer Standardisierung von Werten, was den Handel über weite Strecken und zwischen verschiedenen Kulturen erheblich vereinfachte. Die Münzen, geprägt mit dem Siegel des Königs, galten als Garantie für ihren Wert, was ein *hohes Maß an Vertrauen in das Geldsystem* schuf. Dieses Vertrauen war entscheidend für die

1.1 Historische Grundlagen

Prähistorische Zeit

Tauschhandel mit Vieh, Muscheln, Häuten und Sklaven

Antike

Verwendung von Kaurischnecken (z.B. Cypraea moneta)

7. Jahrhunder v. Chr.

Erfindung der Münzprägung in Lydien (7. Jhr. v. Chr.)

6. Jahrhundert V. Chr.

Einführung standardisierter Münzen in Griechenland und Rom

Abb. 1.1 Von der Kaurischnecke zur Münze. (Quelle: eigene Darstellung)

wirtschaftliche Expansion und die Förderung des Handels, der die Grundlage antiker Zivilisationen wie Griechenland stärkte. In Griechenland wurde die Münzprägung schnell zu einem zentralen Aspekt des täglichen Lebens. Stadtstaaten prägten ihre eigenen Münzen, die oft als Symbol für Reichtum, Macht und kulturelle Identität dienten. Diese frühen Währungen erleichterten nicht nur den Handel, sondern finanzierten auch monumentale Bauwerke und künstlerische Unternehmungen, die heute als Zeugnisse antiker Zivilisationen gelten (vgl. Davies, 2002, Kap. 3).

Um die Mitte des siebten Jahrhunderts vor Christus wurden auf der Insel Mykene die ersten Münzen Griechenlands geprägt. Das Silber musste jetzt nicht mehr geprüft und gewogen zu werden und es konnten fertig geprägte Stücke genutzt (vgl. Walker, 2015, S. 7). Mit der Entwicklung der Münzen wurden klar erkennbare Verschuldungsbeziehungen und die damit verbundenen Abhängigkeiten deutlich – bezogen auf Sklaven, Bürger und

Machthaber. Das drastische Ausmaß dieser Abhängigkeiten wird in folgendem Beispiel deutlich: nach dem peloponnesischen Krieg ließ die „neue oligarchische Regierung Athens 1500 der reichsten Bürger hinrichten und deren Vermögen konfiszieren, um Geld in die Staatskasse zu bekommen" (Walker, 2015, S. 11). Letztendlich führten die Verwerfungen in den Handelsbeziehungen – Getreide und Luxusgüter mussten importiert und finanziert werden, Kriege mussten bezahlt werden – zu einem Verfall der Geldwirtschaft.

In der **Spätantike** erreichte im Römischen Reich das Geldsystem eine bis dahin ungekannte Komplexität und Reichweite. Die Römer perfektionierten das Münzsystem und etablierten es als Eckpfeiler ihres Imperiums. Der Denarius und später der Solidus zirkulierten in einem Reich, das von den britischen Inseln bis zum Nahen Osten reichte.

Von den ersten geprägten Münzen, die unter dem Einfluss griechischer Vorbilder standen, bis hin zu den weit verbreiteten Gold-, Silber- und Bronzemünzen der Kaiserzeit, zeigt die Entwicklung des römischen Münzwesens ein Imperium in Bewegung, ein Reich, das sich ständig zwischen Krieg und Frieden, Expansion und Konsolidierung bewegte. Jede Münze, von der bescheidensten Bronzeprägung bis hin zu den prächtigen Goldmünzen, erzählt eine Geschichte von Macht, von göttlichen Ansprüchen, von militärischen Siegen und von der Integration weit entfernter Provinzen in das wirtschaftliche Netz des Imperiums.

Der Anfang der römischen Münzgeschichte mag bescheiden erscheinen, geprägt von schwerfälligen Bronzestücken, die in einer Welt in Umlauf gebracht wurden, in der Handelsbeziehungen noch stark von Tauschhandel dominiert wurden. Doch bereits in der Republik begannen die Römer, den Wert der Münzprägung für das weite Spektrum ihrer Unternehmungen zu erkennen – sei es zur Finanzierung ihrer Legionen, zur Unterstützung öffentlicher Bauten oder zur Stärkung politischer Allianzen durch die Verbreitung von Münzen, die die Porträts verdienter Führer trugen.

Mit der Ausdehnung des Reiches und der Eroberung reicher Silber- und Goldminen, etwa in Spanien oder in den griechischen Territorien, schwoll der Strom der Münzprägung an. Die Münzen wurden zum Blutkreislauf des Imperiums, sie erleichterten den Handel über weite Entfernungen, trugen zur Integration verschiedener Kulturen bei und festigten die Macht der römischen Elite. Gleichzeitig reflektieren sie in ihren Prägungen die zunehmende Vergöttlichung der Kaiser, eine Politik, die sowohl der Legitimation als auch der Propaganda diente (vgl. hierzu Davies, 2002, Kap. 3). Die reichhaltigen Erträge der Silberminen ermöglichten die Prägung von Münzen, was wiederum den Handel erleichterte, Reichtum generierte und zur finanziellen Unterstützung der staatlichen und militärischen Unternehmungen beitrug. Die Arbeitskraft für diese Minen wurde häufig aus Sklaven und Kriegsgefangenen rekrutiert, was die Kosten minimierte und die Profitmargen für die Besitzer und den Staat erhöhte.

Diese Konzentration des Reichtums und der wirtschaftlichen Macht in den Händen einer kleinen Elite hatte starke negative Folgen. In Rom beispielsweise, wo der Reichtum aus den Provinzen – einschließlich der Einkünfte aus den Minen – in die Hauptstadt floss, führte dies zu einem Lebensstil unter den Patriziern und anderen wohlhabenden Bürgern, der durch Luxus, Dekadenz und eine Abkehr von traditionellen Tugenden wie harter Arbeit und öffentlichem Dienst gekennzeichnet war.

Die breite Masse der Bürger – in Rom beispielsweise die Plebejer – fand sich zunehmend in prekären Verhältnissen wieder. Die Abhängigkeit von staatlichen Getreidezuteilungen und anderen Formen der Unterstützung nahm zu, da die Möglichkeiten, durch eigene Arbeit einen Lebensunterhalt zu verdienen, immer weiter abnahmen. Dies war teilweise auf die Verdrängung der freien Bauern und Handwerker durch Sklavenarbeit zurückzuführen, die durch die Eroberungen und die Expansion des Reiches in großem Umfang verfügbar wurde.

Die Kombination aus der Verarmung der Bevölkerung und dem zunehmend unproduktiven Lebensstil der Eliten führte zu sozialen Spannungen und trug zu den politischen Instabilitäten bei, die letztlich zum Niedergang der römischen Republik und zu den Krisen des Römischen Reiches in späteren Jahrhunderten beitrugen.

Die fortwährenden wirtschaftlichen Belastungen durch Kriege, die Aufrechterhaltung eines gigantischen Militärapparats und die Versorgung der städtischen Massen Roms führten zu einer schleichenden Entwertung der Währung. Inflation war ein allseits zu spürendes Phänomen, das die wirtschaftliche Schieflage begründete und begünstigte. Die fortgesetzte Praxis der Münzverschlechterung untergrub das Vertrauen in das Geldsystem. Als die Bürger realisierten, dass ihre Münzen weniger Edelmetall enthielten, verlangten sie für Güter und Dienstleistungen mehr Münzen, was zu Preissteigerungen führte. Diese Inflation wurde durch die zunehmende Unsicherheit und die häufigen politischen und militärischen Krisen noch verstärkt, die das Vertrauen in die Wirtschaft weiter untergruben. Ein weiterer Faktor, der zur Inflation beitrug, war der Rückgang der Produktivität, insbesondere in der Landwirtschaft (vgl. hierzu Weatherford, 1997, S. 46 ff.).

Mittelalter: Nach dem Fall des Weströmischen Reiches im fünften Jahrhundert nach Christus erlebte Europa eine Periode erheblicher politischer, sozialer und wirtschaftlicher Verwerfungen, die sich auch auf die Nutzung und Entwicklung von Geld auswirkte. Die darauffolgenden Jahrhunderte, oft als Mittelalter bezeichnet, waren von einer Fragmentierung der politischen Macht und einer überwiegend agrarischen Wirtschaftsstruktur geprägt. Diese Veränderungen führten zu einer Rückentwicklung und Regionalisierung des Geldsystems, das während der römischen Zeit standardisiert und weit verbreitet war (vgl. Davies, 2002, S. 113 ff.).

Die Völkerwanderung, ein Zeitraum zwischen dem vierten und sechsten Jahrhundert nach Christus, soll hier beispielhaft hervorgehoben werden. Sie war geprägt durch umfassende Wanderungsbewegungen und Invasionen germanischer sowie anderer nomadischer Völker in das Römische Reich und sie hatte auch tiefgreifende Auswirkungen auf die europäische Geldgeschichte.

Mit dem Zusammenbruch der weströmischen Verwaltung und der fortschreitenden Eroberung und Zersplitterung des Reiches durch eindringende Völker ging ein signifikanter Rückgang der Münzprägung einher. Die systematische Prägung von Münzen, wie sie in der römischen Zeit üblich war, ließ nach oder kam in vielen Gebieten ganz zum Erliegen.

Dies führte zu einem Rückgang des Geldumlaufs und einer zunehmenden Rückkehr zum Naturaltausch oder zur Nutzung primitiverer Geldformen (vgl. Davies, 2002, S. 113 ff.).

Viele der einwandernden Völker übernahmen römische Münzen für ihre eigenen Zwecke, sowohl als Zahlungsmittel als auch als Prestigeobjekte. Römische Goldmünzen, insbesondere Solidi, blieben eine wichtige Währung für Handel und Tributzahlungen, auch unter den neuen herrschenden Klassen in den entstehenden germanischen Königreichen.

Einige der germanischen Nachfolgestaaten, wie das Reich der Ostgoten und das der Franken, begannen eigene Münzen zu prägen, die häufig an römische Vorbilder angelehnt waren. Diese Münzen dienten als Zeichen der Souveränität und des Versuchs, wirtschaftliche und administrative Kontinuität zu wahren. Die Qualität und Quantität der Münzprägung variierte jedoch stark und erreichte selten das Niveau römischer Präzisionsarbeit (vgl. auch Walker, 2015, S. 27 ff.).

Die Völkerwanderung führte zu einem Niedergang der städtischen Zentren und des überregionalen Handels im westlichen Europa, was wiederum den Bedarf an Münzgeld reduzierte. In vielen Gebieten kehrte die Wirtschaft zu einer stärker lokalisierten, auf Selbstversorgung basierenden Struktur zurück, in der Geld eine geringere Rolle spielte.

Das Mittelalter, eine Epoche, die oft als dunkle Zeit dargestellt wird, erlebte andererseits auch signifikante Verbesserungen im Geldwesen, die die Grundlage für moderne finanzielle Infrastrukturen und Praktiken bildeten. Diese Periode war gekennzeichnet durch die Weiterentwicklung des Münzgeldes, das Aufkommen des Papiergeldes und die Gründung der ersten Banken.

An dieser Stelle soll auf **Karl den Großen** verwiesen werden, der durch seine Reformen eine einheitliche Währung förderte und eine zentralisierte Kontrolle der Münzprägung auf den Weg brachte.

Karl der Große regierte von 768 bis 814 nach Christus Durch seine umfassenden administrativen, militärischen und kulturellen Reformen legte er nicht nur die Grundlagen für das spätere Heilige Römische Reich, sondern standardisierte auch das Münzwesen in seinem weitreichenden Reich. Diese Maßnahmen trugen maßgeblich zur wirtschaftlichen Integration und Stabilität bei und förderten Handel und Wirtschaft im fränkischen Reich.

Karl der Große führte das karolingische Pfund („libra") ein, eine Währungseinheit, die sowohl eine Gewichtseinheit als auch eine Recheneinheit darstellte. Diese Standardisierung war ein bedeutender Schritt zur Vereinheitlichung des Geldwesens in seinem Reich, das Gebiete des heutigen Frankreichs, Deutschlands, Italiens und darüber hinaus umfasste.

Die wohl bedeutendste geldpolitische Maßnahme Karls des Großen war die Reform des Silberdenars. Der Silberdenar wurde zur zentralen Münze in Karls Reich und basierte auf dem karolingischen Pfund. Ein Pfund Silber wurde in 240 Denare geprägt, wodurch ein übersichtliches System geschaffen wurde. Diese Reform verbesserte nicht nur die Effizienz des Handels innerhalb des Reiches, sondern erleichterte auch die Erhebung von Steuern und Abgaben.

Karl der Große zentralisierte zudem die Münzprägung und bestimmte spezielle königliche Münzstätten, was die Qualität und Einheitlichkeit der Münzen sicherstellte. Diese

1.1 Historische Grundlagen

Kontrolle half, Fälschungen und Abweichungen in der Münzqualität zu reduzieren, was das Vertrauen in das Währungssystem stärkte.

Die Reformen Karls des Großen im Geldwesen hatten weitreichende Auswirkungen über die Grenzen seines Reiches hinaus. Durch die Schaffung eines einheitlichen und stabilen Währungssystems legte Karl der Große die Basis für die wirtschaftliche Entwicklung in Europa (vgl. hierzu Walker, 2015, S. 34 ff.).

Mit der Zeit, **besonders ab dem elften und zwölften Jahrhundert** begannen lokale Herrscher eigene Münzen zu prägen, um den Handel zu erleichtern und Steuern zu erheben. Diese Münzen waren oft von unterschiedlicher Qualität und Wert, was den Handel über größere Entfernungen erschwerte, zugleich aber die lokale Wirtschaft förderte und die Machtposition der Herrscher stärkte.

Ein interessantes Phänomen soll an dieser Stelle erwähnt werden: die **Brakteaten**. Brakteaten sind dünne, einseitig geprägte Silbermünzen, die vor allem im Hoch- und Spätmittelalter in Europa verbreitet waren, insbesondere im Gebiet des Heiligen Römischen Reiches zwischen dem 12. und dem 14. Jahrhundert. Brakteaten wurden aus einem dünnen Silberblech hergestellt, das auf einer Seite mit verschiedenen Motiven geprägt wurde, während die Rückseite durch den Prägevorgang eine konkave Form annahm. Die Motive reichten von Herrscherporträts über Stadtwappen bis hin zu religiösen Symbolen. Ihre Dünne und Einseitigkeit unterschieden die Brakteaten deutlich von den robusteren, beidseitig geprägten Münzen früherer Epochen.

Ein besonderes Merkmal der Brakteaten Wirtschaft war das sogenannte „Münzregal", das Recht der Münzprägung, das oft an lokale Fürsten und geistliche Herrscher vergeben wurde. Diese führten in regelmäßigen Abständen eine Münzumtauschpflicht ein, bei der alte Münzen gegen neue, mit einem Abschlag auf das Gewicht oder gegen eine Prägegebühr umgetauscht wurden. Dieser Vorgang, der als „Münzschlagsrecht" oder „Münzwechsel" bekannt ist, ermöglichte es den Herrschern, Einnahmen zu erzielen und gleichzeitig die Menge des umlaufenden Geldes zu kontrollieren. Das begünstigte die Inflation, da die Bevölkerung stets einen Teil ihrer Kaufkraft durch die Umtauschgebühren verlor.

Brakteaten bieten Historikern und Archäologen wertvolle Einblicke in die kulturellen, politischen und wirtschaftlichen Verhältnisse des mittelalterlichen Europas. Sie sind nicht nur Zeugnisse der Münzprägung und der wirtschaftlichen Praktiken jener Zeit, sondern auch wichtige kulturelle Artefakte, die Aufschluss über die Kunst, Religion und Gesellschaft des Mittelalters geben.

Im Vergleich zu den Reformen Karls des Großen, die auf Stabilität und Einheitlichkeit abzielten, scheint das Brakteaten-System auf den ersten Blick einen Rückschritt darzustellen, da es zu Inflation und wirtschaftlicher Unsicherheit führte. Es spiegelt die politische Fragmentierung des mittelalterlichen Europas wider, in der lokale Herrscher mehr Autonomie besaßen und eigene politische und wirtschaftliche Strategien verfolgten. Interessant ist in diesem Zusammenhang die Entwicklung der Städte, die Ausdruck der Machtzunahme der bürgerlichen Kräfte und eines steigenden städtischen Wohlstands ist (vgl. Walker, 2015, S. 55 ff.).

Eine der bemerkenswertesten Meilensteine im mittelalterlichen Geldwesen war die Gründung des ersten internationalen Bankensystems durch den **Templerorden**. Ursprünglich gegründet, um Pilger im Heiligen Land zu schützen, erkannten die Templer schnell die Notwendigkeit, sicheren Transport und Verwaltung von Geldern für Pilger und Adlige zu bieten. Sie entwickelten ein System von Kreditbriefen, das es ermöglichte, Geld über weite Strecken zu transferieren, ohne physisches Bargeld mitführen zu müssen – eine Praxis, die als direkter Vorläufer des modernen Bankwesens gilt (vgl. Abb. 1.2, vgl. Davies, 2002, S. 153 ff.).

Die Templer, ursprünglich eine religiöse Ritterordnung, die sich dem Schutz von Pilgern im Heiligen Land widmete, hatten im Laufe der Zeit ein umfassendes Bankwesen entwickelt, das nahezu 200 Jahre lang Bestand hatte (vgl. zu diesem Komplex Weatherford, 1997, Kap. 4). Die Templer rekrutierten sich vornehmlich aus dem jüngeren Adel, lebten nach strengen Ordensregeln und schworen auf ein Leben in Armut, Keuschheit und

Mittelalter
Die Rolle des Templerordens und ihre Kreditbriefe im Mittelalter

15. Jahrhundert:
Die Medici-Bank und die Entwicklung der doppelten Buchführung und Wechselbriefe

Tang- und Song-Dynastie:
Einführung des ersten Papiergeldes in China während der Tang- und Song-Dynastie

18. Jahrhundert:
John Laws Einführung von Papiergeld in Frankreich und die damit verbundenen Probleme

1694:
Gründung der Bank of England und die Entwicklung des modernen Zentralbanksystem

Abb. 1.2 Entwicklung des Bankwesens und des Papiergeldes. (Quelle: eigene Darstellung)

Gehorsam. Ihre militärischen Erfolge und ihr Engagement für die Sicherheit der Pilgerwege zum Heiligen Land trugen zu ihrem hohen Ansehen bei. Trotz ihres Gelübdes der Armut häuften die Templer durch Schenkungen, Beutezüge und Handel erhebliche Reichtümer an, was letztendlich Neid und Gier bezogen auf ihr Vermögen weckte, insbesondere bei König Philipp IV. von Frankreich. Die Anklagen gegen sie, die von Häresie bis zu Sodomie reichten, wurden unter massivem Druck und durch Folter erzwungen, was zu ihrer Verurteilung und Hinrichtung führte. Ihre Auflösung führte zur Beschlagnahmung ihres Vermögens und markierte das Ende ihrer Rolle als mittelalterliche Bankiers und Finanziers.

Die Kreditbriefe der Templer sind ein frühes Beispiel für Finanzinstrumente, die den Wechseln oder auch modernen Schecks und Banküberweisungen ähneln und eine wichtige Innovation im mittelalterlichen Bankwesen darstellten. Diese Kreditbriefe ermöglichten es den Kreuzfahrern und anderen Reisenden, große Geldsummen über weite Strecken zu bewegen, ohne physisches Bargeld mit sich führen zu müssen:

1. Eine Person, die beispielsweise von England ins Heilige Land reisen wollte, konnte bei einer Niederlassung des Templerordens in ihrer Heimat eine Summe Geldes hinterlegen. Angesichts der Gefahren von Überfällen und Diebstahl auf langen Reisen war dies eine sicherere Alternative zum Mitführen von Bargeld.
2. Im Gegenzug für die Einlage stellten die Templer einen Kreditbrief aus, der den eingezahlten Betrag und die Identität des Einzahlers verzeichnete. Dieser Brief funktionierte als Nachweis für das hinterlegte Geld.
3. Um Missbrauch zu verhindern, enthielten die Kreditbriefe verschiedene Sicherheitsmaßnahmen. Dazu gehörten unter anderem geheime Zeichen, Siegel und manchmal auch Passwörter, die nur dem Einzahler und dem ausstellenden Templer bekannt waren. Der Reisende musste sich bei der Einlösung des Briefs angemessen ausweisen.
4. Bei Ankunft im Heiligen Land (oder an einem anderen Zielort) konnte der Reisende den Kreditbrief bei einer anderen Niederlassung der Templer vorlegen. Nach Überprüfung der Authentizität des Briefs und der Identität des Inhabers wurde der entsprechende Geldbetrag (abzüglich einer Gebühr für den Service) ausgezahlt.

Diese Methode bot mehrere Vorteile. Sie reduzierte das Risiko, während der Reise beraubt zu werden, und erleichterte den Transfer großer Geldsummen über lange Distanzen. Zudem bot sie eine frühe Form der Finanzverwaltung.

Die Zerschlagung des Templerordens markierte nicht nur das Ende einer Ära des mittelalterlichen Bankwesens, sondern auch den Beginn eines Machtkampfes zwischen kirchlichen und weltlichen Mächten über die Kontrolle finanzieller Institutionen. Der Fall der Templer demonstrierte die wachsende Macht staatlicher Autoritäten gegenüber religiösen und finanziellen Institutionen, ein Muster, das sich in den kommenden Jahrhunderten weiter festigen sollte.

Die Lücke, die der Untergang der Templer hinterließ, wurde bald von italienischen Bankhäusern gefüllt, die die weiteren Fundamente für das moderne Bankwesen legten.

Familien wie die **Medici in Florenz** etablierten Netzwerke von Bankfilialen in ganz Europa, die Kredite vergaben, Wechselgeschäfte tätigten und die Kunst der doppelten Buchführung weiterentwickelten. Diese Bankiers spielten eine entscheidende Rolle in der Wirtschaft des späten Mittelalters und der Renaissance, indem sie den Handel finanzierten und zur Entstehung kapitalistischer Wirtschaftsstrukturen beitrugen.

Die Medici-Bank, gegründet von Giovanni di Bicci de' Medici im frühen 15. Jahrhundert, wuchs zu einer der größten und erfolgreichsten Finanzinstitutionen ihrer Zeit heran. Sie war eine der ersten, die ein weitverzweigtes Netzwerk von Filialen in ganz Europa unterhielt, darunter in Rom, Venedig, Avignon, Brügge, London und vielen anderen wichtigen Handelszentren (vgl. hierzu Weatherford, 1997, S. 78 ff.).

Die Medici führten mehrere bahnbrechende Bankpraktiken ein, die zur Grundlage des modernen Bankwesens wurden. Dazu gehörten:

- Doppelte Buchführung: Auch wenn die Medici nicht die Erfinder der doppelten Buchführung waren, so perfektionierten sie doch diese Methode, die eine präzise Aufzeichnung von Debit- und Kredittransaktionen ermöglichte und die finanzielle Überwachung und Analyse verbesserte.
- Wechselbriefe: Um das Risiko des Transports von Bargeld über weite Strecken zu vermeiden, nutzten die Medici Wechselbriefe – ähnlich den Kreditbriefen der Templer. Diese ermöglichten es Händlern, Geld einzuzahlen und an einem anderen Ort innerhalb des Netzwerks der Medici-Bank abzuheben. Dies war ein früher Vorläufer des modernen Schecks und des bargeldlosen Zahlungsverkehrs.
- Kredite und Zinsen: Die Medici-Bank war maßgeblich an der Entwicklung des Kreditwesens beteiligt, einschließlich der Berechnung von Zinsen für Darlehen. Dies ermöglichte es ihnen, sowohl Handelsunternehmen als auch Regierungen zu finanzieren.

Der Reichtum und die finanzielle Macht der Medici verliehen ihnen erheblichen politischen Einfluss, nicht nur in Florenz, sondern auch in der gesamten christlichen Welt. Sie nutzten ihre finanziellen Ressourcen, um politische Ämter zu erlangen und die Künste und Wissenschaften zu fördern, was zur Blüte der Renaissance beitrug.

Neben der Prägung von Münzen begannen im Mittelalter auch die ersten Experimente mit repräsentativem Geld und Papiergeld, vor allem in Italien und später in anderen Teilen Europas. Kaufleute und Bankiers stellten Schuldscheine aus, die bei Bedarf in Münzgeld umgetauscht werden konnten.

Das erste Papiergeld der Welt wurde in China eingeführt. Die Entstehung des Papiergeldes in China kann bis ins 7. Jahrhundert während der Tang-Dynastie zurückverfolgt werden, wobei seine Verwendung als offizielles Zahlungsmittel erst in der darauffolgenden Song-Dynastie (960–1279 nach Christus) weite Verbreitung fand (vgl. Deutsche Bundesbank, 1970, S. 9 ff. und Weatherford, 1997, S. 126 ff.).

Die Erfindung des Papiergeldes war eine Antwort auf das Bedürfnis, den Handel effizienter zu gestalten und die Probleme, die mit dem Transport und der Handhabung großer Mengen von Münzgeld verbunden waren, zu überwinden. Zunächst wurden Schuldscheine oder Wechselbriefe von Kaufleuten verwendet, um große Transaktionen zu tätigen, ohne physisches Geld transportieren zu müssen. Diese Praxis mündete in der Entwicklung von „Jiaozi", den frühesten Formen des Papiergeldes.

Die Song-Dynastie führte später staatlich ausgestelltes Papiergeld ein, bekannt als „Jiaochao", um die Geldversorgung zu stabilisieren und den Handel weiter zu erleichtern. Dieses frühe Papiergeld war zunächst durch Einlagen von Gold, Silber oder Seide gedeckt, was es zu einer vertrauenswürdigen und akzeptierten Form des Zahlungsmittels machte (vgl. Weatherford, 1997).

Die Erfindung des Papiergeldes in China ist ein wichtiger Meilenstein in der Geldgeschichte, der den Weg für die globale Akzeptanz von Papier als Medium für den Wertetransfer ebnete.

Die neuere Geldgeschichte der letzten 500 Jahre wurde insbesondere von einem Instrument namens **Wechsel** – siehe oben zu den Medici oder den Templern – geprägt. Die Einführung und Verbreitung des Wechsels hatten eine tiefgreifende Bedeutung für den Handel und das Kreditwesen (vgl. hierzu auch Davies, 2002, S. 153 ff.).

Wie genau funktioniert so ein Wechsel: Ein Wechsel ist ein formelles Finanzinstrument, das als schriftliches Zahlungsversprechen funktioniert. Dieses Versprechen wird von einer Person oder Firma, dem Aussteller, erstellt und richtet sich an eine andere Person, den Bezogenen, die aufgefordert wird, einen festgelegten Betrag zu einem bestimmten oder bestimmbaren Zeitpunkt an den Begünstigten oder Remittenten zu zahlen. Der Begünstigte kann dabei der Aussteller selbst sein oder eine dritte Partei, die durch das Dokument berechtigt wird, die Zahlung zu empfangen.

Der Prozess beginnt damit, dass der Aussteller den Wechsel erstellt und ihn unterschreibt. Dies stellt eine formale Anweisung an den Bezogenen dar, die angegebene Geldsumme zu zahlen. Der Bezogene muss den Wechsel akzeptieren, indem er ihn ebenfalls unterschreibt, womit er die Zahlungsverpflichtung offiziell anerkennt. Diese Akzeptanz macht den Wechsel zu einem bindenden Vertrag zwischen den beteiligten Parteien. Ein wesentliches Merkmal des Wechsels ist seine Übertragbarkeit. Der Begünstigte kann den Wechsel durch eine Indossierung, also eine Unterschrift auf der Rückseite des Wechsels, an eine andere Person weitergeben. Jede Person, die den Wechsel indossiert, übernimmt damit eine potenzielle Haftung, falls der Bezogene die Zahlung nicht leistet.

Am Verfalltag des Wechsels muss der Bezogene den festgelegten Betrag am vereinbarten Ort zahlen. Sollte der Bezogene die Zahlung verweigern, können die Inhaber des Wechsels rechtliche Schritte einleiten, um das Geld einzutreiben. Dabei kann die Haftung bis zu demjenigen zurückverfolgt werden, der den Wechsel zuletzt indossiert hat.

Die Bedeutung des Wechsels für die Geldgeschichte lässt sich besonders gut anhand spezifischer regionaler Schwerpunkte und konkreter Beispiele aus der Geschichte illustrieren. Diese Beispiele zeigen, wie der Wechsel das Wirtschaftsleben in verschiedenen Teilen Europas beeinflusste und dazu beitrug, die Art und Weise des Handels und der Finanzierung grundlegend zu verändern.

Italienische Handelsstädte: Im späten Mittelalter waren es vor allem die italienischen Stadtstaaten wie Florenz, Venedig und Genua, die den Gebrauch des Wechsels perfektionierten. Die Kaufleute dieser Städte nutzten Wechsel, um ihre weitreichenden Handelsnetze über das Mittelmeer und bis in den Fernen Osten effizient zu managen. Dies förderte nicht nur den Handel, sondern auch das Bankwesen, da die Medici und andere große Handelshäuser eigene Banken gründeten, um diese Geschäfte abzuwickeln.

Die **Niederlande im 17. Jahrhundert**: Als globale Handelsmacht nutzten die Niederlande Wechsel, um ihren umfangreichen Überseehandel zu finanzieren. Die Bank von Amsterdam, gegründet im Jahr 1609, nutzte Wechsel, um internationale Handelsgeschäfte abzuwickeln. Diese Praxis trug maßgeblich zur Position Amsterdams als eines der führenden Finanzzentren der Welt bei. Wechsel erleichterten den Handel mit den Ostindischen Kompagnien und unterstützten die niederländische Vorherrschaft im Gewürz- und Textilhandel.

England und die Industrialisierung: Während der Industriellen Revolution in England waren Wechsel wichtig. Sie ermöglichten es Unternehmern, die für die Expansion notwendigen Investitionen zu finanzieren. Durch den Wechselhandel konnten Fabrikanten und Bergbauunternehmer Ausrüstungen und Rohmaterialien auf Kredit kaufen, was wesentlich zur schnellen industriellen Entwicklung beitrug. Banken, die diese Wechsel diskontierten, wie zum Beispiel die Bank von England, wurden unverzichtbare Institutionen, die die industrielle und wirtschaftliche Expansion Englands unterstützten.

Deutschland im 19. Jahrhundert: Mit der Zunahme des Handels und der Industrialisierung im 19. Jahrhundert wuchs auch in Deutschland die Bedeutung des Wechsels. Besonders in den schnell wachsenden Industrieregionen wie dem Ruhrgebiet wurden Wechsel genutzt, um den Kauf von Maschinen und Rohstoffen zu finanzieren. Auch hier erleichterte der Wechsel den Transfer von Kapital und förderte so das Wirtschaftswachstum.

Im Handel kann beispielsweise ein Kaufmann in Florenz, der Waren nach Brügge verkauft, einen Wechsel ausstellen, der es dem Käufer ermöglicht, die Zahlung zu einem späteren Zeitpunkt zu leisten. Der Wechsel kann dann von Banken oder anderen Kaufleuten diskontiert (vorfinanziert) werden, wodurch der ursprüngliche Verkäufer sofortiges Kapital erhält, während die endgültige Zahlung erst später fällig wird.

In einem weiteren Beispiel könnten internationale Händler Wechsel nutzen, um komplexe Handels- und Kreditbeziehungen zu managen. Ein Händler in Amsterdam könnte einen Wechsel aus London akzeptieren, der zur Zahlung in Paris fällig ist, wobei jeder Schritt des Prozesses die Nutzung von Wechseln zur Vermeidung direkter Bargeldtransfers und zur Überbrückung von Währungsunterschieden ermöglicht (vgl. zu diesem Thema auch Kindleberger, 1984, S. 27 ff.).

Durch seine Fähigkeit, den Handel zu vereinfachen und Finanztransaktionen sicherer und effizienter zu machen, hatte der Wechsel erhebliche Auswirkungen auf die regionale und globale Wirtschaftsentwicklung und ist ein Beispiel für ein herausragendes, geldähnliches Finanzinstrument.

An dieser Stelle soll bereits auf den später zu vertiefenden Teil zu Kryptowährungen vorgegriffen werden, um mögliche Parallelen des bedeutsamen Wechsel Instruments mit neuartigen Finanzierungswegen aufzuzeigen: Beide Instrumente entstanden in Zeiten des

Umbruchs, als traditionelle Zahlungsmethoden als ineffizient oder riskant empfunden wurden, und beide erneuerten den Zahlungsverkehr auf ihre Art und Weise. Im Mittelalter ermöglichte der Wechsel den internationalen Handel ohne die Notwendigkeit, große Mengen an Münzen physisch zu transportieren. Er basierte auf dem Vertrauen in die Zahlungsfähigkeit des Ausstellers und schuf so ein flexibles Instrument, das über Grenzen hinweg im Umlauf war. Die Übertragbarkeit durch Indossament machte den Wechsel nicht nur zu einem Zahlungsmittel, sondern auch zu einem handelbaren Vermögenswert. In gewisser Weise ist er der Vorläufer des modernen digitalen Transfers.

Auch Kryptowährungen knüpfen an dieses Prinzip der Flexibilität und Übertragbarkeit an, doch statt auf Vertrauen in einzelne Personen oder Institutionen zu setzen, bauen sie auf die Kraft der Technologie. Das dezentrale Netzwerk und die Blockchain-Technologie ersetzen die traditionelle Sicherung durch Indossamente oder Bürgschaften. Hier wird das Vertrauen in die Zahlungsfähigkeit durch die Unveränderlichkeit und Transparenz der Blockchain geschaffen – ein digitaler Nachfahre des Wechsels, der nicht von einer zentralen Institution überwacht werden muss.

Szenenwechsel: Die Messen des Mittelalters und der Frühen Neuzeit waren auch für die Entwicklung des Geld- und Kreditwesens maßgeblich, weil sie sich auch den Wechsel zunutze machten. Als regelmäßig stattfindende Veranstaltungen an bestimmten Orten boten sie eine zentrale Plattform für den Austausch von Waren und finanziellen Transaktionen zwischen Händlern aus verschiedenen Regionen. Diese Zusammenkünfte waren nicht nur für den physischen Handel von Bedeutung, sondern auch als Zentren finanzieller Innovation und Aktivität, die maßgeblich zur Entwicklung moderner Finanzsysteme beitrugen (vgl. Kindleberger, 1984, S. 36 ff.).

Neben der Einführung des Wechselbriefes halfen diese Messen beim Clearing von Schulden. Kaufleute nutzten diese Gelegenheiten, um Schulden untereinander zu verrechnen, ohne dass große Mengen an Bargeld fließen mussten. Dieses Verrechnungssystem förderte nicht nur die Effizienz im Handel, sondern legte auch den Grundstein für das heutige Bankwesen, in dem Verrechnung und Clearing von Finanzströmen zentrale Einsatzfelder sind.

Auf den Messen konnten Händler unterschiedliche Währungen tauschen und so den grenzüberschreitenden Handel steuern. Diese Praxis trug dazu bei, dass sich gewisse Messen zu bedeutenden Finanzzentren entwickelten, wie etwa die Champagne-Messen in Frankreich oder die Messen von Leipzig in Deutschland, die den Handel zwischen Nord- und Südeuropa bzw. innerhalb Mitteleuropas stark prägten.

Darüber hinaus dienten Messen als soziale und wirtschaftliche Netzwerkplattformen, die den Austausch von Informationen und die Bildung von langfristigen Geschäftsbeziehungen förderten. Dies stärkte nicht nur die wirtschaftlichen Bindungen zwischen verschiedenen Handelsregionen, sondern beeinflusste auch die Entwicklung und Ausbreitung von finanziellen Praktiken und Technologien.

Insgesamt waren die historischen Messen also nicht nur Knotenpunkte des Warenhandels, sondern auch Innovationszentren, die wesentlich zur Entwicklung des Geld- und

Bankwesens beitrugen. Ihre Rolle bei der Einführung von Wechselbriefen, dem Clearing von Schulden und dem Währungsaustausch hat dauerhafte Auswirkungen auf die Finanzwelt hinterlassen und die Grundlagen für das moderne Banken- und Finanzsystem gelegt.

1.2 Metalle und Handelsentwicklung

Die Eroberung Südamerikas im 16. Jahrhundert durch die Spanier und Portugiesen war eine prägende historische Epoche, die oft als das Zeitalter der Entdeckungen bezeichnet wurde. Sie führte nicht nur zu einer dramatischen Umgestaltung der europäischen Wirtschaft, sondern auch zu einer Neuordnung der Weltwirtschaft und der politischer Machtstrukturen.

Der Zustrom enormer Mengen an Gold und Silber aus den amerikanischen Kolonien nach Europa löste eine signifikante Inflation aus, die als „Preisrevolution" bekannt ist (vgl. hierzu insgesamt Bakewell, 1997). Diese inflationären Tendenzen führten zu einem allgemeinen Anstieg der Preise für Waren und Dienstleistungen, der die Kaufkraft traditioneller Währungen unterminierte. Diese Entwicklung stellte die europäischen Wirtschaftssysteme vor großen Herausforderungen und trug zu sozialen Umwälzungen bei, da der plötzliche Reichtum neue Klassen von Vermögenden schuf und traditionelle soziale Hierarchien destabilisierte.

Die Eroberung Südamerikas verstärkte den globalen Handel, insbesondere durch die Verwendung von Silber als internationaler Währung. Silber aus den Minen von Potosí (heutiges Bolivien) und anderen südamerikanischen Regionen wurde zur Schlüsselwährung im Handel mit Asien, insbesondere China, was zur Entstehung einer globalen Handelsökonomie beitrug. Diese Ökonomie war durch ein komplexes Netzwerk von Handelsbeziehungen gekennzeichnet, das Europa, Afrika, Amerika und Asien umspannte und die Grundlage für den späteren Kapitalismus bildete.

Die enormen Reichtümer aus der Neuen Welt verstärkten die militärische und politische Macht der europäischen Kolonialmächte, insbesondere Spaniens und Portugals. Die neuen finanziellen Mittel ermöglichten es diesen Nationen, stehende Heere zu finanzieren und auszubauen, was wiederum ihre Dominanz in europäischen und globalen Konflikten sicherte. Diese militärische Macht war entscheidend für die Erhaltung und Erweiterung ihrer kolonialen und kommerziellen Imperien.

Gold hat durch die Jahrhunderte hinweg eine fundamentale Bedeutung in der Geldgeschichte gehabt, dies intensivierte sich jedoch besonders vom 17. Jahrhundert an, als sich das Edelmetall zunehmend als globale Währungsbasis etablierte. Vor dem 17. Jahrhundert wurde Gold vorwiegend für dekorative Zwecke und in Form von Münzen für größere Transaktionen verwendet, da es als besonders wertvoll galt und seine Seltenheit und Beständigkeit es zu einem idealen Wertaufbewahrungsmittel machten. In vielen Kulturen symbolisierte Gold Reichtum und Macht und war oft ein zentrales Element in den königlichen Schatzkammern (vgl. hierzu Kindleberger, 1984, S. 24 ff.).

Im 17. Jahrhundert begann sich die wirtschaftliche Landschaft Europas durch die vermehrte Einbindung in den globalen Handel und durch technologische Fortschritte in der

1.2 Metalle und Handelsentwicklung

Münzprägung und Metallverarbeitung zu verändern. Diese Entwicklungen führten dazu, dass Gold bedeutender wurde. Die großen europäischen Mächte, darunter England und die Niederlande, führten den Goldstandard ein, was bedeutete, dass der Wert ihrer Währung direkt an die Menge des gehaltenen Goldes gekoppelt wurde. Diese Veränderung wurde durch das zunehmende Volumen des globalen Handels und die Notwendigkeit stabiler, vertrauenswürdiger Währungen angetrieben, die das Handelswachstum unterstützen konnten. Im 18. Jahrhundert verstärkte sich die Zentralität von Gold weiter, vor allem durch die zunehmende Prägung von Goldmünzen und deren Verwendung als alltägliches Zahlungsmittel. Der Goldstandard begann, sich international durchzusetzen, was teilweise durch die Entdeckung neuer Goldvorkommen in Brasilien und später in Kalifornien und Australien im 19. Jahrhundert beschleunigt wurde. Diese Goldfunde erhöhten das verfügbare Goldangebot und verstärkten die Rolle von Gold als Rückgrat der monetären Systeme weltweit (vgl. auch Walker, 2015, S. 190 ff.).

Darüber war Gold auch bedeutsam für die Finanzierung von Kriegen und in der Aufrechterhaltung der Stabilität großer Imperien. Staaten mit großen Goldreserven hatten oft einen erheblichen Vorteil in diplomatischen und militärischen Auseinandersetzungen, da sie in der Lage waren, kostspielige Kriege zu finanzieren, ohne sich in zu große Schulden zu stürzen. Dies führte auch zu einer stärkeren Zentralisierung der Finanzmacht in den Händen von Staaten, die effektive Münzsysteme etablieren konnten und über ausreichende Goldreserven verfügten.

Das alternative und leichter zugängliche Metall war das **Silber**. Vor dem 17. Jahrhundert hatte Silber eine recht hohe Bedeutung für die Münzprägung in vielen antiken und mittelalterlichen Gesellschaften. Aufgrund seiner relativen Häufigkeit, Bearbeitbarkeit und seines anerkannten Wertes ermöglichte es den Aufbau und die Standardisierung von Währungssystemen, die den Handel und die Wirtschaftsentwicklung wesentlich förderten.

Im 17. und 18. Jahrhundert änderten sich diese Verhältnisse erheblich. In dieser Zeit erlebte Europa eine verstärkte Monetarisierung und Silbermünzen spielten dabei eine Schlüsselrolle. Das Silber, das vor allem aus den Minen Lateinamerikas stammte, war entscheidend für die europäischen Mächte, um ihre Handelsnetzwerke zu erweitern und ihre Wirtschaften zu stärken. Spanien beispielsweise nutzte seine kolonialen Silberminen in Potosí (Bolivien), um massive Mengen an Silber nach Europa zu importieren, was den spanischen Reichtum steigerte.

Im asiatischen Kontext diente Silber als primäres Tauschmittel in den Handelsbeziehungen mit Europa. China zum Beispiel akzeptierte lange Zeit nur Silber im Austausch gegen Seide und Porzellan. Diese Nachfrage nach Silber verstärkte die globalen Handelsströme und etablierte Silber als eine Art globale Währung. Die Handelsbilanz zwischen Europa und Asien, insbesondere China, führte zu einem stetigen Silberfluss nach Osten, was bedeutende Auswirkungen auf die europäischen Währungssysteme hatte und periodisch zu Knappheit und Deflation führte.

Allerdings kam dann im 18. Jahrhundert die schrittweise Einführung des Goldstandards. Dies veränderte die relative Wertigkeit von Silber und Gold und begann, die Rolle von Silber als Rückgrat der globalen Währungssysteme zu unterminieren.

Erwähnenswert ist in diesem Zusammenhang die Diskussion um den **Bimetallismus**. Dies ist ein Währungssystem, bei dem der Wert einer Währungseinheit durch eine festgelegte Menge von zwei Metallen, in der Regel Gold und Silber, definiert wird. Dieses System war besonders im 19. Jahrhundert verbreitet (vgl. hierzu Kindleberger, 1984, S. 56 ff.)

Beim Bimetallismus sind beide Metalle, Gold und Silber, gesetzliche Zahlungsmittel, und es gibt ein festgelegtes Verhältnis, zu dem beide Metalle zueinanderstehen. Dieses Verhältnis soll die Austauschrate zwischen Gold und Silbermünzen stabilisieren. Zum Beispiel könnte ein Land ein festes Verhältnis von 15:1 festlegen, was bedeutet, dass der Preis von 15 Gewichtseinheiten Silber dem Preis einer Gewichtseinheit Gold entspricht.

Einer der Hauptvorteile des Bimetallismus war seine Flexibilität. Da zwei Metalle verwendet werden, können Ökonomien potenziell widerstandsfähiger gegenüber dem Mangel oder der Überproduktion eines einzelnen Metalls sein. Es kann auch helfen, das Geldangebot zu stabilisieren, da zwei Quellen verfügbar sind, um Münzen zu prägen (vgl. hierzu Kindleberger, 1984, S. 56 ff.).

Die Herausforderungen des Systems wurden in dem sogenannten „Gresham'sche Gesetz" formuliert. Dieses besagt, dass „**schlechtes Geld gutes Geld verdrängt**". Wenn der Marktpreis der beiden Metalle von dem festgesetzten Verhältnis abweicht, wird das unterbewertete Metall gehortet oder ins Ausland verkauft, während das überbewertete Metall in Umlauf bleibt. Dies kann zu einer Destabilisierung der Währung führen. Für die weitere geldgeschichtliche Entwicklung ist dieser Zusammenhang nicht unbedeutend.

In der Geschichte wurde der Bimetallismus in vielen Ländern eingesetzt, darunter in Frankreich und den Vereinigten Staaten. Frankreich führte ein bimetallisches System im 19. Jahrhundert ein, das zur Basis der Lateinischen Münzunion wurde, einer Vereinbarung zwischen mehreren europäischen Ländern, die den Bimetallismus formalisierte. In den USA war der Bimetallismus im späten 19. Jahrhundert ein heiß diskutiertes Thema, insbesondere während der Präsidentschaftswahlen 1896, als William Jennings Bryan eine berühmte Rede gegen den Goldstandard hielt und für den Bimetallismus argumentierte, um das Geldangebot zu erweitern und die Wirtschaft zu beleben. Letztlich setzte sich jedoch der Goldstandard durch, vor allem aufgrund der zunehmenden Integration der globalen Wirtschaft und der Stabilität, die der Goldstandard versprach (vgl. hierzu Kindleberger, 1984, S. 56 ff.).

1.3 Regionale neuere Geldgeschichte

Die Geldgeschichte ist auch auf die regionalen Entwicklungslinien spannend zu betrachten. Zuerst: **Großbritannien**. Die Geschichte des Geldwesens in Großbritannien im 18. und 19. Jahrhundert zeigt eine Phase tiefgreifender Transformationen, die das finanzielle und ökonomische Gefüge des Landes veränderten. Diese Zeit markiert den Beginn der modernen Finanzwelt, die durch die Etablierung zentraler Bankeninstitutionen und die

Expansion des Papiergeldsystems charakterisiert ist (vgl. Davies, 2002, Kap. 6 und 7 sowie Weatherford, 1997, Kap. 10).

Im 17. Jahrhundert führte die Glorious Revolution von 1688 zu signifikanten politischen Veränderungen in Großbritannien, die sich auch auf das Finanzsystem auswirkten. Die Gründung der Bank of England im Jahr 1694 war ein direktes Ergebnis der Bedürfnisse der neuen Monarchen William III. und Mary II., die nach einer stabilen Finanzierungsquelle für ihre Regierung suchten. Die Bank war ursprünglich als private Institution konzipiert, die durch die Emission von Banknoten, die als gesetzliches Zahlungsmittel anerkannt wurden, sowohl dem Staat als auch privaten Wirtschaftsakteuren dienen sollte. Dieses legte den Grundstein für das moderne Zentralbankwesen.

Die Londoner „City" entwickelte sich danach zum globalen Finanzzentrum. Dieser Bezirk, der historisch auf Handel und Finanzen ausgerichtet war, beheimatete nicht nur die Bank of England, sondern auch die Londoner Börse. Die Konzentration von Finanzinstitutionen in dieser kleinen Region illustriert die immense wirtschaftliche Macht, die London im Laufe der Jahre erlangte, und wie dies das globale Finanzsystem prägte.

Das 19. Jahrhundert brachte – wie bereits oben ausgeführt – die Verbreitung des Papiergeldes mit sich, das zunehmend das metallische Geld ersetzte. Dies trug zur Stabilisierung des Geldsystems bei und erleichterte den Handel und die industrielle Expansion, die Großbritannien im Zeitalter der Industrialisierung erlebte. Die Einführung der Goldstandardpolitik sicherte den Wert des britischen Pfunds ab und verankerte dessen Bedeutung im internationalen Handel und Finanzwesen.

Die Entwicklung in Großbritannien kann nicht isoliert betrachtet werden, denn sie beeinflusste durch das britische Empire globale Wirtschaftsbeziehungen. Die finanziellen Netzwerke, die von London aus gespannt wurden, ermöglichten eine weitreichende Kontrolle und Einflussnahme, die durch koloniale und kommerzielle Expansion weiter verstärkt wurde. Die Rolle Londons als Finanzzentrum unterstützte nicht nur den britischen Imperialismus, sondern formte auch die Wirtschaftspolitik anderer Nationen und festigte London als Herzstück der globalen Finanzordnung (vgl. Davies, 2002, Kap. 7 und 8)

Die USA als heutige führende Wirtschaftsnation war in ihrer frühen Geschichte kolonialistisch geprägt und es mangelte daher an einer offiziellen Währung, was zu einer starken Abhängigkeit von Geldsubstituten wie Tabak, Wampum (Perlen) und anderen Waren führte.

Wampum waren mehr als nur Perlen – sie waren eine Währung, ein Kommunikationsmittel, ein kulturelles Symbol und ein Instrument für Diplomatie und Verträge.

In dieser Zeit dominierten improvisierte Geldsysteme, die auf den Bedürfnissen der Kolonisten basierten und sich stark von europäischen Standards unterschieden.

Nach der Gründung der Vereinigten Staaten ergriff Alexander Hamilton, der erste US-Finanzminister, wichtige Maßnahmen zur Wirtschaftsreform. Der Coinage Act von 1792 führte schließlich den US-Dollar ein und legte fest, dass dieser durch Silber und Gold gedeckt (Bimetall Standard) sein sollte, wobei die United States Mint für die Prägung der Münzen zuständig war.

Die USA lösten ihre Währung in zwei bedeutenden Schritten von Gold und anderen Rohstoffen: 1933 unter Präsident Franklin Roosevelt und endgültig 1971 unter Präsident Richard Nixon. Roosevelt reagierte damit auf den Börsencrash von 1929 und die darauffolgende Bankenkrise, indem er Gold nationalisierte und Amerikanern verbot, es zu besitzen. Er wollte die Wirtschaft ankurbeln und die Regierungsfähigkeit zur Schuldenaufnahme erhöhen. Nixon beendete 1971 die letzte Bindung des Dollars an Gold, was bedeutete, dass kein Gold mehr den Wert des Dollars stützte (vgl. hierzu Weatherford, 1997, Kap. 12).

Mit der zunehmenden wirtschaftlichen Expansion und der wachsenden internationalen Akzeptanz des Dollars stieg auch seine Bedeutung. Die wirtschaftliche Stärke der USA trug dazu bei, dass der Dollar im Laufe der Zeit zu einer der führenden Reservewährungen weltweit avancierte. Nach dem Zweiten Weltkrieg wurde das Bretton Woods-System etabliert, das den Dollar als zentrale Weltwährung festigte, wobei andere Währungen an den Dollar gekoppelt waren und der Dollar selbst durch Gold gedeckt war. Dies verankerte den Dollar fest als globale Leitwährung und spiegelte die wirtschaftliche und politische Macht der Vereinigten Staaten wider.

Leiten wir den Blick auf andere europäische Länder: Ein wesentlicher und hartnäckiger Einflussfaktor, der das Wachstum der monetären Institutionen, Instrumente und Politiken in Europa beeinflusste, kam von außerhalb Europas. Der internationale Handel lieferte die Ressourcen, um die europäischen Nationen und Stadtstaaten wirtschaftlich und militärisch konkurrierten, da Krieg zu dieser Zeit – um Clausewitz zu modifizieren – die Fortsetzung der Geldpolitik mit anderen Mitteln war.

Die niederländische Finanzmacht und die Bedeutung der Amsterdamer Bank zwischen 1585 und 1650 passen in diesen Kontext, als die zunehmende Integration Westeuropas in den Überseehandel zu einem wirtschaftlichen Aufschwung in Holland führte, mit Amsterdam, das die Schlüsselhandelsposition von Antwerpen übernahm. Amsterdam wurde zum wichtigsten Handelsimperium Europas. Wichtige neue Unternehmen wie die Niederländische Ostindien-Kompanie von 1602 und die Westindien-Kompanie von 1621 boten die finanzielle Unterstützung für den niederländischen politischen und wirtschaftlichen Wettbewerb mit England im Fernen Osten und in der Neuen Welt.

Die Gründung der öffentlichen Bank von Amsterdam im Jahr 1609 wird in diesem Zusammenhang erwähnt, weil sie einen überlegenen und regulierten Service bieten sollte, im Gegensatz zu den zahlreichen privaten Geldwechslern und „Bankiers", die in ganz Nordwesteuropa entstanden waren. Diese Bank entwickelte schnell einen internationalen Ruf nicht nur als Wechselbank, sondern auch als Einlagenbank, obwohl sie in ihren ersten Jahren keine Darlehen an die breite Öffentlichkeit vergab, außer gelegentlich an die Ostindien-Kompanie und größere niederländische Gemeinden.

Frankreich: Die französische Geldgeschichte vom 18. Jahrhundert bis ins 21. Jahrhundert ist geprägt von einem Wechselspiel zwischen ökonomischen Theorien und politischen Realitäten. Besonders für das 18. Jahrhundert ist der Merkantilismus hervorzuheben. Unter der Ägide von Jean-Baptiste Colbert, dem Finanzminister unter König Ludwig XIV., erlebte Frankreich eine Blütezeit des Merkantilismus.

1.3 Regionale neuere Geldgeschichte

Der Merkantilismus ist eine Wirtschaftstheorie, die im 16. bis 18. Jahrhundert in Europa vorherrschte und die Rolle des Staates in der Wirtschaft betonte. Die Theorie forderte eine positive Handelsbilanz, bei der mehr exportiert als importiert wird, um Edelmetalle anzusammeln und so den nationalen Reichtum zu steigern. Der Staat griff aktiv durch Regulierungen, Zölle und Subventionen in den Handel ein, um inländische Industrien zu schützen und die wirtschaftliche Macht des Landes zu fördern.

Colbert verfolgte dieses Ziel, unterstützt durch eine starke staatliche Regulierung der Wirtschaft (vgl. Walker, 2015, S. 190 ff.). „Das System Colberts und das Gelingen seines Werkes ist der erste große Beweis der Neuzeit dafür, dass der Mensch mit der Macht des Wissens das Geld lenken kann" (Walker, 2015, S. 190 ff.).

Frankreich war ein Vorreiter für die Etablierung eines modernen Bankwesens, nicht zuletzt durch die Experimente von John Law in den 1720er-Jahren, der eine frühe Form der Zentralbank sowie das Konzept des Papiergeldes einführte (vgl. hierzu Davies, 2002, Kap. 6 und 10).

John Law, ein schottischer Ökonom und Finanzier, zog Anfang des 18. Jahrhunderts nach Frankreich, wo er bald eine herausragende Figur in der französischen Wirtschaftspolitik wurde. Im Jahr 1716 gründete er die Banque Générale, die später zur Banque Royale wurde, als sie das königliche Privileg erhielt und damit direkte Unterstützung von der französischen Krone bekam. Law war ein früher Befürworter der Idee, dass Papiergeld die Wirtschaft beleben könnte, indem es den Geldumlauf erhöhte und weniger abhängig von den physischen Einschränkungen von Edelmetallen wie Gold und Silber war.

John Laws Experiment mit Papiergeld hinterließ ein eher negatives Erbe, weil es die inflationären Wirkungen eines solchen Systems zeigte. Der Staat nutzte zur Finanzierung von Eroberungen und Staatsaufgaben die Notenpresse (vgl. Walker, 2015, S. 199). Obwohl sein System letztendlich scheiterte und zu einem wirtschaftlichen Desaster führte, war es einer der frühesten Versuche, ein modernes Zentralbanksystem zu etablieren und die Wirtschaft durch die Emission von Papiergeld zu stimulieren.

Nachdem es also schon negative Erfahrungen mit Papiergeld in Frankreich gegeben hatte, sind folgerichtig auch die Assignaten zu erwähnen. Die Assignaten waren Papiergeld, das während der Französischen Revolution 1789 eingeführt wurde, um auf die dringende Staatsverschuldung zu reagieren. Sie wurden gegen konfiszierte kirchliche Ländereien ausgegeben, um deren Akzeptanz zu sichern. Ursprünglich als kurzfristige Lösung gedacht, führte die rapide Zunahme der Geldmenge, bedingt durch den fortgesetzten Druck weiterer Assignaten zur Deckung staatlicher Ausgaben, zu einer starken Inflation.

Diese Hyperinflation erschütterte das Vertrauen in das neue Papiergeld und hatte verheerende Auswirkungen auf die französische Wirtschaft. Preise stiegen drastisch, und viele Menschen wichen auf Tauschhandel aus oder horteten Waren, anstatt mit der entwerteten Währung zu handeln. Die wirtschaftliche Stabilität wurde stark beeinträchtigt, was den Handel und wirtschaftliche Aktivitäten lähmte. Die Bürger hatten irrigerweise angenommen, dass vermeintlich gesichertes Papiergeld vor Inflation schützen würde (vgl. Walker, 2015, S. 203).

Im 19. Jahrhundert kehrte Frankreich zu einer stabileren Währungsform zurück. Die Einführung des Franc und die Teilnahme am Lateinischen Münzbund stabilisierten die französische Wirtschaft und erleichterten den internationalen Handel. Das 20. Jahrhundert war geprägt von den Herausforderungen der Weltkriege und der anschließenden Wirtschaftskrisen, die massive Inflation und politische Instabilität nach sich zogen. Nach dem Zweiten Weltkrieg führte die Beteiligung am Bretton-Woods-System zu einer neuen Ära der Währungsstabilität, die jedoch in den 1970er-Jahren mit der Einführung des neuen Franc und später der Abkehr vom Goldstandard endete.

Im 18. Jahrhundert war **Deutschland** eine Ansammlung von Fürstentümern und Staaten, jedes mit seiner eigenen Währung. Diese Kleinstaaterei führte zu einem Flickenteppich an Münzsystemen, was den Handel innerhalb des Heiligen Römischen Reiches und mit seinen Nachbarn erschwerte. Das Fehlen einer einheitlichen Währung hemmte die wirtschaftliche Entwicklung und machte das Reich anfällig für externe wirtschaftliche Einflüsse.

Der Merkantilismus hatte auch in der deutschen Geldgeschichte eine hohe Bedeutung, besonders im 17. und 18. Jahrhundert, als die zahlreichen deutschen Staaten um wirtschaftliche Stabilität und Vormachtstellung innerhalb Europas rangen. Diese wirtschaftspolitische Philosophie, die die staatliche Kontrolle über die Wirtschaft und das Streben nach Handelsbilanzüberschüssen betonte, war tief in den politischen und wirtschaftlichen Strategien der deutschen Fürstentümer verankert.

In Deutschland war der Merkantilismus weniger zentralisiert als in Frankreich unter Colbert, aber dennoch zielte jeder der deutschen Staaten darauf ab, durch die Förderung heimischer Industrien und den Schutz vor ausländischer Konkurrenz, insbesondere durch hohe Zölle und Importbeschränkungen, eine positive Handelsbilanz zu erreichen. Diese Politik war entscheidend für Staaten wie Preußen, die aktiv in die Schaffung und Aufrechterhaltung von Manufakturen investierten, um ihre militärische und wirtschaftliche Macht zu stärken.

Die kleinstaatliche Struktur bedeutete jedoch, dass es eine große Vielfalt an Münzsystemen und somit ein hohes Maß an monetärer Fragmentierung gab. Der Zollverein, gegründet im frühen 19. Jahrhundert, war eine direkte Antwort auf diese Problematik und kann als ein merkantilistisches Bestreben verstanden werden, den innerdeutschen Handel zu stärken und eine wirtschaftliche Basis für ein vereintes Deutschland zu schaffen.

Die Auswirkungen des Merkantilismus setzten sich bis in das 19. Jahrhundert fort, auch wenn die Wirtschaftstheorien sich weiterentwickelten und neue Ideen wie der klassische Liberalismus und später der Keynesianismus an Bedeutung gewannen. Die industrielle Revolution in Deutschland war teilweise eine Folge merkantilistischer Strategien, die die Basis für die spätere industrielle und wirtschaftliche Stärke Deutschlands legten.

Mit der Gründung des Deutschen Zollvereins im Jahr 1834 begannen die deutschen Staaten langsam, ihre Geldsysteme zu vereinheitlichen. Diese Entwicklung erfuhr durch die Gründung des Deutschen Reiches im Jahr 1871 einen entscheidenden Schub. Das neu vereinigte Deutschland führte die Mark als einheitliche Währung ein, was einen wichtigen Schritt in der Modernisierung der deutschen Wirtschaft darstellte.

Das 20. Jahrhundert brachte erhebliche Turbulenzen für das deutsche Geldwesen. Nach dem Ersten Weltkrieg führte die durch den Versailler Vertrag auferlegte Reparationslast zu einer der schlimmsten Hyperinflationen der Geschichte in den frühen 1920er-Jahren. Die Einführung der Rentenmark und später der Reichsmark stabilisierte die Wirtschaft vorübergehend, bis die Weltwirtschaftskrise und die darauffolgende politische Instabilität zum Aufstieg des Nationalsozialismus führten. Nach dem Zweiten Weltkrieg war Deutschland geteilt und die Geldpolitik reflektierte die ideologischen Unterschiede zwischen Ost und West. Die Deutsche Mark, eingeführt 1948 in Westdeutschland, wurde zu einem Symbol für wirtschaftliche Stabilität und den Erfolg der sozialen Marktwirtschaft.

Mit dem Fall der Berliner Mauer 1989 und der folgenden Wiedervereinigung 1990 wurde die Deutsche Mark auch in Ostdeutschland eingeführt. Letztendlich mündeten die Bestrebungen der Vereinheitlichung der wirtschaftlichen Grundlagen in Europa zur gemeinsamen europäischen Währung, dem Euro.

1.4 Von der Industrialisierung bis zur Netzwerkwirtschaft

Die Geschichte des Geldes in der Neuzeit ist geprägt von tiefgreifenden Transformationen, die das Wesen des Geldes und seine Funktionen in der Wirtschaft und Gesellschaft radikal verändert haben. Von der Konsolidierung der Währungen über den Goldstandard bis hin zum Aufkommen von Papiergeld spiegelt diese Ära die dynamischen Kräfte des Fortschritts und der Innovation wider, die das moderne Finanzwesen formten.

Die Neuzeit markiert eine Phase, in der sich das Konzept nationaler Währungen durchsetzt. Die Einführung von standardisierten Währungen erleichterte den internationalen Handel und stärkte die zentralstaatliche Macht. Diese Entwicklung war entscheidend für die Entstehung moderner Staaten und ihrer Wirtschaftssysteme, da sie eine effizientere Steuererhebung und eine zentralisierte Wirtschaftspolitik ermöglichte.

Wie gesehen, brachte das 18. und 19. Jahrhundert die Gründung von Zentralbanken in verschiedenen Teilen der Welt mit sich. Die Bank of England diente als Vorbild für andere Länder. Im 18. Jahrhundert begannen Staaten neben Großbritannien und Frankreich zunehmend, Papiergeld auszugeben. Papiergeld bot im Vergleich zu Münzgeld deutliche Vorteile hinsichtlich Bequemlichkeit und Effizienz. Es erleichterte den Handel und die Expansion der Wirtschaft, indem es größere Transaktionen und eine leichtere Kreditvergabe ermöglichte. Dies war besonders wichtig für die Finanzierung der industriellen Revolution, die im späten 18. und frühen 19. Jahrhundert in Großbritannien begann und sich im Laufe des 19. Jahrhunderts weltweit ausbreitete.

Die Goldpreisbindung schränkte – wie erwähnt – die Flexibilität der Zentralbank ein, da die Geldmenge direkt an die vorhandenen Goldreserven gebunden ist. In wirtschaftlichen Krisenzeiten kann die Zentralbank daher nicht einfach die Geldmenge erhöhen, um die Wirtschaft zu stimulieren. Daher führte eine strikte Goldbindung in Zeiten, in denen die Wirtschaft eine Ausweitung der Geldmenge benötigte, oft zu Deflation, was die wirtschaftliche Aktivität hemmte, und zu erhöhter Arbeitslosigkeit und sozialen Verwerfungen führte. Zudem kann diese Goldbindung internationale Zahlungsbilanzungleichgewichte verstärken, da Länder mit Handelsüberschüssen Gold akkumulieren, während Defizitländer Gold verlieren. Politische Handlungsspielräume werden durch die Notwendigkeit einer Aufrechterhaltung der Goldbindung eingeengt und die Länder verloren die Fähigkeit, auf wirtschaftliche Herausforderungen effektiv zu reagieren.

Weiterhin kann eine Goldbindung ein Land anfälliger für spekulative Angriffe machen, da Spekulanten durch den Kauf oder Verkauf großer Währungsmengen die Goldreserven und damit die Währungsstabilität beeinträchtigen könnten. Daher kann die Goldbindung, obwohl sie Stabilität und Vertrauen fördern soll, unter bestimmten Umständen zu Turbulenzen und wirtschaftlichen Schwierigkeiten führen.

England, mit einer bereits etablierten globalen Handelspräsenz und einer langen Tradition der maritimen Expansion, sah in der deutschen Wirtschaftspolitik und ihrem Drängen auf eine aktive Handelsbilanz eine direkte Herausforderung seiner eigenen wirtschaftlichen und imperialen Interessen. Die Rivalität um überseeische Märkte und Ressourcen führte zu einem ständigen Konflikt zwischen deutschen und englischen Händlern, wobei beide Nationen versuchten, den anderen auf globaler Ebene zu überflügeln. Diese wirtschaftlichen Auseinandersetzungen bildeten den Unterbau für die geopolitischen Spannungen, die zum Ersten Weltkrieg führten.

Während des Krieges wurden die kriegswichtigen Güter und Materialien zunächst gegen Gold und später auf Kredit aus Übersee bezogen. Die anschließende Festlegung der Kriegsschulden in Gold illustrierte die tiefgreifenden Auswirkungen der Goldstandardpolitik, die dazu führte, dass das Gold, und nicht eine spezifische Nation, als der eigentliche Sieger des Konflikts angesehen wurde (vgl. hierzu auch Walker, 2015, S. 211 ff.).

Die Ereignisse dieser Zeit waren nicht nur von dramatischen wirtschaftlichen Zusammenbrüchen und Erholungen gekennzeichnet, sondern es verschob sich auch das Machtgefüge in Zusammenhang mit der Geldpolitik. Gold war einerseits eine stabilitätsfördernde Kraft, die zur ökonomischen Erholung beitrug, andererseits ein Instrument des imperialen und wirtschaftlichen Wettbewerbs, welches Nationen in Konflikte stürzte und die koloniale Expansion vorantrieb.

Die Weltwirtschaftskrise von 1929 führte zu einer krisenhaften Zuspitzung der wirtschaftlichen Lage in Europa. Viele Länder verließen den Goldstandard erneut und versuchten, ihre Wirtschaften durch Abwertung ihrer Währungen und protektionistische Maßnahmen zu schützen. Diese Isolation verringerte weiter den internationalen Handel und vertiefte die wirtschaftliche Depression.

Der Zweite Weltkrieg verursachte eine noch größere wirtschaftliche Zerrüttung. Große Teile Europas wurden zerstört. Die Nachkriegszeit war dann eine Ära des Wiederaufbaus und der Neugestaltung der wirtschaftlichen Landschaft. 1944 wurde das Bretton-Woods-Systems etabliert, das feste Wechselkurse einführte, jedoch mit der Flexibilität zur Anpassung gegenüber dem US-Dollar, der seinerseits durch Gold gedeckt war. Dieses System zielte darauf ab, die Fehler der Vorkriegszeit zu vermeiden, indem es stabile Wechselkurse und freien Handel förderte.

Die Nachkriegsperiode sah auch den Beginn der europäischen wirtschaftlichen Integration, die schließlich zur Gründung der Europäischen Wirtschaftsgemeinschaft und später zur Europäischen Union führte. Dieser Prozess wurde durch das Bedürfnis getrieben, einen dauerhaften Frieden zu sichern und die wirtschaftliche Stärke durch Zusammenarbeit zu erhöhen. Mit der Aufhebung der Goldbindung des Dollars im Jahr 1971 durch Präsident Nixon begann jedoch die Ära der Fiat-Währungen, die nicht durch physische Güter gedeckt sind, sondern ihren Wert durch das Vertrauen in die ausgebende Autorität erhalten.

Dies führte in Europa zu einer neuen Ära der monetären Unsicherheit, die durch die Ölkrisen verschärft wurde. Als Reaktion darauf begannen europäische Länder, engere wirtschaftliche und monetäre Bindungen zu entwickeln, die 1999 zur Einführung des Euro als gemeinsame Währung führten. **Der Euro** symbolisierte das Streben nach wirtschaftlicher Stabilität und Integration und trotzte den Herausforderungen wie der globalen Finanzkrise 2008 und der darauffolgenden Eurozonen-Schuldenkrise. 2008 war auch das Jahr, in dem Satoshi Nakamoto sein berühmtes Whitepaper zum Bitcoin schrieb (vgl. Nakamoto, 2008).

Die Geschichte des Geldes im 20. Jahrhundert in Europa spiegelt die Spannungen und Kompromisse wider, die entstehen, wenn traditionelle Grenzen und Wirtschaftspolitiken auf die Realitäten einer globalisierten Welt treffen.

Eine besondere Betrachtung verdient **die industrielle Revolution:** sie brachte nicht nur technologische Innovationen, sondern auch Innovationen im Finanzwesen mit sich. Die Notwendigkeit, industrielle Unternehmungen und Infrastrukturprojekte wie Eisenbahnen zu finanzieren, führte zur Entwicklung neuer Finanzinstrumente und -institutionen, einschließlich der Aktienmärkte. Diese Veränderungen ermöglichten es, Kapital in einem bis dahin unbekannten Ausmaß zu mobilisieren und zu investieren, und trugen wesentlich zum wirtschaftlichen Wachstum bei.

Die jüngste Entwicklung in der Geschichte des Geldes ist die Digitalisierung des Geldes und das Aufkommen von **Kryptowährungen.** Angefangen mit Bitcoin im Jahr 2009, bieten digitale Währungen eine Alternative zum traditionellen Bankensystem, indem sie auf dezentralen Netzwerken basieren, die durch Blockchain-Technologie gesichert sind.

Diese Entwicklungen stellen nicht nur die Rolle zentraler Finanzinstitutionen in Frage, sondern eröffnen auch neue Möglichkeiten für globalen Handel, Privatsphäre und Finanzintegration. Genau dieses wird in den späteren Kapiteln weiter vertieft. Die These, die in diesem Buch vertiefend untersucht werden soll: das Geld folgt der Technologie, ist eine These, die klar durch die historischen Linien gestützt wird.

Literatur

Bakewell, P. (1997). *A history of Latin America: Empires and sequels 1450–1930*. Oxford University Press.
Davies, G. (2002). *A history of money*. University of Wales Press.
Deutsche Bundesbank. (1970). *Frühzeit des Papiergeldes*. Fritz Knapp Verlag.
Graeber, D. (2011). *Debt – the first 5000 years*. Melville House Publishing.
Kindleberger, C. P. (1984). *A financial history of western Europe*. George Allen & Unwin.
Nakamoto. S. (2008). Bitcoin – a peer-to-peer electronic cash system. https://bitcoin.org/bitcoin.pdf. Zugegriffen am 03.04.2025.
Walker, K. (2015). *Das Geld in der Geschichte* (German edn). Conzett Verlag.
Weatherford, J. M. (1997). *History of money*. Crown Publishers.

Geldphilosophie und Geldtheorie 2

2.1 Grundlegende philosophische Geldbetrachtungen

An dieser Stelle soll vor dem Hintergrund der geschichtlichen Entwicklung die philosophische Facette der Geldentwicklung kurz untersucht werden. **Georg Simmel**, ein deutscher Soziologe und Philosoph, veröffentlichte 1900 sein einflussreiches Werk „Die Philosophie des Geldes", das eine tiefgehende Analyse der sozialen und philosophischen Implikationen des Geldes bietet. Simmel erforscht darin, wie Geld die Beziehungen zwischen Menschen sowie die Struktur und die Erfahrung der modernen Gesellschaft prägt.

Simmel beginnt mit der Diskussion der grundlegenden Funktionen des Geldes als Tauschmittel und Wertmaßstab. Geld, so argumentiert er, ist ein Schlüsselmedium, das es ermöglicht, unterschiedliche Güter und Dienstleistungen in einer modernen Wirtschaft vergleichbar und austauschbar zu machen. Es überwindet die Begrenzungen des Tauschhandels und ermöglicht eine weitreichende Arbeitsteilung und Marktintegration.

Geld fördert die Objektivität in der Gesellschaft, indem es die persönlichen und qualitativen Aspekte der Güter in quantitative, vergleichbare Werte überführt. Diese Objektivierung hilft, persönliche Beziehungen auf eine sachliche Ebene zu heben, was für die Funktionsweise komplexer Gesellschaften und Ökonomien notwendig ist. Es ermöglicht eine Distanzierung von persönlichen Bindungen und fördert ein rationaleres und berechnendes Verhalten. Insofern ist die Geldfunktion für eine Marktwirtschaft grundlegend.

Simmel zeigt auf, wie Geld soziale Beziehungen transformiert. Es schafft eine neue Form der Interaktion, bei der Beziehungen durch den Austausch von Werten, statt durch persönliche Verbindungen geprägt werden. Geld verstärkt die Individualität, indem es den Einzelnen von Gemeinschaftsverpflichtungen befreit und ihm mehr Autonomie in seinen Entscheidungen ermöglicht.

Ein zentrales Thema in Simmels Analyse ist die Beziehung zwischen Geld und persönlicher Freiheit. Geld erweitert die Handlungsfreiheit der Individuen, indem es ihnen erlaubt, aus einer Vielzahl von Möglichkeiten zu wählen. Diese Freiheit kommt jedoch mit einer Kehrseite: Sie kann auch zur sozialen Isolation führen, da der Einzelne weniger auf direkte soziale Netzwerke angewiesen ist oder sich in der neueren Medienentwicklung auf die technologischen vermeintlich sozialen Netzwerke einlässt.

Obwohl Geld Freiheit und Unabhängigkeit fördert, warnt Simmel vor der Entfremdung, die es verursachen kann. In einer durch Geld dominierten Gesellschaft werden menschliche Beziehungen oft auf ökonomische Transaktionen reduziert, was zu einer Verarmung des emotionalen und zwischenmenschlichen Lebens führen kann. Geld kann auch zu einer Obsession werden, bei der der Wert des Geldes selbst wichtiger wird als das, was man damit kaufen kann.

Ein anderer klassischer Philosoph soll hier nur kurz angesprochen werden (vgl. hierzu auch Söllner, 2021).

Aristoteles behandelt in seiner „Nikomachischen Ethik" und „Politik" das Thema Geld als ein zentrales Element des Handels und des gesellschaftlichen Austauschs. In dem Buch von Söllner (2021) wird erläutert, dass Aristoteles Geld als ein notwendiges Werkzeug für den Austausch von Gütern betrachtet, welches keinen eigenen, intrinsischen Wert besitzt, sondern lediglich als Tauschmittel dient. Dies erleichtert den Handel und hilft, Gerechtigkeit im wirtschaftlichen Austausch zu schaffen.

Aristoteles unterscheidet dabei zwischen zwei Formen des Tauschhandels:

1. Natürlicher Tauschhandel: Dieser dient direkt den Bedürfnissen der Menschen. Hierbei werden Güter und Dienstleistungen ausgetauscht, um die unmittelbaren Bedürfnisse der Beteiligten zu decken.
2. Tauschhandel zur Gewinnerzielung: Diese Form des Handels sieht Aristoteles kritisch. Er argumentiert, dass das Streben nach Gewinn zu unnatürlichen Bedürfnissen führt, die über das notwendige Maß hinausgehen. Diese Art des Handels kann laut Aristoteles die ethischen Grundlagen der Gesellschaft untergraben, da sie den Fokus von der Deckung realer Bedürfnisse hin zur Anhäufung von Reichtum verlagert.

Es wird hervorgehoben, dass Aristoteles' Kritik am gewinnorientierten Handel auf dessen Auffassung von Ethik und Wirtschaft basiert. Aristoteles sieht den Zweck der Wirtschaft nicht in der Maximierung von Reichtum, sondern in der Schaffung eines guten und gerechten Lebens für alle Mitglieder der Gemeinschaft. Der natürliche Tauschhandel trägt zu diesem Ziel bei, während der auf Gewinn ausgerichtete Handel dieses Ziel gefährden kann.

2.2 Wirtschaftstheoretiker

Karl Marx, einer der einflussreichsten Denker des 19. Jahrhunderts, hat die Sichtweise auf Geld und dessen Rolle in der kapitalistischen Gesellschaft grundlegend geprägt. Seine Analysen bieten tiefgreifende Einsichten in die Mechanismen des Kapitalismus und die Funktionsweise des Geldes.

2.2 Wirtschaftstheoretiker

Marx beginnt seine Untersuchung des Geldes in den „Grundrissen der Kritik der politischen Ökonomie" und „Das Kapital" mit einer Analyse der Funktion des Geldes als Tauschmittel. Geld, so Marx, entwickelt sich aus der Notwendigkeit, Waren über den einfachen Tauschhandel hinaus zu handeln. Es fungiert als das universelle Äquivalent, das alle Waren vergleichbar macht und den Warenaustausch vereinfacht. Geld spiegelt den Wert von Waren wider, der durch die in ihnen enthaltene menschliche Arbeit bestimmt wird.

Ein zentrales Thema bei Marx ist die Transformation von Geld in Kapital. Geld wird zu Kapital, wenn es dazu verwendet wird, mehr Geld zu produzieren – ein Prozess, den Marx als Kapitalakkumulation beschreibt. Dies geschieht durch den Kauf von Arbeitskraft, deren Nutzung zur Produktion von Waren führt, die mehr Wert enthalten, als die Kosten der Arbeitskraft und anderer Inputs ausmachen. Diesen Mehrwert, den Marx identifiziert, sieht er als Quelle des Profits im kapitalistischen System.

Marx argumentiert, dass die sozialen Beziehungen zwischen Menschen durch die Beziehungen zwischen den Waren, die sie produzieren und tauschen, verschleiert werden. Geld, als Repräsentant von Wert, scheint eine eigene Macht und Autorität zu haben, unabhängig von den sozialen Prozessen, die seinen Wert bestimmen. Diese Verdinglichung führt dazu, dass die Menschen den wahren Ursprung des Wertes – die menschliche Arbeit – übersehen.

Ein weiterer wichtiger Aspekt in Marx' Theorie ist die soziale Entfremdung, die durch Geld verstärkt wird. Geld trennt den Arbeiter von den Produkten seiner Arbeit und von anderen Menschen innerhalb der Produktionsprozesse. Indem es die Welt in Käufer und Verkäufer spaltet, reduziert Geld Beziehungen auf rein ökonomische Transaktionen, was die soziale Entfremdung innerhalb der kapitalistischen Gesellschaft vertieft.

Marx sieht Geld nicht nur als Mittel für den Austausch von Waren, sondern auch als treibende Kraft hinter den dynamischen, aber auch krisenanfälligen Entwicklungen des Kapitalismus. Geld ermöglicht und erfordert ständige Expansion und Innovation, führt aber auch zu wirtschaftlichen Krisen, wenn die Akkumulation von Kapital auf Grenzen stößt, wie etwa Überproduktion, Unterkonsumtion oder finanzielle Instabilität.

Adam Smith betrachtet in „Der Wohlstand der Nationen" Geld als ein zentrales Element zur Steigerung der Effizienz von Märkten. Smith betont, dass Geld als allgemein akzeptiertes Tauschmittel den Handel erheblich erleichtert. Dies ermöglicht eine weitreichende Arbeitsteilung, da es den direkten Tausch von Waren und Dienstleistungen überflüssig macht und stattdessen eine Vielzahl von Transaktionen erleichtert, die sonst schwierig oder unmöglich wären.

Smith argumentiert, dass die Arbeitsteilung – ein Konzept, das durch die Verwendung von Geld unterstützt wird – zu einer erheblichen Steigerung der Produktivität und damit zum wirtschaftlichen Wohlstand führt. Indem Arbeiter sich auf bestimmte Aufgaben spezialisieren, können sie effizienter und mit höherer Qualität produzieren. Geld ermöglicht es diesen spezialisierten Arbeitern, ihre Produkte gegen andere benötigte Waren und Dienstleistungen einzutauschen, ohne die Einschränkungen eines reinen Tauschsystems.

Ein weiteres wichtiges Element in Smiths Argumentation ist die Bedeutung stabiler Geldwerte für das wirtschaftliche Vertrauen. Er betont, dass instabile Geldwerte – beispielsweise durch Inflation oder Deflation – das Vertrauen der Marktteilnehmer untergraben können. Dies könnte zu einer Zurückhaltung bei Investitionen und Konsum führen, was letztlich den wirtschaftlichen Wohlstand hemmt. Smith sieht daher die Notwendigkeit einer sorgfältigen Regulierung der Geldmenge durch den Staat. Er plädiert dafür, dass der Staat eine stabile Währung sicherstellt, um das Vertrauen der Bürger in das Geldsystem und die Märkte zu gewährleisten.

Dementsprechend zeigt Smith auf, dass Geld nicht nur den Handel erleichtert, sondern auch eine wesentliche Grundlage für die Arbeitsteilung und den wirtschaftlichen Wohlstand bildet. Was Marx und Smith in dieser klassischen Ökonomie verbindet, ist die Arbeitswertlehre: letztendlich wird Wert nur durch Arbeit geschaffen. Die Arbeitswertlehre ist ein zentrales Konzept der klassischen Ökonomie und bildet den theoretischen Kern für viele wirtschaftliche Analysen und Diskussionen über den Wert von Waren und Dienstleistungen.

John Maynard Keynes legte in seiner „Allgemeinen Theorie der Beschäftigung, des Zinses und des Geldes" besonderen Wert auf die Rolle der Geldpolitik zur Stabilisierung der Wirtschaft und zur Bekämpfung von Arbeitslosigkeit, insbesondere in Zeiten wirtschaftlicher Flaute.

Keynes argumentierte, dass die Zentralbank durch die Senkung der Zinssätze die Investitionen anregen kann. Niedrigere Zinssätze reduzieren die Kosten für Kredite, was Unternehmen dazu ermutigt, mehr in Kapitalgüter zu investieren, und Verbraucher dazu verleitet, mehr zu konsumieren. Dies führt zu einer Steigerung der gesamtwirtschaftlichen Nachfrage, was wiederum Produktion und Beschäftigung erhöht. Diese Mechanismen sind besonders wichtig in Zeiten der Rezession, wenn die private Nachfrage schwach ist.

Zusätzlich zur Zinssenkung kann die Zentralbank die Geldmenge erhöhen, um die Nachfrage zu stimulieren. Keynes sah dies als Mittel, um das Vertrauen der Investoren und Konsumenten zu stärken und die Liquidität im Finanzsystem zu verbessern. Eine erhöhte Geldmenge kann zu höheren Ausgaben und Investitionen führen, da mehr Geld im Umlauf ist und leichter verfügbar gemacht wird. Keynes betonte, dass diese Maßnahmen das Risiko einer Deflation verringern und die Wirtschaft in Bewegung halten können.

Ein weiterer wichtiger Aspekt der Geldpolitik bei Keynes ist das **Management der Erwartungen**. Keynes erkannte, dass die Erwartungen der Marktteilnehmer erhebliche Auswirkungen auf die wirtschaftliche Stabilität haben. Durch glaubwürdige und entschlossene geldpolitische Maßnahmen kann die Zentralbank das Vertrauen der Öffentlichkeit stärken und die Erwartungen hinsichtlich zukünftiger wirtschaftlicher Entwicklungen positiv beeinflussen. Dies trägt dazu bei, Konsum und Investitionen zu fördern, selbst wenn die aktuelle Wirtschaftslage unsicher ist.

Milton Friedman, einer der Hauptvertreter des Monetarismus, betonte die zentrale Funktion des Geldes in der Wirtschaft und sah die Steuerung der Geldmenge als wesentliches Instrument zur Beeinflussung der wirtschaftlichen Aktivität. In seinen zahlreichen Werken und Beiträgen zur ökonomischen Theorie argumentierte Friedman, dass eine kontrollierte und vorhersehbare Erhöhung der Geldmenge die beste Methode sei, um langfristige Preisstabilität zu gewährleisten.

Friedman argumentiert, dass Inflation immer und überall ein monetäres Phänomen sei, das durch eine zu schnelle Erhöhung der Geldmenge verursacht wird. Er kritisierte die keynesianische Sichtweise, die sich stark auf fiskalische und diskretionäre geldpolitische

2.2 Wirtschaftstheoretiker

Maßnahmen stützte, um Konjunkturschwankungen zu glätten. Stattdessen befürwortete Friedman eine Regelbindung für die Geldpolitik, bei der die Geldmenge konstant und vorhersagbar wachsen sollte.

Ein zentrales Element in Friedmans Theorie war die Forderung nach einer festen Wachstumsrate der Geldmenge, die als „k-Prozent-Regel" bekannt ist. Er schlug vor, dass die Zentralbank die Geldmenge jedes Jahr um einen festen Prozentsatz erhöhen sollte, entsprechend dem langfristigen Wachstum des Bruttoinlandsprodukts (BIP). Diese Regel sollte verhindern, dass die Zentralbank durch diskretionäre Maßnahmen Konjunkturschwankungen verstärkt und wirtschaftliche Unsicherheiten verursacht.

Friedman war ein starker Kritiker der diskretionären Geldpolitik im keynesianischen Sinne, die auf kurzfristige Interventionen zur Steuerung der Wirtschaft abzielte. Er argumentierte, dass solche Maßnahmen oft zu spät kämen und die Wirtschaft eher destabilisieren könnten, anstatt sie zu stabilisieren. In seiner Analyse zeigte Friedman, dass historische Versuche, die Wirtschaft durch diskretionäre Geldpolitik zu steuern, häufig zu Inflations- und Deflationszyklen führten und wirtschaftliche Unsicherheiten verstärkten.

Friedrich Hayek argumentierte in seinem Werk „Denationalisation of Money" (1976) für die Einführung privater Währungen und die Konkurrenz im Währungswesen als Alternative zum staatlichen Geldmonopol. Hayek vertrat die Auffassung, dass die Monopolstellung des Staates bei der Geldschöpfung häufig zu inflationären Tendenzen führt und somit die Stabilität und Effizienz der Geldversorgung beeinträchtigt wird.

Hayek kritisierte das staatliche Monopol auf die Geldschöpfung. Er argumentierte, dass staatliche Zentralbanken oft politische Ziele verfolgen und dazu neigen, die Geldmenge übermäßig auszuweiten, was zu Inflation und wirtschaftlicher Instabilität führt. Diese inflationären Tendenzen resultieren seiner Meinung nach aus der politischen Einflussnahme und dem Versuch der Regierungen, kurzfristige wirtschaftliche Probleme durch monetäre Expansion zu lösen.

In „Denationalisation of Money" schlug Hayek vor, dass private Unternehmen das Recht haben sollten, eigene Währungen auszugeben, die miteinander im Wettbewerb stehen. Diese Idee basiert auf der Annahme, dass Wettbewerb auch im Währungswesen zu besserer Qualität und Stabilität führen kann. Private Währungsanbieter würden sich um das Vertrauen der Nutzer bemühen und stabile Währungen anbieten, um sich im Wettbewerb zu behaupten. Dies könnte laut Hayek zu einer stabileren und effizienteren Geldversorgung führen, da schlechte Währungen durch den Marktmechanismus schnell verdrängt würden.

Hayeks Idee der „Denationalisation of Money" stellt eine radikale Abkehr von traditionellen Konzepten der staatlichen Geldpolitik dar. Indem er für private Währungskonkurrenz plädiert, zielt Hayek darauf ab, die Stabilität und Effizienz der Geldversorgung durch den Wettbewerb zu verbessern und die negativen Folgen staatlicher Inflationstendenzen zu vermeiden.

Natürlich kann man angesichts der Entwicklung des Bitcoins die Parallelen der Argumentationen für Kryptowährungen nicht verleugnen. Ob Hayek ein Vordenker von Kryptowährungen gewesen sein könnte, soll an dieser Stelle nicht weiter vertieft werden, es ist aber offensichtlich, dass es hier bemerkenswerte Ähnlichkeiten gibt. Hayek starb 16 Jahre vor dem Whitepaper von Nakamoto.

Diese Skizzen der geldtheoretischen Vorstellungen verdeutlichen, dass Geld nicht nur das „Motoröl" einer Wirtschaft ist, sondern auch ein wesentlicher Vermögensfaktor und ein Ressourcen-Steuerungsinstrument ist, ohne die eine Ökonomie nicht funktionieren kann. Das Letztere soll im späteren Verlauf dieser Abhandlung aufgegriffen und vertieft werden, wenn es um die Frage geht, ist Geld etwas Stoffliches oder Wertabbildendes oder ist es überwiegend ein Artefakt im technologischen Kontext. In diesem Zusammenhang ist auch die Frage, wie das Verhältnis von Staat und Geld in einer dezentralisierten Ökonomie aussehen könnte, ein guter Ausgangspunkt.

Die Vielfältigkeit theoretischer Geldkonzepte macht aber auch deutlich, dass in der Menschheitsgeschichte Geld aus verschiedenen Interessen und Perspektiven betrachtet wurde und die Entwicklung des Geldes einen starken kulturellen Bezug hat.

Literatur

Söllner F. (2021). *Die Geschichte des ökonomischen Denkens Eine kritische Darstellung* (5., vollst. überarb. u. erw. Aufl.). Springer Gabler.

Zeitwert des Geldes: Zins und Inflation 3

Der Wert des Geldes hängt untrennbar mit der Zeit zusammen. Wie der historische Kontext zeigt, spielt aber auch die Geldmenge eine zentrale Rolle. Der sogenannte Zeitwert des Geldes erklärt, warum und wie Geld im Lauf der Zeit wächst – eine Grundlage, die durch die Zinseszinsrechnung anschaulich gemacht wird und für das Verständnis wirtschaftlicher Prozesse unverzichtbar ist.

Um die Bedeutung der Zeit zu verdeutlichen, lohnt ein Blick auf ihre praktische Anwendung: Jeder Vermögenswert wird in einer zeitlichen Dimension betrachtet. Diese Perspektive hat erhebliche Auswirkungen – sowohl auf die Entwicklung von Vermögen als auch auf die wirtschaftliche Leistungsfähigkeit und den Wohlstand einer Gesellschaft.

Zur Veranschaulichung berechnen wir einmal den Wert einer Aktie P_0 einer unendlichen Laufzeit (stark vereinfacht) und jährlichen Dividendenzahlungen von 1000 €:

$$P_0 = \frac{1000}{(1+r)^1} + \frac{1000}{(1+r)^2} + \ldots + \frac{1000 + P_H}{(1+r)^H}$$

Diese Berechnungen zeigen den heutigen Wert (Barwert) der zukünftigen Zahlungen für die Dividenden einer Aktie unter der Annahme einer ewigen Laufzeit. Es wurde der Barwert einer Ewigen Rente P_H unterstellt. Auf die Details dieser Berechnung soll hier nicht eingegangen werden, die Darstellung hebt jedoch den Zeitwert des Geldes hervor, da zukünftige Zahlungen aufgrund des Abzinsungseffekts heute weniger wert sind – je höher der Zins, desto geringer der Gegenwartswert. Der Vergleichszinssatz r spielt daher eine entscheidende Rolle bei der Bestimmung des Barwerts und hilft, die Attraktivität unterschiedlicher Investitionen zu beurteilen.

Der Zeitwert des Geldes ist folglich ein fundamentales Konzept in der Finanztheorie, das die Wertminderung von Geld über die Zeit hinweg beschreibt. Dieses Konzept beeinflusst zahlreiche Entscheidungen in den Bereichen Investition, Finanzierung und Risikomanagement.

Im Laufe der Zeit verliert Geld aufgrund von Inflation, Opportunitätskosten und anderen Faktoren an Wert. In einem bestimmten Ausmaß bevorzugen die meisten Menschen, Geld heute zu erhalten. Die letzte Beschreibung ist Ausdruck der sogenannten Zeit- bzw. Gegenwartspräferenz der Menschen. Dieser Begriff wird in der Wirtschaftswissenschaft verwendet, um die Vorlieben von Menschen für Konsum und Nutzen über die Zeit hinweg zu beschreiben:

Die Zeit- und Gegenwartspräferenz drückt die Neigung von Menschen aus, gegenwärtigen Konsum gegenüber zukünftigem Konsum vorzuziehen. Mit anderen Worten, sie bevorzugen es, Güter und Dienstleistungen sofort zu konsumieren, anstatt auf zukünftigen Konsum zu warten. Dies liegt oft daran, dass gegenwärtiger Konsum als unmittelbar befriedigend empfunden wird, während zukünftiger Konsum mit Unsicherheit verbunden ist und möglicherweise aufgeschoben werden muss. Die Zeitpräferenz kann von Person zu Person variieren und hängt von verschiedenen Faktoren wie individuellen Präferenzen, Einkommensniveau, kulturellen Einflüssen und Zukunftserwartungen ab.

Diese Präferenz kann sich in spontanen Kaufentscheidungen, in Verschuldung oder einem Mangel an langfristiger finanzieller Planung manifestieren. Im Gegensatz dazu haben Menschen mit einer niedrigen Gegenwartspräferenz eine höhere Bereitschaft, auf gegenwärtigen Konsum zu verzichten, um langfristige Ziele zu erreichen (also zu sparen) oder sich gegen zukünftige Risiken abzusichern.

Man könnte das vereinfachend zeigen: 100 Dollar heute und in einem Jahr haben keinen identischen Wert haben – ein Geldstrom in der Zukunft hat einen niedrigen Wert als den heutigen nominalen Wert (vgl. Abb. 3.1).

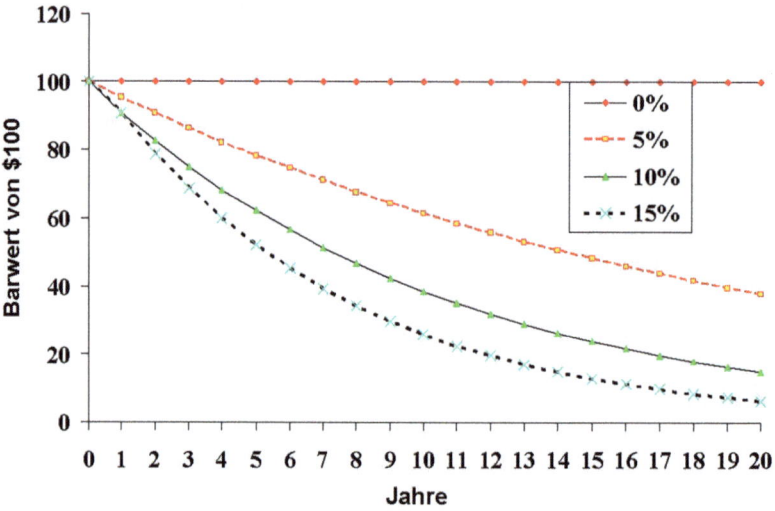

Abb. 3.1 Barwert und Zins. (Quelle: eigene Darstellung)

Finanzmathematisch steckt dahinter das Konzept des exponentiellen Wachstums (Zinseszinsrechnung): je höher der unterlegte Zinssatz – wie in der obigen Grafik –, desto weniger sind 100 Dollar aus heutiger Sicht wert, wen sie in X Jahren zur Verfügung stehen oder realisiert werden. Ob Aktien, Anleihen oder Immobilien bewertet werden – immer werden die Barwerte (also die Gegenwartswerte) der zukünftigen Einzahlungen (Cashflows) zugrunde gelegt – Barwerte von Dividenden, Nominalzinszahlungen oder um Kosten bereinigte Mieten. Für viele Menschen ist exponentielles Wachstum schwer verständlich und dies führt häufiger dazu, die zeitabhängigen Geldströme falsch einzuschätzen.

Der Zeitwert des Geldes ist ein Nukleus in verschiedenen Bereichen der Finanzwirtschaft:

- Bei der Bewertung von Investitionsprojekten ist es wichtig, den Zeitwert des Geldes zu berücksichtigen, um festzustellen, ob eine Investition rentabel ist oder nicht. Durch die Anwendung von Verfahren wie dem Barwertverfahren und der Kapitalwertmethode können Investoren den Wert zukünftiger Zahlungsströme in Bezug auf ihren heutigen Wert bestimmen. Dabei ist der Zins, also die Alternativverzinsung, entscheidend und die Prognosegenauigkeit der zukünftigen Einzahlungsüberschüsse beeinflusst diesen Diskontierungsfaktor.
- Unternehmen und Einzelpersonen müssen oft finanzielle Entscheidungen treffen, die den Zeitwert des Geldes berücksichtigen. Beispielsweise können sie entscheiden, ob sie sich Geld leihen oder sparen sollen, abhängig von den Zinsen und anderen Kosten, die mit der Zeit verbunden sind.
- Der Zeitwert des Geldes ist auch im Risikomanagement grundlegend, insbesondere bei der Bewertung von langfristigen finanziellen Verpflichtungen wie Renten, Versicherungen und Derivaten. Die Berücksichtigung des Zeitwerts des Geldes kann dazu beitragen, die richtigen Entscheidungen zu treffen und finanzielle Risiken zu minimieren.

Später wird noch untersucht, ob die Menschen sich wirklich immer so rational nach dieser Theorie verhalten oder ob die Bewertung nicht doch häufig auf Verzerrungen und Vereinfachungsregeln zurückzuführen ist.

Noch eine wesentliche Ergänzung zu dem Diskontierungsfaktor: in einem vereinfachten Modell fließen in diesen Zinssatz **der risikolose Zins und der Risikoaufschlag** ein. Je höher das Risiko, desto höher der Zinssatz. In der Kapitalmarkttheorie wird intensiv über diesen Zinsaufschlag diskutiert und es wurden dazu verschiedene Risikokonzepte entwickelt – (vgl. dazu Perridon et al., 2022) – zu nennen wären die Capital Asset Pricing – Modelle und vergleichbare Konzepte, auf die in Abschn. 4.4 noch einmal eingegangen wird. Ein entscheidender Punkt im Rahmen dieses Buches ist: sind die Risiken auf der Grundlage von KI und Big Data besser abschätzbar, hätte dies Einfluss auf den Risikozuschlag (er würde sinken) und die Bewertung von Vermögensgegenständen. Ein niedrigerer Risikoaufschlag führt zu einem niedrigeren Diskontierungszinssatz und damit zu **höheren Vermögenswerten**.

Wenn Geld über die Zeitpräferenz bewertet wird und damit der Einfluss von Zinsen dominiert, wird der Fokus auf die Zinspolitik in der öffentlichen Diskussion um Wirtschaftsentwicklung und Geldentwicklung nachvollziehbar. Wenn eine Notenbank den Leitzins anhebt, hat das zur Konsequenz, dass zukünftige Zahlungen stärker entwertet werden und der Gegenwartswert sinkt. Dies muss man sich vor Augen führen, wenn man die Wirkungsweise von Geldpolitik richtig einschätzen möchte. Niedrige Zinsen sind also für nachhaltige Investitionen günstiger als hohe Zinsen.

Inflation ist das andere Erklärungskonstrukt für den Geldwert. Die Inflation hat weitreichende Auswirkungen auf das tägliche Leben der Menschen, auf Unternehmen und auf die makroökonomischen Bedingungen eines Landes.

Inflation bezeichnet den Anstieg des allgemeinen Preisniveaus von Gütern und Dienstleistungen in einer Volkswirtschaft über einen bestimmten Zeitraum hinweg. Dies bedeutet, dass die Kaufkraft einer Währung abnimmt, da man für die gleiche Menge an Geld weniger Güter und Dienstleistungen kaufen kann. Inflation wird oft in Prozent gemessen und kann durch verschiedene Indizes wie den Verbraucherpreisindex (VPI) oder den Produzentenpreisindex (PPI) quantifiziert werden.

In der Wirtschaftstheorie werden – vereinfacht dargestellt – folgende Ursachen für die Inflation dargelegt:

1. Nachfrageinflation: Wenn die Nachfrage nach Gütern und Dienstleistungen das Angebot übersteigt, können die Preise steigen. Dies kann durch eine starke Konsumnachfrage, expansive Geldpolitik oder erhöhte Staatsausgaben ausgelöst werden. Dies wäre die konjunkturbezogene Seite der Inflation.
2. Kosteninflation: Wenn die Produktionskosten für Unternehmen steigen, können diese die erhöhten Kosten an die Verbraucher weitergeben, was zu einem Anstieg der Preise führt. Kosteninflation kann durch Faktoren wie steigende Löhne, Rohstoffpreise oder Energiekosten verursacht werden. Zu sehen war dies gut in der Zeit nach Corona und dem Ukrainekrieg, als die Energiepreise stiegen und die Lieferketten unter starken Druck gerieten. Häufig werden solche Ereignisse auch „externe Schocks" betitelt.
3. Geldpolitik: Die Geldpolitik der Zentralbanken kann ebenfalls zur Inflation beitragen, insbesondere wenn die Notenbank eine expansive Geldpolitik verfolgt und die Geldmenge im Umlauf erhöht. Dies kann zu einer Überliquidität führen, die zu steigenden Preisen führt.

Eine Inflation hat weitreichende Auswirkungen auf die Wirtschaft und die Gesellschaft – dieser Aspekt wird später bei der Diskussion der Kryptowährungen noch aufgegriffen, denn ein Grundmotiv für den Bitcoin sollte – durch seine Mengenbegrenzung – ein antiinflationärer Schutz sein.

Greifen wir noch einmal auf die **geschichtliche Geldentwicklung** zurück:

Bemerkenswert ist dabei das immer gleichbleibende Muster der Inflationierung, dass in den letzten Jahrhunderten und in diesem Jahrhundert sichtbar wurde und zur Geschichte des Geldes einfach dazugehört: eine strenge Geldmengenentwicklung schränkt wirtschaftliche

Entwicklungen möglicherweise ein und eine zu offensive Kredit- und Geldmengenentwicklung führt zu einer Inflation, die wirtschaftliche Nachteile mit sich bringt. Es wird auch in der Kryptowirtschaft schwierig, diesen „gordische Knoten" einfach zu lösen.

Die Verteilungswirkungen der Inflation sind in diesen dynamischen Kontext einzubeziehen. Inflation kann erhebliche Verteilungswirkungen innerhalb einer Gesellschaft haben, da sie nicht alle Wirtschaftsteilnehmer gleichmäßig trifft. Diese Wirkungen hängen stark davon ab, wie Individuen und Unternehmen positioniert sind, um auf Inflationsdruck zu reagieren oder ihn abzumildern.

Sparer und Investoren: Inflation erodiert den realen Wert gesparter Gelder. Personen, die große Teile ihres Vermögens in Form von Bargeld oder auf Sparkonten halten, verlieren Kaufkraft. Investoren, die in inflationsgeschützte Anlageklassen wie Immobilien oder inflationsindexierte Anleihen investiert haben, können sich hingegen besser gegen Wertverluste schützen.

Schuldner und Gläubiger: Inflation kann als Mechanismus fungieren, der Reichtum von Gläubigern zu Schuldnern umverteilt. Wenn die Preise steigen, reduziert sich der reale Wert der Rückzahlungen, die Schuldner leisten müssen. Das heißt, Schulden, die in der Vergangenheit aufgenommen wurden, werden in entwerteter Währung zurückgezahlt, was für den Schuldner günstiger ist.

Arbeitnehmer und Arbeitgeber: Die Wirkung der Inflation auf Arbeitnehmer kann variieren. Wenn Löhne schnell an die steigenden Preise angepasst werden, können Arbeitnehmer ihre Kaufkraft erhalten. Oft hinken Lohnsteigerungen jedoch hinter der Preisentwicklung her, was zu einem realen Einkommensverlust führt. Arbeitgeber können kurzfristig von Inflation profitieren, wenn sie Produktionskosten (einschließlich Löhne) schneller senken können als ihre Verkaufspreise steigen.

Rentner und Personen mit festem Einkommen: Diese Gruppe ist besonders anfällig für Inflation, da Renten und andere feste Einkommensquellen oft nicht oder nur verzögert an die Inflation angepasst werden. Das führt dazu, dass ihre Kaufkraft im Laufe der Zeit abnimmt.

Produzenten und Konsumenten: Produzenten, die ihre Preise schnell anpassen können, sind gegenüber Konsumenten im Vorteil, die sich mit steigenden Kosten für Waren und Dienstleistungen konfrontiert sehen. Dies kann zu einer Umverteilung des Reichtums von Konsumenten zu Produzenten führen, insbesondere in Sektoren, in denen die Nachfrage nach Produkten preisunelastisch ist.

Inflation ist in jedem Fall ein Megafaktor in der Beschreibung wirtschaftlicher Entwicklungen und der Bedeutung der Geldwirtschaft – auch in der **Internetökonomie**.

Literatur

Brealey, R. A., & Myers, S. C., & Marcus, A. J. (2021). *Fundamentals of corporate finance*. McGraw-Hill Education.

Meisner, H. (2021). *Finanzwirtschaft in der Internetökonomie*. Springer Gabler.

Perridon, L., Steiner, M., & Rathgeber, A. (2022). *Finanzwirtschaft der Unternehmung*. Vahlen Verlag.

4 Geld in der Internetökonomie

4.1 Internetökonomie als Nukleus allen modernen Wirtschaftens

Die Geldgeschichte verdeutlicht, dass kulturelle und technologische Entwicklungen den Hauptcharakter des Geldes geprägt haben. Die wirtschaftlichen und technologischen Entwicklungen der letzten beiden Jahrhunderte wurden von Joseph Schumpeter (1987) in einen theoretischen Mantel gekleidet. An dieser Stelle sollen ein paar Hauptaspekte seiner „Theorie der wirtschaftlichen Entwicklung" dargelegt werden:

Schumpeter stellt den **Unternehmer** als die zentrale Figur im Wirtschaftsprozess dar. Im Gegensatz zu den klassischen und neoklassischen Theorien, die den Markt als einen Ort des Gleichgewichts betrachten, sieht Schumpeter den Unternehmer als einen Störer dieses Gleichgewichts. Durch neue Kombinationen von Ressourcen und die Einführung neuer Produkte und Dienstleistungen treibt der Unternehmer den Markt voran und erzeugt wirtschaftliche Dynamik.

Innovation ist der Kern der Schumpeterschen Theorie. Schumpeter unterscheidet zwischen dem „statischen" Zustand des Wirtschaftslebens, der durch ein Gleichgewicht gekennzeichnet ist, und dem „dynamischen" Zustand, der durch technologische Innovationen und Unternehmertum ausgelöst wird. Er identifiziert fünf Arten von Innovationen, die zur wirtschaftlichen Entwicklung beitragen können:

- Neue Produkte
- Neue Produktionsmethoden
- Neue Märkte
- Neue Bezugsquellen
- Neue Organisationsformen der Industrie

© Der/die Autor(en), exklusiv lizenziert an Springer Fachmedien Wiesbaden GmbH, ein Teil von Springer Nature 2025
H. Meisner, *Transformation des Geldes im digitalen Zeitalter*,
https://doi.org/10.1007/978-3-658-48235-0_4

Ein Kernpunkt in Schumpeters Arbeit ist das Konzept des „kreativen Zerstörens". Dieser Prozess beschreibt, wie bestehende Produkte, Dienstleistungen und Technologien durch innovative und effizientere Alternativen verdrängt und ersetzt werden. Obwohl dieser Prozess zerstörerisch wirkt, indem er bestehende Unternehmen und Arbeitsplätze obsolet macht, ist er auch eine Quelle des Fortschritts und der wirtschaftlichen Erneuerung.

Schumpeter betrachtet die langfristige wirtschaftliche Entwicklung als einen Prozess, der durch wiederholte Zyklen von Innovation, Wachstum, Sättigung und Neuorientierung charakterisiert ist. Er argumentiert, dass der Kapitalismus trotz seiner Neigung zu Krisen und Zerstörungen eine enorme Kraft für langfristigen wirtschaftlichen und sozialen Fortschritt darstellt.

Schumpeter erkennt auch die Bedeutung von sozialen und institutionellen Rahmenbedingungen für die wirtschaftliche Entwicklung an. Er weist darauf hin, dass das politische und rechtliche Umfeld, in dem Unternehmer operieren, einen erheblichen Einfluss auf ihre Fähigkeit zur Innovation hat.

Aber nicht nur Schumpeter soll als Vorreiter der Erklärungen für die Internetökonomie genannt werden. Am bekanntesten ist noch C.M. Christensen (1997). Seine Theorie der disruptiven Innovation, wie sie wie er sie in *The Innovator's Dilemma* beschreibt, bietet wertvolle Einsichten in die Dynamik technologischer Veränderungen. Christensens erklärt, warum selbst erfolgreiche Unternehmen oft an disruptiven Technologien scheitern. Er zeigt, dass diese Innovationen zunächst in Nischenmärkten entstehen, die von etablierten Akteuren als unbedeutend oder unrentabel angesehen werden. Unternehmen konzentrieren sich auf ihre bestehenden Kunden und optimieren Produkte und Dienstleistungen, die deren Anforderungen entsprechen. Disruptive Technologien hingegen erfüllen zu Beginn oft nicht die Erwartungen des Mainstream-Marktes, entwickeln sich aber durch kontinuierliche Verbesserungen und neue Wertnetzwerke zu dominanten Lösungen.

Christensen beschreibt detailliert, wie etablierte Unternehmen in ihren **Wertnetzwerken** gefangen sind. Diese Netzwerke umfassen die Beziehungen zu Kunden, Lieferanten und Partnern, die darüber bestimmen, welche Innovationen als relevant oder rentabel gelten. Disruptive Technologien brechen mit diesen Netzwerken, indem sie neue Märkte schaffen, die von etablierten Unternehmen ignoriert oder unterschätzt werden. Die Gefahr besteht darin, dass die neuen Technologien zunächst unbemerkt reifen und dann in den Mainstream-Markt drängen, wo sie bestehende Akteure verdrängen.

Ein zentraler Aspekt ist die Notwendigkeit, für disruptive Technologien **autonome Einheiten** zu schaffen. Christensen zeigt anhand von Beispielen, wie Unternehmen wie IBM oder die Hersteller von Festplatten in der Lage waren, ihre Organisationen so zu strukturieren, dass sie disruptive Innovationen außerhalb ihrer Kernstruktur entwickeln konnten. Diese Ansätze ermöglichten es ihnen, die neuen Technologien zu nutzen, ohne ihre etablierten Geschäftsmodelle zu gefährden.

In diesem Kontext sollen die Grundlagen der Internetökonomie dargelegt werden (vgl. Meisner, 2021, Kap. 2). Die fundamentalen Merkmale und Veränderungen, die die Internetökonomie mit sich bringt, hat Auswirkungen auf alle Bereiche der Wirtschaft.

4.1 Internetökonomie als Nukleus allen modernen Wirtschaftens

Der Grundgedanke ist folgender: die technischen Entdeckungen und Bedingungen sind der Motor der wirtschaftlichen Entwicklung; menschliches Know-how wird im Zusammenspiel mit Computer- und KI-Systemen zu einer kumulativen Wohlstandsmaschine, die auch Verteilungswirkungen hat.

Die digitale Revolution hat die traditionellen Geschäftsmodelle und Marktstrukturen grundlegend verändert, indem sie neue Formen der Wertschöpfung, des Vertriebs und des Kundenengagements eingeführt hat.

Digitale Produkte, die sich durch niedrige Grenzkosten und einfache Skalierbarkeit auszeichnen, stellen traditionelle Preisgestaltungsmodelle in Frage und ermöglichen neue Arten von Geschäftsmodellen. Unternehmen stehen vor der Herausforderung, ihre Produkte so zu gestalten, dass sie von den Netzwerkeffekten der digitalen Welt profitieren können, wo der Wert eines Produkts mit jedem zusätzlichen Nutzer steigt.

Netzwerkeffekte (vgl. Abb. 4.1) treten auf, wenn der Wert eines Produkts oder einer Dienstleistung für einen Nutzer steigt, je mehr Menschen das gleiche Produkt oder die gleiche Dienstleistung verwenden. Dieser Effekt zeigt sich insbesondere bei sozialen Netzwerken, Online-Plattformen oder Softwareprodukten. Positive Netzwerkeffekte können zu einem exponentiellen Wachstum in der Nutzerbasis führen und eine dominante Marktposition etablieren. In einigen Fällen können sie jedoch auch negative Auswirkungen haben, wenn die Netzwerkqualität mit zunehmender Nutzerzahl leidet, wie etwa bei Überfüllung oder Informationsüberflutung – was in der Realität tatsächlich zu beobachten ist.

Netzwerkeffekte sind auf das **Metcalfe'sche Gesetz** zurückzuführen, das von Robert Metcalfe formuliert wurde (vgl. Metcalfe, 1995). Es besagt, dass der Nutzen eines Netzwerks mit der Anzahl der Teilnehmer exponentiell steigt. Konkret wächst der Wert eines Netzwerks proportional zum Quadrat der Anzahl der angeschlossenen Benutzer. Wir unterscheiden direkte und indirekte Netzwerkeffekte:

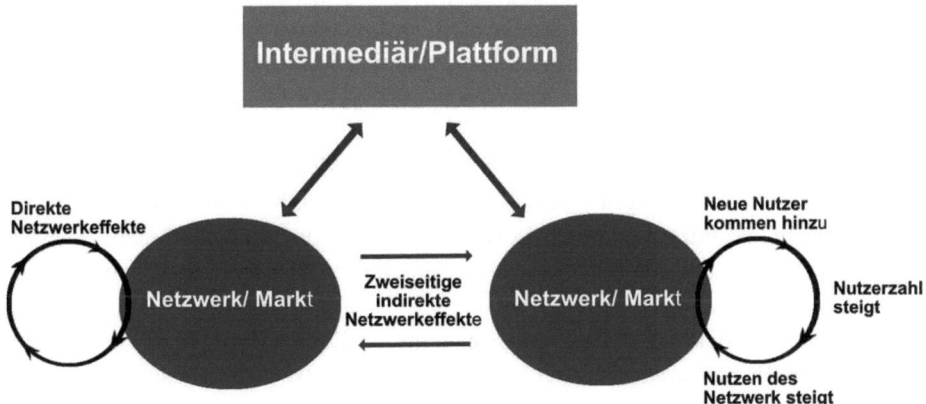

Abb. 4.1 Netzwerkeffekte. (Quelle: eigene Darstellung)

Direkte Netzwerkeffekte: Direkte Netzwerkeffekte treten auf, wenn der Wert eines Netzwerks für jeden Benutzer direkt mit der Anzahl der anderen Benutzer im Netzwerk zunimmt. Ein klassisches Beispiel ist das Telefonnetz. Je mehr Menschen ein Telefon besitzen, desto wertvoller wird es für jeden einzelnen Nutzer, da sie mehr Personen erreichen können.

Indirekte Netzwerkeffekte Indirekte Netzwerkeffekte entstehen, wenn der Wert eines Produkts oder einer Dienstleistung durch die Verfügbarkeit komplementärer Produkte oder Dienstleistungen steigt, die durch eine größere Nutzerbasis gefördert werden. Beispielhaft zu nennen wäre hier ein Betriebssystem wie Windows oder Android – der Wert des Betriebssystems steigt mit der Anzahl der verfügbaren Software und Apps. Je mehr Nutzer das Betriebssystem haben, desto mehr Entwickler werden angezogen, um kompatible Software zu entwickeln.

Zweiseitige Netzwerkeffekte treten in Plattformmärkten auf, wo zwei unterschiedliche Gruppen von Nutzern (zum Beispiel Käufer und Verkäufer) voneinander profitieren. Ein gutes Beispiel ist eine Plattform wie eBay oder Uber. Bei eBay profitieren Käufer von einer großen Anzahl von Verkäufern, die verschiedene Produkte anbieten. Verkäufer profitieren wiederum von einer großen Anzahl von Käufern, die ihre Produkte kaufen können.

Im Kontext von **Bitcoin** sind die Netzwerkeffekte ebenfalls ausschlaggebend. Dies beruht auf mehreren Faktoren:

- Bitcoin ist als digitale Währung darauf angewiesen, dass Menschen ihn akzeptieren und verwenden. Je mehr Menschen Bitcoin halten, handeln oder als Zahlungsmittel akzeptieren, desto stabiler wird sein Netzwerk. Ein breiteres Vertrauen in die Währung führt dazu, dass neue Nutzer hinzukommen, was die Nachfrage erhöht und damit den Wert steigen lässt.
- Bitcoin hat eine begrenzte maximale Menge von 21 Mio. Coins. Dieses fixe Angebot trifft bei zunehmender Nutzung auf eine steigende Nachfrage. Da der Zugang zu Bitcoin durch wachsende Netzwerke erleichtert wird, steigt der Druck auf den Preis.
- Bitcoin kennt keine geografischen Grenzen. Menschen auf der ganzen Welt können darauf zugreifen, insbesondere in Regionen mit unsicheren Finanzsystemen oder hoher Inflation.
- Der Netzwerkeffekt verstärkt sich, wenn immer mehr Menschen Bitcoin als Alternative zu traditionellen Währungen sehen. Mit der Zunahme von Nutzern entstehen neue Anwendungen und Infrastrukturen, wie Wallets, Börsen oder Zahlungssysteme. Dies erleichtert die Nutzung von Bitcoin weiter, wodurch mehr Menschen darauf aufmerksam werden und einsteigen.
- Der Netzwerkeffekt hat auch eine psychologische Komponente: Wenn immer mehr Menschen Bitcoin verwenden oder investieren, steigt die soziale Akzeptanz. Dies kann eine Kettenreaktion auslösen, bei der immer mehr Menschen dem Trend folgen.

Die Netzwerkeffekte machen Bitcoin nicht nur wertvoller, sondern auch widerstandsfähiger gegen externe Störungen, da ein größeres Netzwerk dezentraler Teilnehmer schwerer zu kompromittieren ist. Allerdings birgt dieser Effekt auch Risiken, da eine sinkende Akzeptanz oder ein Vertrauensverlust zu einem umgekehrten Effekt und einem Preisverfall führen kann.

Eng mit den Netzwerkbetrachtungen sind die Ausrichtungen der **traditionellen Wertschöpfungsketten** verbunden. Diese werden in der Internetökonomie durch digitale Prozesse ersetzt oder ergänzt. Die Digitalisierung ermöglicht es Unternehmen, schneller auf Marktveränderungen zu reagieren und ihre Produktionsumgebungen effizienter zu gestalten. Dies führt zu einer Reduzierung der Kosten und zu einer Erhöhung der Geschwindigkeit, mit der Produkte und Dienstleistungen zum Markt gebracht werden können. Zugleich erfordert dies von den Unternehmen eine höhere Flexibilität in der Anpassung an die sich schnell ändernden Technologien und Verbraucherpräferenzen.

Im Zentrum der Internetaktivitäten steht die **Kunden- und Nutzerakzeptanz**, die durch Marketingmaßnahmen beeinflussbar ist. Darauf bauen die Übertragung und Navigation auf, die sich gegenseitig beeinflussen. Navigationshilfen im Netz verbessern das Nutzererlebnis und den Kundennutzen erheblich. Schnelle Netze und veränderte Endgeräte (heute mit KI-Support) sowie angepasste Inhalte ermöglichen einen Wertschöpfungszirkel, der erhebliches Potenzial für Investoren und Kapitalmärkte bietet.

Basis der technologischen Entwicklung ist das **Moor'sche Gesetz** (vgl. Moore, 1965). Das Moore'sche Gesetz, von Intel-Gründer Gordon Moore formuliert, besagt, dass sich die Anzahl der Transistoren auf einem Mikrochip etwa alle zwei Jahre verdoppelt. Diese exponentielle Zunahme hat erhebliche Auswirkungen auf die Leistung und Effizienz von Computerprozessoren, die Speicherkapazität und die Kostenstruktur in der Elektronikindustrie. Es führte dazu, dass elektronische Geräte kontinuierlich leistungsfähiger, kleiner und kostengünstiger wurden.

In Zusammenhang mit den Grundlagen der Internetökonomie ist die Bedeutung der **Geschäftsmodelle** zentral. Ein Geschäftsmodell ist ein Modell, das die wirtschaftlichen Aktivitäten eines Unternehmens auf der Basis der Marktverhältnisse des Unternehmens darlegt – verknüpft mit den Kernkompetenzen des Unternehmens und deren Kern-Assets. Kern-Assets sind Humankapital, Lizenzen und Patente und materielle Assets, die durch ihre Kombination mit allen anderen Assets ein abgrenzbares Geschäftsmodell kreieren.

Im Zentrum des Geschäftsmodells ist das **Erlösmodell** angesiedelt. Ein Geschäftsmodell kann als eine Art „Bauplan" für ein Unternehmen angesehen werden, der festlegt, wie es seine Ressourcen einsetzt, um seine Ziele zu erreichen und Werte zu schaffen. Ein gutes Geschäftsmodell sollte dabei helfen, die Kundenbedürfnisse zu erfüllen, Wettbewerbsvorteile zu schaffen und langfristig erfolgreich zu sein. Die Faktoren Technologie und Zeit sind prägend für eine Geschäftsmodell – wie die aktuelle Diskussion um die generative künstliche Intelligenz zeigt. Wenn sich die technologischen Grundlagen und

Marktbedingungen so grundlegend verändern, werden ganz neuartige Anforderungen an ein Geschäftsmodell gestellt – die Modelle werden dynamisiert. Sie veralten schneller, wenn sie nicht angepasst werden; die Geschäftsführung muss ständig die strategischen Auswirkungen analysieren.

Es zeigt sich, dass in der Internetökonomie die **Umstellungskosten** für Kunden in den Mittelpunkt gerückt werden. Während physische Produkte oft signifikante Wechselkosten verursachen, wie etwa die Anschaffung neuer Geräte oder das Erlernen neuer Fertigkeiten, sind die Wechselkosten in digitalen Umgebungen von anderer Natur. In digitalen Umgebungen können die Wechselkosten sowohl niedriger sein, da der Wechsel zwischen Softwareanwendungen oder Online-Diensten oft nur wenige Klicks erfordert, als auch höher, insbesondere durch die Integration und Nutzung von Daten. Convenience-Aspekte sind dabei auch zu berücksichtigen: die Kundenbindung steigt mit der Convenience (also der Nutzerfreundlichkeit und Einfachheit einer Anwendung).

Die Nutzung und Verwaltung von Daten sind Ausgangspunkt für die Kundenbindung: wenn Kunden große Mengen an persönlichen oder geschäftlichen Daten in einem System gespeichert haben, kann der Aufwand, diese Daten sicher und vollständig in ein neues System zu übertragen, erheblich sein. Zudem entwickeln viele digitale Unternehmen komplexe Ökosysteme, in denen verschiedene Dienste und Anwendungen eng miteinander verknüpft sind. Dies erhöht die Abhängigkeit der Nutzer von einem bestimmten Anbieter und steigert somit die Wechselkosten. Unternehmen, die es schaffen, ihre Nutzer durch hohe Umstellungskosten zu binden, können eine stärkere Marktposition erlangen und Kunden langfristig halten (siehe die großen Player wie Google oder auch Amazon). Dies geschieht durch die Schaffung von Mehrwertdiensten, die tief in die Nutzerdaten integriert sind, sowie durch die Entwicklung von Plattformen, die viele Aspekte des Nutzerbedarfs abdecken. Ein Beispiel dafür sind Ökosysteme wie jene von Apple oder Google, bei denen die Integration von Hardware, Software und Dienstleistungen so gestaltet ist, dass der Wechsel zu einem anderen Anbieter mit erheblichem Aufwand verbunden ist.

Das Phänomen des „**Locked-in**" ist dabei zentral: Locked-in beschreibt eine Situation, in der Nutzer, Organisationen oder Systeme aufgrund hoher Wechselkosten, Kompatibilitätsanforderungen oder Netzwerkeffekte an ein bestimmtes Produkt oder eine bestimmte Technologie gebunden sind. Einmal festgelegt, ist es für die Nutzer oft schwierig oder kostspielig, zu einer alternativen Lösung zu wechseln. Dies kann durch technische Standards, Kundenbindungen in spezifische Plattformen oder das Fehlen kompatibler Alternativen verursacht werden. Lock-in kann sowohl für Anbieter als auch für Konsumenten signifikante ökonomische und strategische Auswirkungen haben, indem es den Wettbewerb einschränkt und Innovationen behindern kann. Eines sichert es allerdings: die Cashflows der Anbieter und damit deren Marktmacht.

In der Internetökonomie sind die **Kostenstrukturen** durch eine Kombination aus hohen Fixkosten und niedrigen variablen Kosten charakterisiert. Beispielsweise erfordert die Entwicklung von Software erhebliche Investitionen in Forschung und Entwicklung, während die Verteilung digitaler Güter wie Apps oder Online-Dienste oft mit minimalen Grenzkosten verbunden ist. Diese Kostenstruktur zwingt Unternehmen dazu, eine kritische Masse an Nutzern zu erreichen, um ihre anfänglichen Investitionen amortisieren zu können – hier ist auch die Querverbindung zu den oben definierten Lock-in's. Dies hat einen direkten Einfluss auf die Geschäftsmodelle und erfordert Strategien, die auf schnelles Wachstum und Marktbeherrschung ausgerichtet sind, um von Skaleneffekten zu profitieren. Es ist bemerkenswert, wie die herkömmlichen ökonomischen Theorien inklusive der Wettbewerbstheorien dies untergewichten.

Darüber hinaus beeinflusst diese Kostenverteilung das Verhalten und die Strategien von neuen Marktteilnehmern. Neue Wettbewerber müssen nicht nur in der Lage sein, die hohen Einstiegskosten zu tragen, sondern auch schnell eine ausreichende Nutzerbasis aufbauen, um überlebensfähig zu sein. Dies kann zu aggressiven Marketingstrategien, signifikanten Anfangsinvestitionen in Nutzerakquise und oft zu einem Wettlauf um Marktanteile führen, bei dem nur wenige große Spieler dominieren und kleinere Anbieter es schwer haben, sich zu etablieren. Diese Entwicklung ist durch die Marktentwicklungen für Plattformen und Dienste sowie Software der letzten 30 Jahre sehr gut dokumentiert.

Die technologische Entwicklung in den Bereichen Computerhardware und Netzwerkinfrastruktur treibt die Evolution der Internetökonomie voran. Fortschritte wie schnellere Prozessoren, größere Speicherkapazitäten und erhöhte Bandbreiten haben es ermöglicht, immer komplexere Anwendungen und datenintensive Dienste zu entwickeln und anzubieten, die vorher technisch nicht realisierbar waren. Diese technischen Verbesserungen haben die Grundlage für bedeutende Innovationen wie Cloud Computing, Big-Data-Analysen und das Internet der Dinge (IoT) geschaffen.

Cloud Computing, zum Beispiel, profitiert enorm von leistungsfähigen Prozessoren und großen Speicherkapazitäten, die es ermöglichen, Rechenleistung und Daten über das Internet bereitzustellen und damit Unternehmen von den Kosten und dem Management eigener IT-Infrastrukturen zu entlasten. Ebenso erlaubt die gestiegene Netzwerkbandbreite die schnelle Übertragung großer Datenmengen, was Big Data-Analysen in Echtzeit ermöglicht, und Unternehmen erlaubt, tiefere Einblicke in ihre Betriebsabläufe und Märkte zu gewinnen. Verknüpft mit den Möglichkeiten von Machine Learning und generativer künstlicher Intelligenz erschüttern diese Technologien viele Produktivitätsumgebungen und Geschäftsmodelle.

Das Internet der Dinge, das Geräte und Objekte des täglichen Gebrauchs mit dem Internet verbindet, wird ebenfalls durch die verbesserte Netzwerkinfrastruktur gefördert, die eine ständige Kommunikation und Datenübermittlung zwischen einer Vielzahl von Geräten ermöglicht. Dies führt zu smarteren und effizienteren Systemen in Bereichen von der Hausautomatisierung bis zur industriellen Fertigung.

Mit der **Einführung neuartiger Quantencomputer** wird eine ganze neue Zeitrechnung der Computertechnologie begonnen. Quantencomputer nutzen die Prinzipien der Quantenmechanik, um Rechenoperationen durchzuführen, die für klassische Computer undenkbar wären. Diese Technologie hilft, bestimmte Berechnungen exponentiell schneller auszuführen, was erhebliche Auswirkungen auf die Kryptografie, Optimierung und Simulationen komplexer Systeme haben könnte.

Die Integration von Quantencomputern in die bestehende Computerinfrastruktur könnte die Entwicklung neuer Algorithmen und Anwendungen vorantreiben, die bisherige technologische Beschränkungen überwinden. Insbesondere in der Internetökonomie könnten Quantencomputer dazu beitragen, Big-Data-Analysen und Machine-Learning-Modelle noch leistungsfähiger zu machen, indem sie Datenmuster schneller und präziser erkennen und intelligente Verknüpfungen ermöglichen. Andererseits können sie auch die Verschlüsselungstechniken der Krypto-Welt unterlaufen.

Zusammen mit den bestehenden Technologien werden Quantencomputer die Innovationskraft weiter steigern und neue Geschäftsmöglichkeiten schaffen, die derzeit noch schwer vorstellbar sind.

4.2 Ressourcensteuerung in der Internetökonomie

Es wurde zuvor bereits betont, dass der Markteintritt in der Internetökonomie durch geringere physische und oft hohe immaterielle Barrieren charakterisiert wird, einschließlich signifikanter Anfangsinvestitionen in Technologie und Marketing. Der schnelle Zugang und die globale Reichweite des Internets erlaubt es Unternehmen, schnell zu skalieren und erfordern eine Anpassung der traditionellen Wettbewerbsstrategien.

In der digitalen Wirtschaft ermöglichen dynamische Preisfindungsmechanismen wie Auktionen eine flexible Preisbildung. Diese Mechanismen berücksichtigen das Verbraucherverhalten in Echtzeit und passen Preise an, um maximale Erlöse zu erzielen, wobei Online-Plattformen hier dominieren. Die dynamischen Preisfindungsmechanismen in der digitalen Wirtschaft haben die traditionellen Methoden der Preisgestaltung in den Hintergrund rücken lassen, indem sie Technologien nutzen, die auf die Sammlung und Analyse von großen Datenmengen zurückgreifen. Ein bekanntes Beispiel ist die Preisgestaltung von Flugtickets und Hotelzimmern, die sich je nach Buchungszeitpunkt und Nachfrage dynamisch ändern. Auf die psychologischen und wirtschaftlichen Herausforderungen dieser Dynamik wird später noch eingegangen.

Algorithmen analysieren ständig eine Vielzahl von Faktoren: von Klickverhalten auf der Webseite bis hin zu Kaufhistorien und sogar Wetterbedingungen, um Preise zu optimieren. Diese Strategien ermöglichen es Unternehmen nicht nur, die Zahlungsbereitschaft der Verbraucher maximal auszuschöpfen, sondern auch auf Preisänderungen der Konkurrenz schnell zu reagieren. Dadurch können sie einen entscheidenden Wettbewerbsvorteil erlangen und ihre Erträge maximieren. Die genauere Nachfrageabschätzung hilft auch bei der Investitionsrechnung (wie in Kap. 3 gezeigt) und der Kalkulation des Unternehmenserfolges. Im Fokus dieser qualitativen Neuerungen stehen **Machine Learning und Predictive Analysis**.

Die Verwendung von Machine Learning und Predictive Analytics im Rahmen der Preisgestaltung bietet Unternehmen in der digitalen Wirtschaft große Mehrwerte. Dadurch können Unternehmen Verhaltensmuster, Trends und Präferenzen ihrer Kunden tiefgehend analysieren und verstehen. Dies führt zu präziseren Vorhersagen darüber, wie Kunden auf bestimmte Preispunkte reagieren, und ermöglicht eine hochgradig personalisierte Preisstrategie.

Big Data bezieht sich auf die Verarbeitung großer Mengen an strukturierten und unstrukturierten Daten, die zu schnell oder komplex sind, um von herkömmlichen Datenverarbeitungsanwendungen bewältigt zu werden. Unternehmen nutzen Big Data-Analytik, um Muster, Trends und Beziehungen zu erkennen, die für traditionelle Analysemethoden zu subtil oder verborgen wären (siehe hierzu Dorschel, 2015 oder auch Stackowiak et al., 2015).

Unter **Maschinenkommunikation**, oft im Kontext von IoT (Internet of Things) erwähnt, versteht man die Fähigkeit von Geräten, ohne menschliches Eingreifen Daten zu sammeln, zu übertragen und zu verarbeiten. Diese Technologie ermöglicht es Maschinen und Systemen, selbstständig zu agieren und zu interagieren, was zu einer höheren Automatisierung und Effizienz führt. Anwendungsbeispiele sind:

- Automatisierte Fertigungsprozesse: In der Industrie 4.0 kommunizieren Maschinen untereinander, um Fertigungsprozesse zu koordinieren und zu optimieren, was die Produktionsgeschwindigkeit erhöht, und Fehler minimiert.
- Intelligente Energienutzung: In sog. Smart-Grid-Systemen ermöglicht die Kommunikation zwischen verschiedenen Geräten eine effizientere Energieverteilung und -nutzung, indem sie beispielsweise Verbrauchsmuster analysiert und Energieflüsse entsprechend anpasst.

Die Verschmelzung von Big Data-Analysen mit Maschinenkommunikation führt zu besonders leistungsfähigen Systemen, die in der Lage sind, autonome Entscheidungen zu treffen und sich selbst zu optimieren. Beispielsweise können in der Logistik vernetzte Fahrzeuge Daten in Echtzeit sammeln und verarbeiten, um die effizientesten Routen zu berechnen und automatisch auf Verkehrsänderungen zu reagieren. Die mögliche Abrechnung von Leistungen in der Lieferkette – zum Beispiel mit einer später noch zu vertiefenden Blockchain-Lösung – zeigt Parallelen zu der dynamischen Datenbanknutzung in der Finanzsphäre.

Zur Einordnung: **Machine Learning-Modelle** lernen aus historischen Daten und passen sich kontinuierlich an, um die Genauigkeit der Vorhersagen zu verbessern. Diese Modelle können aus einer Vielzahl von Datenquellen lernen, einschließlich früherer Kauftransaktionen, Nutzerverhalten auf der Webseite, saisonalen Einflüssen und sogar externen Faktoren wie Wirtschaftsindikatoren oder Wetterbedingungen. Durch die Analyse dieser Daten können Algorithmen Muster erkennen, die für menschliche Analysten zu komplex wären (vgl. zu diesem Thema Bishop, 2006 oder auch Géron, 2022).

Durch die Analyse großer Mengen an Transaktionsdaten können Machine Learning-Modelle ungewöhnliche Aktivitäten identifizieren, die auf betrügerische Transaktionen hinweisen könnten. Diese Modelle analysieren Muster in den Daten, wie beispielsweise ungewöhnlich hohe Ausgaben in kurzer Zeit oder Transaktionen aus geografisch weit entfernten Orten, die nicht dem normalen Verhalten des Karteninhabers entsprechen. Dies führt zu einer erheblichen Verbesserung der Sicherheit und Vertrauenswürdigkeit von Finanztransaktionen. Zudem können diese Technologien die Kundenerfahrung verbessern, indem sie falsche Alarmmeldungen minimieren und legitime Transaktionen nicht unnötig blockieren.

Unternehmerische Entscheidungen sollen durch den Einsatz von Big Data schneller und besser werden, die Risiken sollen durch bessere Prognosequalität gesenkt werden und das Produkt Matching soll auf eine neue Ebene gehoben werden. Also überall, wo Prozesse definiert werden (in der Produktion, in der IT sowie kundenseitige Prozesse) und diese Prozesse mit Kommunikationsbestandteilen und elektronischen Bestandteilen verknüpft sind, kann Big Data bei der Entscheidungsvorbereitung sowie bei Prognosen für zukünftige Entwicklungen helfen Die Datenflut hat Konsequenzen für die Wertkette von Unternehmen insgesamt und die Beherrschung dieser Technologie hat entscheidendes Gewicht für die Wettbewerbsfähigkeit von Unternehmen.

Es ist passend, diese Angebotsstrukturen als Kernebene der „Digitalisierung der Wirtschaft" zu betrachten, mit den entsprechenden Auswirkungen auf die Geldwirtschaft. Die These, dass in einer digitalen Wirtschaft auch digitales Geld dominieren wird, wird in Kürze weiter untersucht.

Für eine effektive Implementierung müssen Unternehmen sicherstellen, dass sie über die richtige Infrastruktur verfügen, um große Datenmengen zu sammeln und zu verarbeiten, und dass ihre Teams in der Lage sind, die Einblicke, die durch Machine Learning und Predictive Analytics gewonnen werden, zu nutzen. Dies erfordert eine enge Zusammenarbeit zwischen Datenwissenschaftlern, Marktanalysten und dem Vertrieb, um Strategien zu entwickeln, die sowohl auf den Daten als auch auf einem tiefen Verständnis des Marktes basieren.

Die Geschäftsmodelle werden somit qualitativ ergänzt. Von einem intuitiven zu einem datengesteuerten Ansatz übergehend, werden Unternehmen analytischer und agieren stärker evidenzbasiert. Dies kann sich auf alle Bereiche des Unternehmens erstrecken, von der Produktentwicklung über das Marketing bis hin zum Kundenservice.

Entscheidend für das Erlösmodell: die fortschrittliche Datenanalyse eröffnet Möglichkeiten zur Schaffung neuer Umsatzquellen. Zum Beispiel können Unternehmen Daten als Service anbieten, personalisierte Produkte entwickeln oder innovative Dienstleistungen einführen, die auf den durch Analyse gewonnenen Erkenntnissen basieren.

Zudem kann **Predictive Analytics** dazu beitragen (vgl. Kap. 6), Risiken besser zu managen, indem es Unternehmen ermöglicht, potenzielle Probleme in der Lieferkette, bei der Produktleistung oder im Marktverhalten zu erkennen, bevor sie sich zu ernsthaften Herausforderungen entwickeln. Dies hilft, Verluste zu minimieren und die Betriebsstabilität zu verbessern. Wichtig für die Unternehmer: bei all diesen digitalen Möglichkeiten hilft eine Support KI (in Form generativer KI) den Mitarbeitern, die Ergebnisse der Analysen zu verstehen und zu nutzen.

Standards sind ein weiterer Treiber in der digitalen Welt sind, sie stellen sicher, dass Produkte und Dienstleistungen verschiedener Anbieter miteinander kompatibel und interoperabel sind. Dies fördert nicht nur die Benutzerfreundlichkeit und Zugänglichkeit, sondern beschleunigt auch die Adoption neuer Technologien, indem sie Vertrauen bei den Verbrauchern schaffen und das Risiko von Investitionen in neue Technologien reduzieren.

Standards können auf verschiedenen Ebenen etabliert werden: von Hardware (wie USB-Steckern oder WLAN-Spezifikationen), über Software (Betriebssysteme oder Dateiformate) bis hin zu Datenprotokollen, die den Austausch von Informationen zwischen verschiedenen Systemen regeln (siehe die später aufzugreifenden Kryptoprotokolle). Eine wesentliche Herausforderung bei der Standardisierung in der schnelllebigen digitalen Wirtschaft ist die Balance zwischen der schnellen Markteinführung neuer Innovationen und der Notwendigkeit, umfassende und durchdachte Standards zu entwickeln, die die Kompatibilität über verschiedene Plattformen und Geräte hinweg sicherstellen.

In der Praxis führt die Standardisierung zu Netzwerkeffekten. Dies ist besonders bei digitalen Plattformen wie sozialen Netzwerken oder Betriebssystemen relevant, bei denen eine weit verbreitete Akzeptanz entscheidend für den Markterfolg ist. Unternehmen und Branchenverbände arbeiten oft zusammen, um Industriestandards zu entwickeln, die eine faire Wettbewerbsumgebung schaffen und Innovation fördern, ohne einzelne Akteure zu benachteiligen.

Digitale Plattformen verändern das Beziehungsmanagement durch die Ermöglichung von direkteren und personalisierten Kundenbeziehungen. Datengetriebene Ansätze ermöglichen es Unternehmen, Kundenbedürfnisse besser zu verstehen und darauf zu reagieren, wodurch die Kundenbindung und -loyalität gestärkt wird.

Suchmaschinen machen Online-Angebote sichtbar und beeinflussen damit direkt den Erfolg von Unternehmen im Internet (vgl. Bischopinck & von Ceyp, 2009). Ihre Fähigkeit, relevante Informationen effektiv zu filtern und bereitzustellen, macht sie zu einem wesentlichen Bestandteil der Internetökonomie. Sie beeinflussen maßgeblich, welche Produkte und Dienstleistungen von den Nutzern gesehen und letztlich ausgewählt werden. Durch Suchalgorithmen, die bestimmen, welche Inhalte in den Suchergebnissen erscheinen, haben Suchmaschinen die Macht, den Traffic und damit den Umsatz von Unternehmen signifikant zu beeinflussen.

Suchmaschinen nutzen zunehmend personalisierte Daten, um die Suchergebnisse zu individualisieren, was die Relevanz der Ergebnisse für den einzelnen Nutzer erhöht. Dies bedeutet, dass Unternehmen nicht nur allgemein gute Inhalte bereitstellen müssen, sondern auch sicherstellen sollten, dass ihre Angebote auf die spezifischen Interessen und das Verhalten ihrer Zielgruppe abgestimmt sind.

Ein fortschrittlicher Aspekt der Suchtechnologie ist die **semantische Suche**. Diese Technik geht über das einfache Abgleichen von Schlüsselwörtern hinaus und zielt darauf ab, die Bedeutung hinter den Suchanfragen zu verstehen. Durch die Analyse von Kontext, Synonymen und der Beziehung zwischen verschiedenen Konzepten können semantische Suchmaschinen die Intention des Nutzers besser erfassen und relevantere Ergebnisse liefern (vgl. hierzu Hotchkiss et al., 2005).

In Verbindung mit Künstlicher Intelligenz (KI) wird die semantische Suche noch leistungsfähiger. KI-gestützte Algorithmen können aus riesigen Datenmengen lernen, Nutzerverhalten analysieren und komplexe Zusammenhänge erkennen, um die Suchergebnisse weiter zu verfeinern. Diese Technologien ermöglichen es Suchmaschinen, nicht nur präzisere Antworten auf spezifische Fragen zu geben, sondern auch proaktive Empfehlungen und personalisierte Inhalte bereitzustellen.

Für Unternehmen bedeutet dies, dass eine erfolgreiche Online-Präsenz zunehmend davon abhängt, wie gut ihre Inhalte von semantischen Suchmaschinen und KI-Systemen verstanden und interpretiert werden. Es erfordert eine strategische Optimierung von Webseiteninhalten, die nicht nur auf Keywords basiert, sondern auch auf einer tiefen inhaltlichen Relevanz und der Fähigkeit, Nutzerintentionen zu antizipieren. Die Integration von strukturierten Daten und die Nutzung von Schema-Markup können dabei helfen, die Sichtbarkeit in semantischen Suchergebnissen zu verbessern und somit den digitalen Marktzugang zu erweitern.

Die Dynamik der Internetökonomie fordert von Unternehmen, dass sie schnell und effizient auf Veränderungen im Markt reagieren. Traditionelle, starre Unternehmensstrukturen weichen zunehmend agileren Organisationsformen, die eine schnellere Anpassung an neue Technologien und Marktbedingungen ermöglichen.

Agile Methoden, ursprünglich in der Softwareentwicklung eingeführt, finden zunehmend Verbreitung in allen Bereichen der Unternehmensführung. Sie ermöglichen es Teams, schneller auf Veränderungen zu reagieren, Innovationen voranzutreiben und die Kundenzufriedenheit zu erhöhen. Flache Hierarchien und cross-funktionale Teams fördern die Kommunikation und Zusammenarbeit (vgl. Rigby et al., 2016).

Unternehmen in der Internetökonomie orientieren sich vermehrt an Prozessen statt an starren Abteilungsgrenzen. Prozessmanagement-Tools und Workflow-Systeme helfen dabei, die Arbeitsabläufe effizient zu gestalten und die Transparenz über verschiedene Abteilungen hinweg zu erhöhen. Dies fördert eine kulturübergreifende Zusammenarbeit und hilft dabei, schnell auf Kundenanforderungen und Markttrends zu reagieren.

Um mit der rasanten technologischen Entwicklung Schritt halten zu können, ist die kontinuierliche Weiterbildung der Mitarbeiter essenziell. Lern- und Entwicklungsprogramme, die auf die individuellen Bedürfnisse und Karrierepfade abgestimmt sind, unterstützen die Mitarbeiter dabei, neue Fähigkeiten zu erlernen und bestehende zu verbessern.

Aus all dem kann man schließen, dass die Ressourcensteuerung der Unternehmen zunehmend smart und digital abläuft und dass sich nur die Geschäftsmodelle halten können, die darauf ausgerichtet sind. Es ist notwendig, dass auch der Finanzbereich vollständig digitalisiert wird.

4.3 Finanzmittel in der Internetökonomie

Der Einsatz digitaler Zahlungsmethoden wie Mobile Payments, Online-Banking und virtuelle Währungen hat in den letzten Jahren stark zugenommen. Dieser Trend wurde durch die steigende Verbreitung von Smartphones und die globale Vernetzung vorangetrieben. Digitale Plattformen ermöglichen es Nutzern, Transaktionen schnell, sicher und ohne die physische Notwendigkeit traditioneller Bankinfrastrukturen durchzuführen.

Die erwähnte Nutzung von Big Data und Predictive Analytics ermöglicht es Finanzinstitutionen, Kundendaten zu analysieren, um bessere Kreditentscheidungen zu treffen, Risiken zu managen und personalisierte Finanzprodukte zu entwickeln. Diese Tools können auch zur Betrugserkennung und zur Vorhersage von Markttrends eingesetzt werden, was zu smarteren und proaktiveren Finanzstrategien führt.

Regulatory Technology (RegTech) unterstützt Finanzdienstleister dabei, regulatorische Anforderungen effizienter und kostengünstiger zu erfüllen. Durch den Einsatz von Softwarelösungen können Unternehmen schnell auf Änderungen in den regulatorischen Rahmenbedingungen reagieren, was insbesondere in einem schnelllebigen, digitalen Finanzumfeld von Vorteil ist.

Was sind die Kernüberlegungen, wenn die Finanzwelt in der Internetökonomie beschrieben werden soll?

Die Kernüberlegungen greifen auf die Internetmarktplätze und Portale zurück, die zuvor in Grundzügen beschrieben wurden. Dabei spielt die technologische Entwicklung des Netzes eine Schlüsselrolle (vgl. hierzu Meisner, 2021, Kap. 4).

Das sogenannte **Web 2.0** markiert seit den 2000-er Jahren eine starke Veränderung in der Nutzung des Internets, bei der Benutzer von passiven Konsumenten von Inhalten zu aktiven Teilnehmern werden. Dies wird durch Technologien wie AJAX ermöglicht, die interaktive Webanwendungen durch effizientere Datenübertragung und Reduzierung der Serverlast fördern. Ein weiteres Merkmal von Web 2.0 sind Mashups, die unterschiedliche Webinhalte und Anwendungen kombinieren, um neue Dienste und Inhalte zu schaffen. Diese Technologien tragen dazu bei, dass Benutzer Inhalte nicht nur konsumieren, sondern auch erstellen und effektiv interagieren können.

Die Implementierung von offenen Schnittstellen förderte die kollektive Intelligenz, was bedeutet, dass die kollektive Intelligenz eines Netzwerks größer ist als die Summe der Intelligenzen der einzelnen Netzwerkteilnehmer. Diese Konzepte hatten weitreichende Auswirkungen auf wirtschaftliche Prozesse, insbesondere im Bereich der Finanztransaktionen, wo sie kritische und intelligentere Ausführungen ermöglichen.

Die Weiterentwicklung – **Web 3.0** -, oft als semantisches Web bezeichnet, stellt die nächste Entwicklungsstufe des Internets dar, bei der es um die Bedeutung der Informationen geht, die von Maschinen eigenständig verarbeitet werden können. Diese ermöglichen eine verbesserte Navigation und Benutzerorientierung und verbessern entscheidend das Produktangebot. Maschinen werden in der Lage sein, die Bedeutungen von Informationen zu verstehen und sinnvolle Verknüpfungen selbstständig vorzunehmen. Der seit Ende

2022 bestehende – mittlerweile etwas normalisierte – Hype um Chat GPT und generative künstlichen Intelligenz beweist die weittragenden Konsequenzen aus diesen Technologien.

Diese Entwicklung führt zu einer noch stärkeren Personalisierung und Effizienz, indem Nutzerprofile automatisch ausgewertet werden und den Nutzern genau die Angebote und Informationen präsentiert werden, die zu ihren Interessen und Bedürfnissen passen.

Dementsprechend haben sich **Finanzportale** (vgl. Abb. 4.2) als Schlüsselkomponenten in der modernen Finanzlandschaft etabliert, indem sie umfassende Zugänge zu einer Vielzahl von Finanzdienstleistungen über das Internet bieten. Diese Plattformen nutzen fortschrittliche Technologien, um Dienstleistungen wie Online-Banking, Investitionsmanagement, Kreditvergabe und Versicherungsdienste effizient und benutzerfreundlich zu gestalten. Ihre Entwicklung ist eng mit dem Aufstieg der Internetökonomie verbunden, die durch eine erhöhte Verfügbarkeit von Daten, verbesserte Kommunikationswege und die fortschreitende Digitalisierung gekennzeichnet ist.

Finanzportale basieren auf einer robusten IT-Infrastruktur, die hochgradig sicher und skalierbare Lösungen verwendet, um die sensiblen Daten der Nutzer zu schützen und eine hohe Servicequalität zu gewährleisten. Diese Portale integrieren moderne Technologien wie künstliche Intelligenz (KI), maschinelles Lernen und Big Data-Analytik, um personalisierte Dienstleistungen anzubieten und die Nutzererfahrung zu verbessern. Dabei spielen

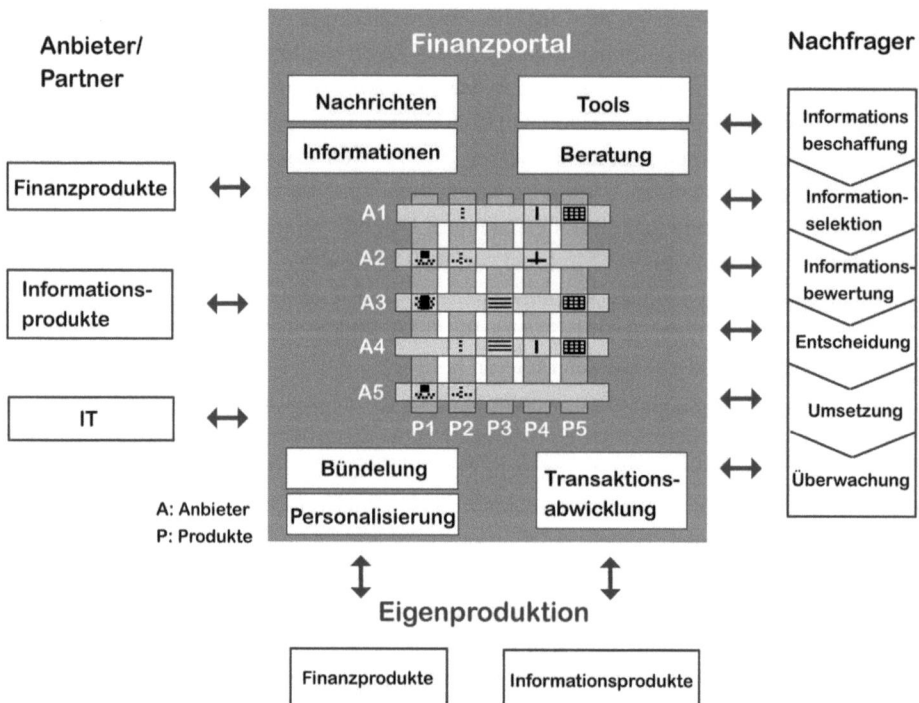

Abb. 4.2 Finanzportale. (Quelle: eigene Darstellung)

4.3 Finanzmittel in der Internetökonomie

die Informationsanforderungen der Finanzprodukte eine entscheidende Rolle, denen durch entsprechende Inhalte Genüge getan wird.

Medien haben für den Transport von Finanzinformationen in der modernen Wirtschaft eine essenzielle Bedeutung. In einem Zeitalter, in dem Informationen nahezu in Echtzeit fließen und Entscheidungen auf globalen Märkten innerhalb von Sekunden getroffen werden können, spielen sie eine zentrale Rolle bei der Formung der finanziellen Landschaft. Sie sind aber auch der Form nach wichtig, weil gewissen komplexe Finanzinformationen (Aktienentwicklungen, Kapitalmärkte und Derivate etc.) medial so aufbereitet werden müssen, dass sie verständlicher und nachvollziehbarer werden.

Nachrichten über Unternehmensergebnisse, wirtschaftspolitische Entscheidungen oder Marktanalysen können in Echtzeit verbreitet werden, was Investoren ermöglicht, zeitnah informierte Entscheidungen zu treffen. Diese Schnelligkeit in der Informationsvermittlung trägt dazu bei, dass die Finanzmärkte effizienter und reaktiver sind, aber auch volatiler.

Durch den Zugang zu digitalen Medien wird Finanzwissen nicht mehr nur einem elitären Kreis von Profis zugänglich gemacht, sondern steht einer breiten Öffentlichkeit zur Verfügung. Blogs, Podcasts, Online-Kurse und soziale Netzwerke bieten Lernressourcen und Diskussionsforen, die es jedem ermöglichen, Wissen über Finanzen zu erlangen und dieses in die Praxis umzusetzen. Medien sind auch bei der Überwachung und Berichterstattung über die Aktivitäten von Unternehmen, Regierungen und anderen Finanzinstitutionen wichtig.

Die Art und Weise, wie Finanzinformationen präsentiert und interpretiert werden, kann erheblichen Einfluss auf die Marktstimmung haben. Positive Nachrichten können zu Kurssteigerungen führen, während negative Schlagzeilen Panikverkäufe auslösen können. Die Medien beeinflussen daher nicht nur die Informationsverteilung, sondern auch die psychologischen Dynamiken der Märkte. Dieser Aspekt des Framings wird in diesem Buch später noch vertieft.

Finanzportale dienen als Intermediäre (vgl. Abb. 4.3), die Verbraucher mit einer Vielzahl von Finanzinstrumenten und -ressourcen verbinden. Sie bieten Plattformen für das Trading, das Management von Investmentportfolios, Online-Zahlungen, Kreditvergabe und Versicherungsdienstleistungen. Über diese Portale können Nutzer ihre Finanzen umfassend verwalten, von der Budgetierung bis zur Altersvorsorge. Die Portale bieten integrierte Lösungen, die helfen, die Komplexität der Finanzverwaltung zu reduzieren und unterstützen Nutzer bei der Entscheidungsfindung durch Zugang zu detaillierten Finanzanalysen und -berichten.

Finanzportale stellen für traditionelle Banken und Finanzinstitutionen sowohl eine Herausforderung als auch eine Chance dar. Sie zwingen etablierte Unternehmen zur Digitalisierung ihrer Dienste und zur Innovation ihrer Angebote. Gleichzeitig bieten sie den traditionellen Akteuren neue Möglichkeiten zur Kundeninteraktion und zur Erweiterung ihrer Serviceangebote durch Partnerschaften mit Technologieanbietern. Dieser Wettbewerb hat dazu geführt, dass viele traditionelle Institutionen ihre digitalen Dienste ausbauen und in neue Technologien investieren, um das Kundenerlebnis zu verbessern.

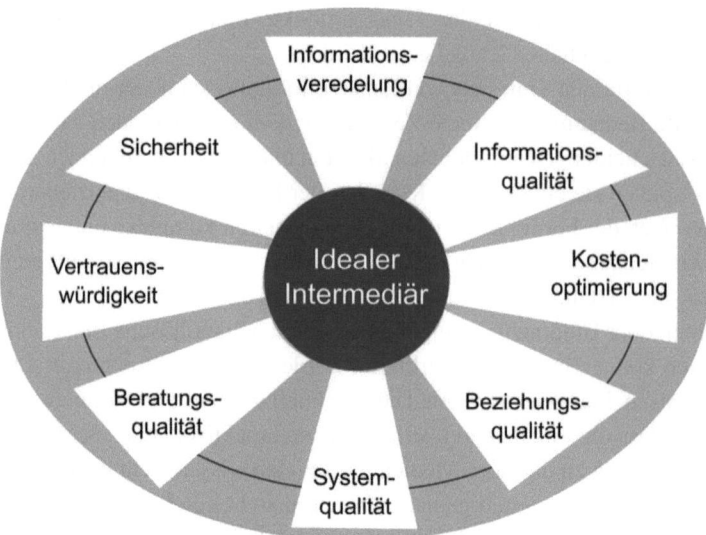

Abb. 4.3 Idealer Finanzintermediär. (Quelle: eigene Darstellung)

Aufgrund der Sensibilität der gehandhabten Informationen und der Tragweite der angebotenen Dienstleistungen unterliegen Finanzportale strengen gesetzlichen Bestimmungen, die Datenschutz, Sicherheit und Transparenz gewährleisten sollen. Diese Regulierungen sind entscheidend für die Aufrechterhaltung des Vertrauens der Nutzer und die Sicherung der Plattformintegrität. Banken haben diesbezüglich häufig mit Negativschlagzeilen auf sich aufmerksam gemacht.

Finanzportale haben den Zugang zu Finanzdienstleistungen vereinfacht. Indem sie fortschrittliche Technologien nutzen, um maßgeschneiderte, effiziente und sichere Dienstleistungen anzubieten, haben sie sich als unverzichtbarer Bestandteil der modernen Finanzwirtschaft etabliert.

Ein paar Beispiele für Finanzportale sollen das verdeutlichen:

- Bloomberg und Reuters sowie auch Yahoo-Finance oder Finanzen.de, OnVista u.ä. als Informationsportale bieten umfassende Dienstleistungen rund um Finanzinformationen, Datenanalyse und Nachrichten sowie umfangreiche Informationen zu Aktien, Anleihen, Währungen und anderen Finanzprodukten bietet. Häufig enthalten sie auch Tools zur Portfolioverwaltung.
- E*TRADE, Trade Republic oder auch in Deutschland Scalable Capital u.v.a.m sind Online-Brokerage-Portale, die Dienstleistungen für individuelle Investoren anbietet, einschließlich Aktienhandel, Optionen, ETFs und Anleihen. Die Portale bieten auch interaktive Tools und Ressourcen für Finanzplanung und Marktforschung.

- WeFox und Clark; sie sind digitale Versicherungsportale, das traditionelle Versicherungsleistungen mit modernen Technologien verbindet. Nutzer können ihre bestehenden Versicherungspolicen verwalten, Optimierungen vornehmen und neue Versicherungen direkt über die App abschließen.
- Hinzukommen die Portale der Banken und Neo-Banken wie N26 in Deutschland sowie der Direktbanken, die bereits seit vielen Jahren Online-Dienst anbieten. Die Integration der Inhalte mit den Produktangeboten führt dabei jedoch zuweilen zu Verzerrungen in den Empfehlungen.

Finanzportale und elektronisches Geld sind offensichtlich eng miteinander verknüpft, weil sie beide technologische Grundlagen der Netzwerkwirtschaft nutzen und aufeinander abgestimmt werden können. Bleibt eine Kernfrage, die sich stellt: wie werden die Finanzmittel in die richtigen Kanäle gelenkt und können Mehrwerte schaffen?

4.4 Kapitalmarkttheorien in der Internetökonomie

Die Verbindung von Finanztheorie und digitalem Geld ist ein äußerst spannendes Themengebiet. Wie später noch untersucht werden soll, können digitale Währungen, insbesondere Kryptowährungen wie Bitcoin, traditionelle finanztheoretische Konzepte in Frage stellen.

Traditionelle Finanztheorien betonen den Wert von Geld basierend auf Vertrauen und Akzeptanz. Die Rolle von Regierungen und Zentralbanken bei der Steuerung der Geldmenge und der Regulierung von Finanzmärkten ist elementar in der traditionellen Finanztheorie. Digitale Währungen fordern diese Rolle heraus und werfen neue Fragen zu Regulierung und Kontrolle auf.

In Kap. 3 wurde bereits der Zusammenhang von Wert und Zeit skizziert – ein Thema, das hier bei der Betrachtung der Finanzmärkte ausschlaggebend ist. Die Zeit wird in der klassischen Kapitalmarkttheorie vor allem über den Zins bzw. den Diskontierungsfaktor erfasst. Doch in den dynamischen und unsicheren Märkten der Gegenwart stellt diese traditionelle Betrachtung eine Vereinfachung dar.

Bisher wurde wenig auf die Vielfalt der Geldarten eingegangen. Entscheidend ist jedoch die Bindungsdauer der Finanzmittel, da sie eng mit der Diskontierungsperspektive verknüpft ist. Bei der Bewertung von Vermögenswerten – also den Barwerten zukünftiger Einzahlungsüberschüsse – ist genau diese Liquiditätsperspektive zentral.

Daraus folgt wenig überraschend: Bargeld und Sichteinlagen sind liquiditätsseitig attraktiver als Termingelder. Ebenso werden zukünftige Cashflows eines Projekts stets im Kontext von Inflation und Zeitpräferenz bewertet.

Wie die Steuerung der Finanzmittel über die Risikoklassen und über die Zeit interpretiert werden können, veranschaulicht Abb. 4.4.

Abb. 4.4 Überblick über die wichtigsten Finanzinstrumente. (Quelle: eigene Darstellung)

1. **Equities (Aktien)**: Aktien sind Wertpapiere, die das Eigentum an einem Teil eines Unternehmens repräsentieren. Der Inhaber von Aktien, auch Aktionär genannt, hat Anspruch auf einen Teil der Gewinne des Unternehmens und kann auch an Hauptversammlungen teilnehmen, um über wichtige Unternehmensentscheidungen abzustimmen.
2. **Debt Securities (Schuldtitel)**: Schuldtitel sind Finanzinstrumente, bei denen der Emittent (zum Beispiel ein Unternehmen oder eine Regierung) dem Inhaber Geld schuldet. Typisches Beispiel sind Anleihen. Der Emittent verpflichtet sich, die geliehenen Beträge zuzüglich Zinsen zu einem späteren Zeitpunkt zurückzuzahlen.
3. **Derivatives (Derivate)**: Derivate sind Finanzinstrumente, deren Wert von der Wertentwicklung eines Basiswertes (wie Aktien, Anleihen, Rohstoffe oder Währungen) abhängt. Zu den gängigen Derivaten gehören Optionen, Futures und Swaps. Sie werden oft zur Absicherung gegen Preisänderungen oder zu spekulativen Zwecken genutzt.
4. **Mutual Funds (Investmentfonds)**: Investmentfonds sind Anlagevehikel, die das Geld vieler Investoren bündeln, um in eine diversifizierte Mischung von Wertpapieren wie Aktien, Anleihen oder andere Vermögenswerte zu investieren. Professionelle Fondsmanager verwalten diese Fonds und streben an, durch Diversifikation und Expertise höhere Renditen als der Markt zu erzielen.
5. **Exchange Traded Funds (ETFs)**: ETFs sind eine Art von Investmentfonds, die an Börsen wie Aktien gehandelt werden. Sie bilden typischerweise die Wertentwicklung eines Index (wie den S&P 500) nach und bieten eine einfache Möglichkeit, in eine breite Palette von Wertpapieren zu investieren. ETFs kombinieren die Vorteile von Aktien (Handelbarkeit) und Investmentfonds (Diversifikation).

Die neoklassische Kapitalmarkttheorie bietet einen umfassenden Rahmen für das Verständnis von Finanzmärkten und Investitionsentscheidungen, basierend auf der Annahme der Markteffizienz und rational handelnder Investoren. Die Theorie umfasst verschiedene Modelle und Ansätze, die erklären, wie Preise von Wertpapieren bestimmt werden und wie Investoren ihre Portfolios optimieren. Diese Modelle schließen das Capital

4.4 Kapitalmarkttheorien in der Internetökonomie

Asset Pricing Model (CAPM), die Portfoliotheorie und die Berechnung der gewichteten durchschnittlichen Kapitalkosten (WACC) ein. An dieser Stelle werden nur die Grundzüge dargestellt (vgl. zu diesen Themen vertiefend Perridon et al., 2022, Kap. C IV.)

Die neoklassische Kapitalmarkttheorie basiert auf der Hypothese effizienter Märkte, die besagt, dass alle verfügbaren Informationen in den Wertpapierpreisen bereits enthalten sind (siehe Fama, 1970). Dies führt zu der Annahme, dass Wertpapiere zu jedem Zeitpunkt richtig bewertet sind, was bedeutet, dass es keine „über-„ oder "unterbewerteten" Wertpapiere gibt. Investoren, die den Markt nicht systematisch schlagen können, folgen daher oft einer Passivstrategie, wie dem Investieren in Indexfonds (ETFs), die den Markt nachbilden.

Die Beziehung zwischen Risiko und Rendite ist ein zentraler Ausdruck der Kapitalmarkttheorie. Risiko wird typischerweise als die Volatilität der Renditen eines Wertpapiers definiert, gemessen durch die Standardabweichung der Rendite. Investoren erwarten für die Übernahme von höheren Risiken eine höhere Rendite als Kompensation: daher können risikoreichere Anlagen wie Aktien im Durchschnitt höhere Renditen erzielen als risikoärmere Anlagen wie Staatsanleihen.

Die moderne Portfoliotheorie, entwickelt von Harry Markowitz (1952), ist ein Eckpfeiler der neoklassischen Kapitalmarkttheorie. Sie zeigt auf, wie Investoren ihre Portfolios konstruieren sollten, um für ein gegebenes Niveau von erwarteter Rendite das Risiko zu minimieren. Kern der Theorie ist die Diversifikation, das heißt die Streuung von Anlagen über verschiedene Wertpapiere, Sektoren und geografische Regionen, um sogenannte unsystematische – also Unternehmens- und Mikrorisiken zu reduzieren. Systematische Risiken wie Konjunktur- und sonstige Makrorisiken können nicht wegdiversifiziert werden.

In der Portfoliotheorie steht die Optimierung von Portfolios im Vordergrund, insbesondere die Kombination von Wertpapieren in einer Weise, die das Risiko minimiert, während die erwartete Rendite auf einem gewünschten Niveau gehalten wird.

Das Ziel der Portfoliooptimierung nach Markowitz ist es, die Gewichte der verschiedenen Wertpapiere im Portfolio so zu wählen, dass für ein gegebenes Niveau von erwarteter Rendite die Varianz des Portfolios minimiert wird, oder alternativ, die erwartete Rendite bei gegebener maximaler Varianz maximiert wird. Diese Optimierung führt zur Konstruktion der sogenannten "Efficient Frontier" oder Effizienzlinie, die die bestmöglichen Kombinationen von Risiko und Rendite für verschiedene Portfolio-Zusammensetzungen darstellt (vgl. detaillierter bei Perridon et al., 2022, S. 287 ff.).

Die Ausrichtung eines Portfolios hat das Anlegerziel vor Augen, während bei dem sogenannten Capital Asset Pricing Model (CAPM) nach Sharpe (1964) die Rendite der Aktie bzw. der Bezug zur Kapitalmarktlinie im Vordergrund steht. Die Kapitalmarktlinie beschreibt die Beziehung zwischen dem Risiko und der erwarteten Rendite von effizienten Portfolios, die aus einer Kombination von risikofreien Anlagen und einem risikobehafteten Marktportfolio bestehen. Sie zeigt, wie Investoren ihre Erträge maximieren können, indem sie die Risiken diversifizieren.

Zentral ist in diesem Zusammenhang die Betrachtung von Korrelationen zwischen den Vermögenswerten im Portfolio. Korrelationen messen, in welchem Ausmaß sich die Kurse von zwei Wertpapieren in dieselbe oder entgegengesetzte Richtung bewegen. Niedrige oder negative Korrelationen zwischen Vermögenswerten verringern das Gesamtrisiko des Portfolios, da Wertverluste eines Assets durch Wertgewinne eines anderen teilweise kompensiert werden können.

Das Marktportfolio im CAPM geht davon aus, dass alle investierbaren Vermögenswerte in optimaler Weise kombiniert werden, um ein vollständig diversifiziertes Portfolio zu schaffen. Die erwartete Rendite eines Vermögenswertes wird dabei durch seine systematische Risikokomponente – gemessen durch den Beta-Faktor – bestimmt, der die Korrelation des Vermögenswertes mit dem Marktportfolio ausdrückt. Ein Beta-Wert von 1 bedeutet, dass der Vermögenswert vollständig mit dem Markt korreliert, während ein Beta-Wert unter 1 auf eine geringere Korrelation und ein Beta-Wert über 1 auf eine stärkere Volatilität im Vergleich zum Markt hinweist.

Investoren können durch die Analyse von Korrelationen innerhalb ihres Portfolios nicht nur das Gesamtrisiko besser steuern, sondern auch gezielt Entscheidungen treffen, die ihre Risikobereitschaft und ihre Renditeziele widerspiegeln. Insbesondere in der heutigen Finanzwelt, in der zahlreiche Anlageklassen wie Kryptowährungen, Rohstoffe und alternative Investments bedeutender wurden, wird die Berücksichtigung von Korrelationen noch relevanter.

Das CAPM ist eines der einflussreichsten Modelle in der Finanzwelt und beschreibt die Beziehung zwischen systematischem Risiko und erwarteter Rendite eines Wertpapiers. Das Modell geht davon aus, dass Investoren nur für das systematische Risiko, das nicht durch Diversifikation eliminiert werden kann, eine Risikoprämie verlangen. Das Beta des Wertpapiers misst dessen Sensitivität bezüglich des Marktrisikos.

Die CAPM-Formel ist:

$E(Ri) = Rf + \beta i(E(Rm) - Rf)$

Hierbei ist $E(Ri)$ die erwartete Rendite des Wertpapiers, Rf der risikofreie Zinssatz, $E(Rm)$ die erwartete Marktrendite und βi das Beta des Wertpapiers. Offensichtlich kommt es insgesamt auf das Beta an.

Trotz seiner weiten Verbreitung und grundlegenden Bedeutung in der Finanzwelt hat das CAPM verschiedene kritische Punkte, die in der akademischen Literatur diskutiert werden:

1. Marktportfolio: Das CAPM setzt voraus, dass es ein „Marktportfolio" gibt, das alle investierbaren Vermögenswerte enthält und perfekt diversifiziert ist. In der Praxis ist es jedoch schwierig, ein solches Portfolio zu definieren oder zu replizieren.
2. Risikofreier Zinssatz: Die Annahme eines konstanten und bekannten risikofreien Zinssatzes ist in der Realität nicht immer gegeben. Schwankungen in den Zinssätzen können die CAPM-Ergebnisse verzerren.

4.4 Kapitalmarkttheorien in der Internetökonomie

3. Beta-Stabilität: Beta wird oft als konstant angenommen, kann sich aber über die Zeit hinweg ändern, da sich die die Marktbedingungen ändern.
4. Annahme der Rationalität: Das CAPM basiert auf der Annahme, dass alle Marktteilnehmer rational sind und homogene Erwartungen haben. Verhaltenstheorien zeigen, dass dies nicht der Fall ist. Hierauf wird später noch umfassender eingegangen.
5. Ein-Faktor-Modell: Das CAPM berücksichtigt nur das systematische Risiko und ignoriert andere Faktoren, die die Rendite beeinflussen könnten.
6. Empirische Tests: Empirische Überprüfungen des CAPM haben gemischte Ergebnisse geliefert, häufig mit schwachen oder inkonsistenten Unterstützungen für das Modell, was Fragen hinsichtlich seiner Anwendbarkeit in realen Investitionsentscheidungen aufwirft.

Ein weiterer, wesentlicher Einwand ist, dass lineare Modelle die komplexe Realität nicht wirklich einfangen können und ein Schwerpunkt auf nicht-lineare Modelle sinnvoll wäre, diese aber schwer handhabbar sind.

In der Praxis im Finanzcontrolling und in der Unternehmensbewertung werden diese Formeln – ggf. mit ergänzenden Parametern – angewandt und da stellt sich bei der schwachen empirischen Evidenz schon die Frage, ob eine Ressourcensteuerung so vernünftig untermauert werden kann.

Das CAPM-Modell fließt in ein Bewertungsmodell für Projekte und Unternehmen ein, das weitreichende Konsequenzen hat: das WACC – Modell (Weighted Average Cost of Capital): die durchschnittlichen Kosten eines Unternehmens für die Kapitalbeschaffung, gewichtet nach dem Anteil der einzelnen Kapitalquellen. Die WACC wird wie folgt berechnet:

$$\boxed{WACC = \left[\frac{D}{V} \times (1 - T_c) \times r_{debt}\right] + \left[\frac{E}{V} \times r_{equity}\right]}$$

Dabei ist E der Marktwert des Eigenkapitals des Unternehmens und V der Gesamtkapitalwert des Unternehmens; r_{equity} stellt die erwartete Eigenkapitalrendite dar, D den Marktwert der Schulden des Unternehmens, r_{Debt} die erwartete Fremdkapitalrendite und T_c den Unternehmenssteuersatz. Offensichtlich wird ein Durchschnitt der Kapitalkosten unter Berücksichtigung eines Steuervorteils bei der Fremdfinanzierung (tax shield) berechnet. Die Kapitalkosten dienen als Hürde für Investitionsentscheidungen und sind entscheidend für die Bestimmung des Unternehmenswertes durch Diskontierung der erwarteten zukünftigen Cashflows. Folglich sind also auch die Marktwerte implizit von diesen Kosten abhängig, was wiederum eine beträchtliche Schwäche des Modells ausmacht.

Die Formel ist wegen ihrer Klarheit und Vereinfachungsphilosophie ein entscheidender Entscheidungsparameter für die Berechnung von Kapitalkosten für Unternehmen geworden, insbesondere auch deshalb, weil sie die Geschäfts- und Finanzierungsrisiken vereinfacht berücksichtigt.

Entscheidend an der Formel ist vor allem, dass nicht Buchwerte, sondern **Marktwerte** enthalten sind. Marktwerte sind dynamischer und erschweren folglich einfache analytische Interpretationen. Dazu später noch mehr, wenn der Kryptobereich mit aufgenommen wird. In Kap. 3 wurde allerdings schon geschlussfolgert, dass eine verbesserte Vorhersagequalität der Cashflows durch Machine Learning und Big Data die Diskontierungszinsen nach unten treibt und Projekte dadurch attraktiver werden können. Dieser Zusammenhang ist so zentral, dass er starke Aufmerksamkeit verdient, wenn Kapitalmarkttheorie und technologische Entwicklungen zusammen betrachtet werden.

Hier sollte noch auf einen Effekt für die Finanzierung von Projekten und Unternehmen hingewiesen werden, der maßgeblich die Finanzströme von Finanzmittlern und Unternehmen prägt: den Leverage-Effekt.

Der Leverage-Effekt beschreibt, wie Unternehmen durch die Aufnahme von Fremdkapital ihre Eigenkapitalrendite steigern können. Das zugrunde liegende Prinzip besagt, dass, eine Erhöhung der Verschuldung die Rendite des Eigenkapitals erhöhen kann, wenn die Gesamtkapitalrendite über dem Zinssatz des Fremdkapitals liegt.

Der Leverage-Effekt basiert auf der Differenz zwischen der Gesamtkapitalrendite, die ein Unternehmen auf alle investierten Vermögenswerte erzielt, und den Zinsen, die es für das geliehene Fremdkapital zahlt. Ist die Gesamtkapitalrendite höher als der Zinssatz für das Fremdkapital, führt dies zu einer Erhöhung der Eigenkapitalrendite.

Steigen die Zinsen oder sinkt die Gesamtkapitalrendite unter den Fremdkapitalzins, kann der Effekt negativ werden und die Eigenkapitalrendite verringern oder sie ins Minus rutschen lassen. Bei hoher Verschuldung kann dies zur Insolvenz führen, wenn das Unternehmen wirtschaftliche Schwierigkeiten hat.

Der Zusammenhang von Verschuldung und Kapitalkosten wird dann auch in der oben genannten WACC-Formel deutlich, des sich ja um gewichtete Kapitalkosten handelt. Steigt die Verschuldung, steigt die Eigenkapitalrentabilität und eine höhere Verschuldung führt dann auch ab einem bestimmten Punkt zu höheren Fremdkapitalkosten. Folglich wird das gesamte Geschäftsrisiko zu dem Haupttreiber der Kapitalkosten, wie es Modigliani und Miller (1958) in ihrer Verschuldungstheorie ausgedrückt haben.

Die empirische Überprüfung des CAPM und anderer Modelle hat zu Erweiterungen und alternativen Modellen geführt. Das Fama-French-Drei-Faktoren-Modell zum Beispiel fügt dem Markt-Beta zwei weitere Risikofaktoren hinzu: die Unternehmensgröße und das Buch-zu-Markt-Verhältnis (vgl. Mondello, 2023, S. 206 ff.). Diese und andere Modelle erkennen an, dass die Realität oft komplexer ist, als es einfache Modelle suggerieren.

Die Globalisierung, angetrieben durch das Internet, hat die Finanzmärkte weltweit miteinander verbunden, was zu einer neuen Ebene der Markteffizienz geführt hat. Während dies teilweise die Theorie effizienter Märkte unterstützt, zeigt es auch, dass globale Schocks – wie politische Entscheidungen oder wirtschaftliche Krisen – sich schneller und unvorhersebarer auswirken können, als es traditionelle Modelle vorhersagen können.

4.5 Einschränkungen der Mainstreamtheorien

Bezogen auf unseren Fokus der **Internetökonomie** sind die Kritikpunkte noch weitgreifender. Die Kapitalmarkttheorien wurden in einer Ära entwickelt, in der die Märkte weniger von Technologie und Informationstransparenz geprägt waren. In der Internetökonomie, die durch schnelle Informationsflüsse, hohe Marktvolatilität und neue Formen der Finanzintermediation gekennzeichnet ist, greifen diese Modelle zu kurz. Die Internetökonomie ist geprägt von einer beispiellosen Geschwindigkeit in der Verarbeitung und Verbreitung von Informationen. Märkte reagieren in Echtzeit auf Nachrichten und Daten, was die Annahme stetiger und vorhersehbarer Marktbewegungen, wie sie traditionelle Modelle postulieren, untergräbt. Die hohe Volatilität der Märkte hat direkte Auswirkungen auf die Marktwerte. Das CAPM verwendet das Beta eines Wertpapiers, um das Risiko zu messen, welches jedoch unter der Annahme stabiler wirtschaftlicher Verhältnisse berechnet wird. In der digitalen Wirtschaft, wo Unternehmensbewertungen und Marktstimmungen rapide wechseln können, reicht ein statisches Beta nicht aus, um das wahre Risiko abzubilden.

Beispielsweise erleben die Aktien von Tech-Unternehmen oft schnelle Auf- und Abwärtsbewegungen basierend auf Produktankündigungen, Änderungen in der Regulierung oder sogar Tweets von einflussreichen Persönlichkeiten. Diese Dynamik erfordert eine flexiblere Betrachtung des Risikos.

Ein wesentlicher Aspekt in Zusammenhang mit der Unternehmensbewertung greift ein Thema auf, das in diesem Buch schon angesprochen wurde: **die Bedeutung der Digitalisierung für den Diskontierungsfaktor.** In den letzten Jahren hat die Integration von Big Data und maschinellem Lernen das Spektrum der Nachfrageprognosen erheblich erweitert. Mit Datenquellen wie sozialen Medien, Suchmaschinenanfragen, Echtzeit-Verkaufsdaten und sogar Wetterdaten können Unternehmen eine genauere und umfassendere Sicht auf potenzielle Nachfrageentwicklungen erhalten. Die modernisierte Nachfrageprognose basiert daher auf:

1. Echtzeitdatenanalyse: Aktuelle Daten wie Social-Media-Trends oder Online-Suchanfragen bieten direkte Einblicke in das Interesse der Konsumenten. Ein plötzlicher Anstieg von Suchanfragen zu einem bestimmten Produkt oder eine Häufung von Erwähnungen in sozialen Medien kann als Indikator für eine steigende Nachfrage gewertet werden.
2. Machine-Learning-Modelle zur Mustererkennung: Algorithmen können in großen Datenmengen nach Mustern suchen, die menschliche Analysten möglicherweise übersehen würden. Diese Modelle lernen ständig dazu und passen sich an neue Daten an, was die Prognosegenauigkeit steigert. Solche Machine-Learning-Modelle können beispielsweise die Wahrscheinlichkeit, dass ein Produkt bei bestimmten Kundengruppen gut ankommt, präzise berechnen.
3. Externe Faktoren und Predictive Analytics: Externe Faktoren wie Wetterbedingungen, wirtschaftliche Rahmenbedingungen oder politische Ereignisse können sich auf die Nachfrage auswirken. Predictive Analytics integriert solche Faktoren, um die Nachfrage unter Berücksichtigung verschiedenster Einflüsse möglichst genau vorherzusagen.

Dank dieser modernisierten Prognosemethoden können **Unternehmen ihre Cashflow-Planung zuverlässiger gestalten**, indem sie die Nachfrage besser einschätzen und dadurch effizienter produzieren, lagern und verkaufen können. Dies reduziert unnötige Kosten und verringert das Risiko, dass Kapital in überschüssigen Lagerbeständen oder anderweitig gebunden wird.

Analysten und Investoren erhalten Einblicke in potenziell stabile oder wachsende Cashflows und können die Risiken und Chancen realistischer abwägen. Für Investoren bedeutet dies, dass die Risiken in der Bewertung von Unternehmen und Projekten reduziert werden. Die durch bessere Nachfragevorhersagen gestützte Planung könnte die Schwankungen in den zukünftigen Cashflows von Unternehmen verringern und **dadurch den Diskontierungsfaktor in den Bewertungsmodellen** senken. Gerade in der Frühphase von Projekten – in denen Investoren bislang mit Unsicherheiten kämpfen – könnte dies für Vertrauen und eine höhere Investitionsbereitschaft sorgen. Dies bedeutet für Unternehmen, dass Kapitalgeber eher bereit sein könnten, in Projekte mit gut prognostizierten Absatzchancen zu investieren, was insbesondere bei kapitalintensiven Branchen wie Technologie und Automobilindustrie von Vorteil ist.

In der Internetökonomie haben sich durch die zunehmende Digitalisierung und die Verbreitung neuer Technologien die Marktstrukturen signifikant gewandelt. Dies hat zu einer Konzentration von Marktmacht und Vermögen bei einer relativ kleinen Anzahl von Akteuren geführt, ein Phänomen, das oft mit dem Ausdruck „The winner takes it all" umschrieben wird. **Diese Verteilungseffekte** werden in den traditionellen ökonomischen Theorien oft zu wenig berücksichtigt.

Somit können Unternehmen durch Netzwerkeffekte eine dominierende Marktstellung erreichen. Je mehr Nutzer eine Plattform hat, desto attraktiver wird sie für weitere Nutzer und Anbieter, wodurch ein sich selbst verstärkender Zyklus entsteht, der es etablierten Spielern ermöglicht, ihre Marktanteile zu festigen und auszubauen. Die dominierenden Unternehmen zeichnen sich durch hohe Marktkapitalisierungen aus. Diese finanzielle Macht führt zu einer erheblichen Konzentration von Vermögen bei den Eigentümern und Investoren dieser Unternehmen. Da der Wert dieser Unternehmen stark von digitalen Assets und immateriellen Vermögenswerten wie Daten und Software abhängt, unterscheidet sich ihre Vermögensstruktur deutlich von traditionelleren Industrien, was traditionelle ökonomische Modelle oft nicht ausreichend abbilden.

Die Vermögens- und Einkommenskonzentration in der Hand weniger sowie der Wandel der Arbeitsverhältnisse **verstärken die soziale Ungleichheit**. Dies hat weitreichende soziale und ökonomische Konsequenzen, einschließlich verringerter sozialer Mobilität und erhöhter gesellschaftlicher Spannungen.

Die ökonomischen Theorien müssen weiterentwickelt werden, um die spezifischen Herausforderungen und Dynamiken der Internetökonomie adäquat zu reflektieren. Dies umfasst die Entwicklung neuer Modelle, die die Auswirkungen von Netzwerkeffekten, Plattformökonomien und digitaler Vermögenskonzentration besser verstehen und voraus-

4.5 Einschränkungen der Mainstreamtheorien

sagen können. Nur so können Wirtschaft und Gesellschaft effektiv auf die durch die Digitalisierung verursachten Veränderungen reagieren.

Ein Aspekt, der dem **Bitcoin** immer entgegengehalten wird, ist der: der Bitcoin kreiert keine Cashflows aus Anwendungen in der Zukunft (vgl. zu dieser Kritik: Bindseil & Schaaf, 2024). Wie oben dargelegt, basiert in der traditionellen Finanztheorie die Bewertung von Aktien und anderen Vermögensgegenständen auf der Methode der Diskontierung zukünftiger Cashflows. Unternehmen, die Dividenden ausschütten oder Gewinne erwirtschaften, lassen sich bewerten, indem man die erwarteten zukünftigen Zahlungsströme auf den heutigen Zeitpunkt abzinst. Der resultierende Barwert gibt Auskunft darüber, wie viel Investoren bereit sind, heute zu zahlen, um in den Genuss zukünftiger Erträge zu kommen. Diese Vorgehensweise setzt voraus, dass ein Unternehmen in der Lage ist, zukünftig stabile und prognostizierbare Einnahmen zu generieren, die entweder direkt als Dividenden an die Aktionäre ausgeschüttet oder durch steigende Gewinne den Aktienwert erhöhen.

Bitcoin hingegen entzieht sich diesem traditionellen Bewertungsansatz, da er keine Cashflows generiert. Es gibt keine regelmäßigen Erträge oder Dividenden, die den Wert von Bitcoin stützen könnten. Stattdessen basiert der Wert von Bitcoin vor allem auf Angebot und Nachfrage – wie Gold; ist also eine Art Rohstoff. Investoren bewerten Bitcoin nicht aufgrund von zukünftigen Einnahmeströmen, sondern auf Basis von Faktoren wie Knappheit (bedingt durch die festgelegte maximale Menge von 21 Mio. Bitcoins), der Akzeptanz als Wertspeicher und dem Vertrauen in seine Funktion als „digitales Gold". Insbesondere seine Funktion als Inflationsschutz hebt Bitcoin von herkömmlichen Währungen und anderen Anlageklassen ab.

Dieser grundlegende Unterschied führt zu einem Bewertungsdilemma: Während Aktienbewertungen auf den berechenbaren und bewährten Methoden der Diskontierung von Cashflows beruhen, ist der Wert von Bitcoin spekulativer Natur und stark von externen Faktoren wie Marktstimmung, regulatorischen Entwicklungen und technologischem Fortschritt abhängig. Dies erschwert die Vergleichbarkeit beider Anlageklassen erheblich.

Ein weiterer wichtiger Aspekt ist die **Rolle von Bitcoin in einem diversifizierten Portfolio**. Die These war: Bitcoin und andere Kryptowährungen haben eine niedrigere Korrelation zu traditionellen Märkten, was bedeutet, dass ihr Wert oft unabhängig von den Bewegungen am Aktien- oder Anleihenmarkt schwankt. Jedoch zeigt sich in der letzten Zeit, dass Bitcoin sehr stark mit Hightech-Aktienwerten korreliert war, und insofern diese These nicht mehr stimmig scheint, wobei auch das makroökonomische Umfeld eine große Rolle spielt (vgl. zum Beispiel Duong, 2024). Ein eindeutige unkorrelierte Beziehung zwischen Aktienmärkten und Bitcoin ist schwer auszumachen.

Bitcoin wird weiterhin stark von kurzfristiger Marktstimmungen und spekulativen Bewegungen beeinflusst. Er verlangt offenbar eine flexible Herangehensweise an das Risikomanagement und die Bereitschaft, den Wert eines Vermögenswerts zu akzeptieren, der vor allem durch Knappheit, Netzwerkeffekte und das Vertrauen der Gemeinschaft definiert ist.

- Ein wesentlicher Punkt der Kritik an den Kapitalmarkttheorien bezieht sich auf die Annahmen der Theorie und das menschliche Verhalten, das keineswegs immer rational und homogen ist. Wie gehen Menschen mit der drohenden Informationsflut um, wie reagieren sie auf Schocks und Preisveränderungen, wie verhalten sich Menschen in einer sehr unsicheren Umgebung?
- Wieso können Stories, die mit dem Bitcoin verknüpft sind (Versprechen von Reichtum und Inflationsschutz etc.) so eine Wirkung entfalten?

Hierauf geben die herkömmlichen Kapitalmarkttheorien keine befriedigenden Antworten. Das menschliche Verhalten in Zusammenhang mit Geld ist besonders komplex – und mit digitalem Geld erst recht. Die Welt des digitalen Geldes dreht sich schneller, was bleibt den Menschen da anderes als Vereinfachungsregeln anzuwenden.

4.6 Verhaltensanomalien

Behavioral Finance ist ein Forschungszweig, der die psychologischen, sozialen und emotionalen Faktoren untersucht, die das wirtschaftliche Verhalten von Individuen und Märkten beeinflussen. Dieser Ansatz kritisiert die klassische Finanztheorie, die davon ausgeht, dass Menschen rational und Märkte effizient sind, wie im Kapitel zuvor dargelegt wurde.

Behavioral Finance dient dem Verständnis und der Analyse systematischer menschlicher Handlungsmuster bei Entscheidungen unter Ungewissheit und Zeitdruck, die in der Internetökonomie zu erwarten sind. Diese Disziplin strebt danach, die traditionellen Modelle der Wirtschaftswissenschaften, insbesondere das Konzept des 'homo oeconomicus', durch realitätsnähere Modelle zu ergänzen, die menschliche Verhaltensweisen und emotionale Reaktionen integrieren.

Im Zusammenhang mit der Entscheidungsfindung werden zwei kognitive Systeme unterschieden: das automatische und das reflektierende System (siehe Kahneman, 2012). Das automatische System arbeitet schnell und unbewusst und greift auf erlernte Heuristiken zurück, während das reflektierende System langsam und deduktiv ist und eine bewusste Verarbeitung von Informationen ermöglicht. Diese Dualität der Denkprozesse ist essenziell, um zu verstehen, wie Entscheidungen unter Unsicherheit getroffen werden.

Ein zentraler Aspekt der Behavioral Finance ist das Verständnis des Anlegerverhaltens, das durch verschiedene psychologische und soziale Faktoren beeinflusst wird. Dies umfasst die Untersuchung des Zyklus von Emotionen, den Investoren während des Entscheidungsprozesses durchlaufen. Gefühle wie Angst, Gier und Hoffnung haben signifikante Auswirkungen auf die Entscheidungsfindung.

Zur Erforschung dieser Phänomene werden häufig Experimente eingesetzt, die in zwei Hauptkategorien unterteilt sind: Labor- und Feldexperimente. Labor-Experimente finden in einer kontrollierten Umgebung statt und zielen darauf ab, spezifische Hypothesen zu testen, indem Teilnehmer zu einem bestimmten Zeitpunkt und Ort eingeladen werden, oft ohne Kenntnis der genauen Forschungsziele. Feld-Experimente hingegen nutzen natür-

4.6 Verhaltensanomalien

liche Umgebungen, um realistischere Daten zu gewinnen, wobei die Teilnehmer meist nicht wissen, dass sie Teil einer Studie sind. Diese Methodik hilft, das natürliche Verhalten der Menschen besser zu erfassen und die Auswirkungen von Umgebungsvariablen auf ihre Entscheidungen zu verstehen.

Der Kernpunkt der Theorien von Kahnemann und Tversky ist die **Prospekt Theorie** (siehe Kahneman & Tversky, 1984). Sie beschäftigt sich mit der Art und Weise, wie Menschen Entscheidungen unter Risiko und Unsicherheit treffen. Sie stellt eine bedeutende Abkehr von der traditionellen Erwartungsnutzentheorie dar, die davon ausgeht, dass Individuen ihre Entscheidungen stets rational und auf Basis des maximalen erwarteten Nutzens treffen.

Im Kern der Prospekttheorie steht die Annahme, dass Menschen Entscheidungen nicht in einem Vakuum treffen, sondern vielmehr ihre Wahlmöglichkeiten in Relation zu einem bestimmten Referenzpunkt bewerten, der oft der Status quo ist oder ihre Erwartungen entspricht. Zwei wesentliche Komponenten der Theorie sind die Wertfunktion und die Wahrscheinlichkeitsgewichtungsfunktion.

Die Wertfunktion (vgl. Abb. 4.5), die im Rahmen der Prospekttheorie vorgestellt wird, ist s-förmig und asymmetrisch. Sie ist konkav für Gewinne, was auf eine Risikoaversion in diesem Bereich hindeutet, und konvex für Verluste, was eine Risikobereitschaft wider-

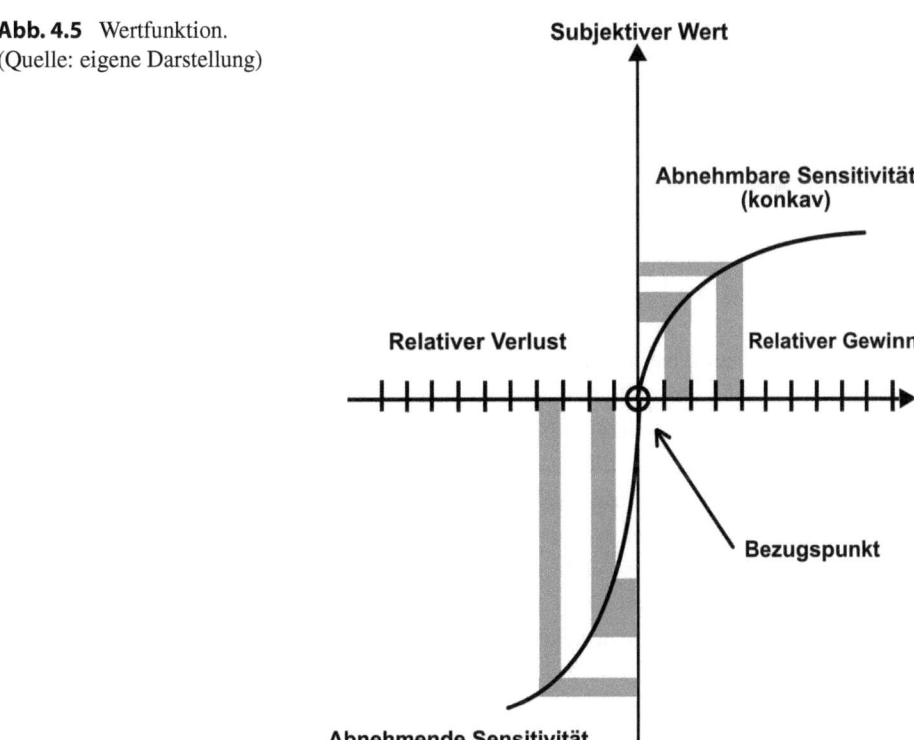

Abb. 4.5 Wertfunktion. (Quelle: eigene Darstellung)

spiegelt. Diese Form der Wertfunktion führt zu dem Phänomen der **Verlustaversion**, bei dem der emotionale Einfluss von Verlusten etwa doppelt so stark wie der von Gewinnen derselben Größe ist. Dies erklärt, warum Menschen oft unverhältnismäßig stark auf mögliche Verluste reagieren.

Ein weiteres wichtiges Element der Theorie ist die **Wahrscheinlichkeitsgewichtungsfunktion**, die zeigt, wie Menschen Wahrscheinlichkeiten interpretieren, nämlich nicht linear. Kleine Wahrscheinlichkeiten werden tendenziell überbewertet, während mittlere bis hohe Wahrscheinlichkeiten unterbewertet werden. Dieses Phänomen kann dazu führen, dass Menschen in manchen Situationen übermäßig risikoscheu oder unerwartet risikofreudig agieren.

Der Einfluss von **Framing-Effekten** auf die Entscheidungsfindung ist ein weiterer Schwerpunkt. Die Art und Weise, wie Handlungsalternativen präsentiert werden, kann die Entscheidungen der Menschen erheblich beeinflussen. Zum Beispiel reagieren Menschen unterschiedlich auf dieselbe statistische Information, je nachdem, ob diese in positiven oder negativen Frame (also Rahmen) dargestellt wird.

Beispiel für den Framing-Effekt im Investmentkontext:

Stellen Sie sich vor, ein Finanzberater präsentiert zwei Optionen für eine Investition, die tatsächlich identisch sind, aber unterschiedlich formuliert (geframt) werden:

1. Positives Framing (Gewinnorientiert): „Diese Anlageoption hat eine 80-prozentige Erfolgsquote und die überwiegende Mehrheit der Anleger hat Gewinne erzielt."
2. Negatives Framing (Verlustorientiert): „Diese Anlageoption hat eine 20-prozentige Misserfolgsrate und einige Anleger haben Verluste erlitten."

Obwohl beide Aussagen statistisch das Gleiche aussagen, zeigen Studien, dass mehr Anleger wahrscheinlich zur ersten Option tendieren, weil sie positiv ausgedrückt und geframt ist und die Erfolgsaussichten betont. Die zweite Option, obwohl identisch, könnte aufgrund des negativen Framings, das die potenziellen Verluste hervorhebt, weniger attraktiv erscheinen.

Die Prospekttheorie hat weitreichende Anwendungen gefunden, von der Erklärung des Verhaltens von Anlegern auf Finanzmärkten über das Verständnis der Nachfrage nach Versicherungen bis hin zur Gestaltung öffentlicher Gesundheitskampagnen. In all diesen Bereichen hat sich gezeigt, dass die Darstellung von Informationen und die intuitive Bewertung von Risiken und Gewinnen das Verhalten von Menschen stark beeinflussen können.

Obwohl die Prospekttheorie für ihre innovative Sicht auf das menschliche Entscheidungsverhalten vielfach gelobt wurde und Kahneman 2002 den Nobelpreis für Wirtschaftswissenschaften erhielt, steht sie auch vor Kritik, insbesondere hinsichtlich ihrer Vorhersagekraft und der Schwierigkeiten bei der präzisen Modellierung spezifischer Entscheidungsprozesse. Um es vereinfacht zu formulieren: die herkömmliche Finanztheorie ist quantitativer Natur mit einschlägigen Formeln verknüpft, während die Behavioral Finance komplexerer Natur ist.

4.6 Verhaltensanomalien

Ein paar Heuristiken und Verzerrungseffekte sind maßgeblich zum Verständnis der Behavioral Finance (vgl. hierzu auch Thaler, 2016):

Die Repräsentativitätsheuristik und die Verfügbarkeitsheuristik sind zwei kognitive Verzerrungen, die wesentlich zum Verständnis von Entscheidungen unter Unsicherheit in der Behavioral Finance beitragen. Beide Heuristiken tragen dazu bei, einige der irrationalen Verhaltensweisen zu erklären, die in Finanzmärkten beobachtet werden können.

Die Repräsentativitätsheuristik führt dazu, dass Menschen die Wahrscheinlichkeit eines Ereignisses basierend darauf einschätzen, wie sehr es einem typischen Fall entspricht. In den Kontext der Finanzmärkte übertragen, bedeutet dies, dass Investoren möglicherweise die Leistung eines Unternehmens aufgrund eines einzelnen, hervorstechenden Erfolgs überschätzen. Ein klassisches Beispiel ist ein Unternehmen, das ein sehr erfolgreiches Produkt auf den Markt bringt. Investoren könnten fälschlicherweise davon ausgehen, dass dieses Produkt repräsentativ für die gesamte Innovationskraft und zukünftige Rentabilität des Unternehmens ist. Dies könnte dazu führen, dass die Aktien des Unternehmens überbewertet werden, weil die Investoren die generelle Leistung des Unternehmens auf der Basis eines einzigen, vielleicht atypischen Erfolgs beurteilen. Die Repräsentativitätsheuristik kann daher zu einer Markineffizienz führen, da sie die wahren Risiken und Potenziale eines Investments verzerrt darstellt.

Die Verfügbarkeitsheuristik beschreibt die Tendenz, Entscheidungen auf der Grundlage von Informationen zu treffen, die leicht verfügbar sind. Dies kann insbesondere in Zeiten von Marktvolatilität oder nach dem Auftreten markanter Wirtschaftsereignisse relevant werden. Beispielsweise können Nachrichten über einen Börsencrash oder eine Finanzkrise dazu führen, dass Investoren die Wahrscheinlichkeit weiterer finanzieller Einbrüche überschätzen, weil diese Ereignisse frisch im Gedächtnis sind und emotional aufgeladen sein können. Ebenso kann die mediale Berichterstattung über bestimmte Aktien oder Märkte dazu führen, dass diese als besonders attraktiv oder riskant wahrgenommen werden, einfach weil sie präsenter in der öffentlichen Wahrnehmung sind. Diese Verzerrung durch Verfügbarkeit kann zu systematischen Fehlern in der Anlagestrategie führen, da Entscheidungen nicht auf allen relevanten Informationen, sondern auf einer verzerrten Auswahl basieren, die leicht zugänglich oder kürzlich diskutiert wurde.

Selbstüberschätzung, oft auch als Overconfidence bezeichnet, ist eine kognitive Verzerrung, bei der Individuen ihre eigenen Fähigkeiten, ihr Wissen und ihren Zugang zu Informationen überschätzen. In den Finanzmärkten führt dies häufig dazu, dass Investoren die Genauigkeit ihrer Vorhersagen überbewerten, was zu riskanteren Investitionsentscheidungen führen kann, als es angemessen wäre.

Investoren, die von Selbstüberschätzung betroffen sind, neigen dazu, die Präzision ihrer Informationen zu überschätzen und sind oft zu optimistisch bezüglich der Auswirkungen ihrer Entscheidungen. Dies kann zu einer erhöhten Handelsaktivität führen, da sie glauben, dass ihre Handelsstrategien und Marktkenntnisse ihnen einen Vorteil gegenüber anderen Marktteilnehmern verschaffen. Studien haben gezeigt, dass übermäßiges Handeln – oft angetrieben durch Selbstüberschätzung – die Renditen aufgrund von Transaktionskosten und schlechtem Timing erheblich schmälern kann. Selbstüberschätzung kann auch dazu führen, dass Investoren Marktinformationen, die ihre eigene Sichtweise nicht unterstützen, ignorieren oder abwerten, was zu einer verzerrten Interpretation von Marktdaten führt.

Die Ambiguitätsaversion beschreibt die Tendenz von Individuen, Situationen mit unbekanntem Risiko oder unsicheren Wahrscheinlichkeiten aus dem Weg zu gehen. In Finanzentscheidungen äußert sich die Ambiguitätsaversion oft in der Vermeidung von Investitionen in komplexe Finanzinstrumente oder Märkte mit hohen Unsicherheitsgraden, selbst wenn diese potenziell höhere Erträge bieten könnten.

Diese Aversion führt andererseits dazu, dass Individuen dazu neigen, sich für Optionen mit bekannteren Risiken zu entscheiden, selbst wenn die erwarteten Renditen niedriger sind. Ein klassisches Beispiel ist die Präferenz für inländische Aktien gegenüber ausländischen Aktien, auch bekannt als **Home Bias**. Investoren fühlen sich mit Märkten, die sie kennen und verstehen, wohler und meiden daher internationale Optionen, die ihnen fremd sind, auch wenn diese möglicherweise eine diversifiziertere und potenziell profitablere Anlage darstellen würden. Ambiguitätsaversion kann auch dazu führen, dass neue oder unkonventionelle Investitionsmöglichkeiten gemieden werden, einfach aufgrund des Mangels an verfügbaren oder verständlichen Informationen.

Selbstüberschätzung und Ambiguitätsaversion können in der Praxis interagieren und komplexe Verhaltensmuster erzeugen. Zum Beispiel könnte ein selbstüberschätzter Investor sich in bekannten Märkten übermäßig engagieren, während er gleichzeitig unbekannte Märkte meidet, unabhängig von deren potenziellem Nutzen. Dies führt oft zu suboptimalen Anlagestrategien, die nicht die bestmögliche Risiko-Rendite-Balance bieten.

Der Ankereffekt ist eine kognitive Verzerrung, die beschreibt, wie Menschen dazu neigen, sich bei Entscheidungen zu sehr auf einen Anfangswert (den „Anker") zu stützen, auch wenn dieser Anker irrelevant ist. Dieser Effekt hat erhebliche Auswirkungen auf finanzielle Entscheidungen und Bewertungen.

In der Finanzwelt kann der Ankereffekt beobachtet werden, wenn Investoren sich auf historische Preise von Aktien als Referenzpunkte für Kauf- oder Verkaufsentscheidungen verlassen. Beispielsweise könnte ein Investor, der eine Aktie bei einem bestimmten Preis gekauft hat, diesen Kaufpreis als Anker verwenden und zögern, die Aktie zu verkaufen, wenn der Preis unter diesen Anker fällt, selbst wenn es rational wäre, die Verluste zu begrenzen. Ebenso können anfängliche Bewertungen oder Prognosen als Anker dienen, die die nachfolgenden Analysen und Prognosen von Marktanalysten und Investoren beeinflussen. Diese Abhängigkeit von anfänglichen Ankerpunkten kann zu verzerrten Preisbewertungen und suboptimalen Investitionsentscheidungen führen.

Quantitative Anker können durch bestimmte Börsendaten wie Aktienkursvergleiche oder historische Kursdaten sowie durch Indizes, die Durchschnittswerte einbeziehen, gesetzt werden (vgl. Shiller, 2015, S. 232 ff.). Qualitative Anker umfassen Meinungen von Experten und Analysten oder aus dem Umfeld der Anleger. Nach Shiller sind moralische Anker Geschichten, die mit spezifischen Zuständen oder Ereignissen verbunden sind.

4.6 Verhaltensanomalien

Qualitative Anker beziehen sich auf Meinungen von Experten, Analysten oder dem direkten Umfeld der Anleger, die deren Entscheidungen beeinflussen können.

Ein Beispiel dafür ist, wenn ein bekannter Hedgefonds-Manager Tech-Aktien als sichere Investition in Zeiten der Inflation anpreist, was viele Anleger dazu verleitet, dieser Einschätzung zu folgen, unabhängig von den zugrunde liegenden Daten. Ebenso kann die Empfehlung eines Freundeskreises, Immobilien als Altersvorsorge zu betrachten, dazu führen, dass jemand eine Immobilie kauft, ohne eine detaillierte Finanzanalyse durchzuführen.

Moralische Anker, wie sie Robert Shiller beschreibt, können Geschichten sein, die mit spezifischen Ereignissen oder Zuständen verknüpft sind und das Verhalten von Marktteilnehmern prägen. Die Erzählung von „sicheren Häfen" wie Gold während Krisenzeiten oder die Erfolgsstory früher Bitcoin-Investoren sind Beispiele, die Menschen motivieren, in bestimmte Anlagen zu investieren, oft ohne die Risiken vollständig zu verstehen. Auch Ereignisse wie die Finanzkrise 2008 haben moralische Anker gesetzt, indem sie die Narrative von Bankenrisiken und der Notwendigkeit staatlicher Kontrolle über die Finanzmärkte hervorhoben, was langfristig die öffentliche Wahrnehmung und politische Maßnahmen prägt.

In einer komplexen Welt wie der der Finanzwelt sind solche Anker unvermeidbar, weil sie den Anlegern Orientierung geben, auch wenn diese nicht rational ist.

Das Konzept der mentalen Konten, eine Theorie, die von Richard Thaler weiterentwickelt wurde, beschreibt, wie Menschen Geld in verschiedenen "Konten" kategorisieren, die jeweils eigenen Regeln für den Umgang mit Geld folgen. Diese mentalen Konten führen dazu, dass Menschen Geld unterschiedlich ausgeben oder sparen, je nachdem, welchem Konto es zugeordnet ist (vgl. Thaler, 1999 und 2016).

Mentale Konten können dazu führen, dass Investoren finanzielle Entscheidungen treffen, die nicht optimal sind. Zum Beispiel könnten sie Geld in einem Konto für Urlaub speichern, das sie bereit sind, leichter auszugeben, während sie gleichzeitig hohe Kreditkartenschulden auf einem anderen Konto haben, das sie als getrennt betrachten. Dies kann zu ineffizienten finanziellen Entscheidungen führen, da das Geld nicht dort eingesetzt wird, wo es den größten Nutzen oder die höchste Rendite erbringen könnte. Im Investitionskontext kann das Konzept der mentalen Konten erklären, warum Anleger dazu neigen, Gewinne aus Investitionen zu sichern und in „sicherere" Konten zu verschieben, während sie gleichzeitig riskante Investitionen halten, in der Hoffnung, Verluste wieder wettzumachen.

Besonders Krypto-Assets sind anfällig für Verzerrungen und Verhaltensmuster, wie sie von Behavioral Finance beschrieben werden. Die hohe Volatilität dieser Anlageklasse, gepaart mit einem oft spekulativen Umfeld und einem erheblichen medialen Einfluss, macht sie zu einem Paradebeispiel für die Auswirkungen kognitiver Verzerrungen und emotionaler Entscheidungen.

Diese Analyse umfasst die Untersuchung des Zyklus von Emotionen, den Investoren während des Entscheidungsprozesses durchlaufen. Gefühle wie Angst, Gier und Hoffnung haben signifikante Auswirkungen auf die Entscheidungsfindung. Im Bereich der Krypto-Assets manifestieren sich diese Emotionen häufig in Form von „FOMO" (Fear of Missing Out) und „HODLing" (Hold On for Dear Life), was zu irrationalen Verhaltensmustern führen kann. Anleger neigen dazu, auf kurzfristige Marktbewegungen überzureagieren oder riskante Positionen übermäßig lange zu halten, was durch die Dynamik der sozialen Medien und die ständige Verfügbarkeit von Marktdaten noch verstärkt wird. Damit wird das „Herdenverhalten" der Anleger offensichtlich.

Die Anwendung der Prospekt-Theorie auf Krypto-Assets zeigt, wie stark Verlustaversion und die verzerrte Wahrnehmung von Wahrscheinlichkeiten das Verhalten von Investoren beeinflussen können. Ein Beispiel hierfür ist das Phänomen der „Pump and Dump"-Schemes, bei dem Investoren ihre Entscheidungen basierend auf überbewerteten Chancen und dem sozialen Druck treffen, der durch Netzwerkeffekte entsteht (vgl. Bubenko, 2024).

Wie gezeigt, steht im Kern der Prospekt-Theorie die Annahme, dass Menschen Entscheidungen nicht in einem Vakuum treffen, sondern vielmehr ihre Wahlmöglichkeiten in Relation zu einem bestimmten Referenzpunkt bewerten, der oft der Status quo ist oder ihre Erwartungen entspricht. Für Krypto-Assets bedeutet dies, dass der Status quo mit dem spekulativen Charakter der Anlagen verbunden ist, wodurch Investoren besonders anfällig für überoptimistische Prognosen oder Ängsten vor Verlusten werden.

Zeigt bereits die Fundamentalanalyse, dass Krypto Assets schwer zu bewerten sind, so weist die Einbeziehung der Behavioral Finance Theorie darauf hin, dass diese Vermögensgegenstände der Gefahr einer ständigen Manipulation und Verzerrung unterliegen.

4.7 Zusammenfassung

Die Internetökonomie wird die Finanzwirtschaft tiefgreifend verändern, indem sie neue Technologien und digitale Geschäftsmodelle in den Mittelpunkt rückt. Die Finanzwelt wird zunehmend komplexer und dezentraler, was durch die digitale Revolution, die Verbreitung von Big Data, Künstlicher Intelligenz und dezentralen Netzwerken wie Blockchain ermöglicht wird.

Im Kern steht die Erkenntnis, dass technologische Innovationen traditionelle Geschäftsmodelle herausfordern und teilweise verdrängen. Die Digitalisierung sorgt für niedrige Grenzkosten und eine schnelle Skalierbarkeit von Produkten und Dienstleistungen, was Unternehmen zwingt, sich auf Netzwerkeffekte und datengetriebene Entscheidungen zu stützen. Netzwerkeffekte, bei denen der Nutzen eines Produkts mit der Anzahl der Nutzer steigt, sind ein zentrales Merkmal der Internetökonomie, das besonders Plattformen wie Google, Facebook und Amazon zu enormer Marktmacht verholfen hat.

Durch den Einsatz von Big Data und Künstlicher Intelligenz können Finanzinstitutionen ihre Kunden besser verstehen und personalisierte Produkte anbieten. Algorithmen analysieren in Echtzeit Kundenverhalten und Markttrends, was eine neue Art der Risikoanalyse

4.7 Zusammenfassung

und Preisgestaltung ermöglicht. Finanzinstitutionen können so schneller auf Marktveränderungen reagieren, was die Entscheidungsprozesse erheblich beschleunigt.

Die Kapitalmarkttheorien verblassen etwas angesichts dieser neuen Realitäten, denn die traditionellen Modelle sind oft zu statisch, um die Dynamik der Internetökonomie vollständig zu erfassen. Die Geschwindigkeit, mit der Informationen über das Internet verbreitet werden, führt zu erhöhter Marktvolatilität und erfordert schnellere Reaktionen der Marktteilnehmer. Unternehmen müssen zunehmend agile, datengetriebene Geschäftsmodelle entwickeln, um in dieser neuen, digitalisierten Welt wettbewerbsfähig zu bleiben. Wie soll man diese Modelle beurteilen und bewerten? Hierüber werden wir in den folgenden Kapiteln sprechen müssen.

Das menschliche Verhältnis zu Geld ist darüber hinaus tief verwurzelt in emotionalen und psychologischen Prozessen, die oft unbewusst ablaufen. Geld ist nicht nur ein Tauschmittel oder ein Wertaufbewahrungsmittel; es hat auch starke symbolische Bedeutungen, die durch unsere Erfahrungen, Erziehung und Kultur geprägt sind. Vor diesem Hintergrund wirken die oben erwähnten kognitive Verzerrungen besonders stark auf finanzielle Entscheidungen.

Geld kann auch als ein Mittel zur Identitätsbildung und sozialen Stellung gesehen werden. Viele Menschen streben nach finanzieller Sicherheit und Wohlstand, um soziale Anerkennung und ein positives Selbstbild zu erreichen. Diese Bestrebungen können zu übermäßiger Risikobereitschaft und zur Anfälligkeit für Spekulationsblasen führen, da die Aussicht auf großen finanziellen Erfolg die Wahrnehmung von Risiken überlagern kann.

Die beschriebenen Heuristiken und kognitiven Verzerrungen – wie Repräsentativitäts- und Verfügbarkeitsheuristik, Selbstüberschätzung, Ambiguitätsaversion, Ankereffekt und mentale Konten – verdeutlichen, dass finanzielle Entscheidungen oft weniger rational und mehr durch emotionale und psychologische Faktoren beeinflusst sind, als wir glauben mögen.

Das menschliche Verhältnis zu Geld wird durch die fortschreitende Digitalisierung weiter komplexer und dynamischer. Digitale Technologien und Plattformen verändern nicht nur, wie wir Geld verwenden und verwalten, sondern auch, wie wir darüber denken und welche psychologischen Prozesse dabei eine Rolle spielen.

Durch die ständige Verfügbarkeit von Echtzeitinformationen und die Möglichkeit, jederzeit und überall Transaktionen durchzuführen, wird die Verfügbarkeitsheuristik noch verstärkt. Investoren haben durch digitale Medien und soziale Netzwerke schnellen Zugang zu einer Flut von Informationen, die oft nicht immer relevant oder zuverlässig sind, aber dennoch ihre Entscheidungsfindung erheblich beeinflussen können.

Selbstüberschätzung kann durch die Digitalisierung ebenfalls zunehmen, da Online-Plattformen und Apps den Eindruck erwecken können, dass Investieren einfach und erfolgreich zu meistern sei. Leicht zugängliche Finanzinstrumente und der Trend zum „Do-it-yourself"-Investieren ermutigen viele dazu, ohne ausreichende Kenntnisse und Analysen zu handeln, was zu erhöhten Risiken und potenziellen Verlusten führt. Auch die unrühmliche Rolle mancher „Influencer" in den sozialen Medien mit ihren Versprechen für das „schnelle Geld" fällt in diese Kategorie.

Die Digitalisierung schafft zudem neue Formen der Ambiguität. Kryptowährungen und andere digitale Assets sind Beispiele für neue, oft komplexe Finanzinstrumente, die bei vielen Menschen Unsicherheit hervorrufen. Diese Unsicherheit kann zu Ambiguitätsaversion führen, wodurch potenziell vorteilhafte Investitionen gemieden werden.

Der Ankereffekt wird darüber hinaus durch digitale Finanzdienste verstärkt, die historische Daten und Preise leicht zugänglich machen. Investoren können sich zu stark auf diese digitalen Ankerpunkte stützen, was ihre objektive Bewertung von aktuellen Marktbedingungen beeinträchtigt.

Die Behavioral Finance bleibt ein dynamisches Forschungsfeld, das weiterhin sowohl die Grundlagen der Finanztheorie herausfordert als auch praktische Anwendungen in der Finanzwelt findet.

Mit dem Aufkommen von Big Data und fortschrittlichen Analysemethoden könnten zukünftige Forschungen noch tiefere Einsichten in das Verhalten von Marktteilnehmern bieten und helfen, effektivere Strategien für den Umgang mit Verhaltensverzerrungen zu entwickeln.

Literatur

Bishop, C. M. (2006). *Pattern Recognition and Machine Learning*. Springer.
Bischopinck, Y., & von Ceyp, M. (2009). *Suchmaschinen-Marketing*. Springer.
Bindseil, U., & Schaaf, J. G. (2024, October 12). The distributional consequences of Bitcoin. Available at SSRN: https://papers.ssrn.com/sol3/papers.cfm?abstract_id=4985877. Zugegriffen am 23.06.2025
Bubenko, A. (2024). Verständnis von Pump und Dump in der Krypto: Wie man Marktmanipulationen erkennt und vermeidet. https://www.morpher.com/de/blog/pump-and-dump-in-crypto. Zugegriffen am 03.04.2025.
Christensen, C. M. (1997). *The innovator's dilemma: When new technologies cause great firms to fail*. Harvard Business School Press.
Dorschel, J. (2015). *Praxishandbuch Big Data*. Springer Gabler.
Duong, D. (2024). Crypto correlations: Perception vs reality. https://www.coinbase.com/de/institutional/research-insights/research/monthly-outlook/monthly-outlook-august-2024. Zugegriffen am 03.04.2025.
Fama, E. F. (1970). Efficient capital markets: A review of theory and empirical work. *The Journal of Finance, 25*(2), 383 ff.
Géron, A. (2022). *Hands-on machine learning with Scikit-Learn, Keras, and TensorFlow* (3. Aufl.). O'Reilly Media.
Hotchkiss, G., Gunning, S., & Payne, E. (2005). The role of search in media selection. *iProspect*. https://www.iprospect.com.
Kahneman, D. (2012). *Schnelles Denken, langsames Denken*. Siedler Verlag. Aus dem Amerikanischen von Thorsten Schmidt.
Kahneman, D., & Tversky, A. (1984). Choices, values, and frames. *American Psychological Association, 39*(4), 341–350.
Markowitz, H. M. (1952). Portfolio selection. *Journal of Finance, 7*, 1952.
Meisner, H. (2021). *Finanzwirtschaft in der Internetökonomie*. Springer.

Metcalfe, R. M. (1995). *Metcalfe's law: A network becomes more valuable as it reaches more user*. InfoWorld.

Modigliani, F., & Miller, M. H. (1958). The cost of capital, corporation finance, and the theory of investment. *American Economic Review, 48*, 261–297.

Mondello, E. (2023). Capital asset pricing model und fama-french-modell. In *Finance: Investments*. Springer Gabler.

Moore, G. E. (1965). Cramming more components onto integrated circuits. *Electronics Magazine, 38*(8), 114–117.

Perridon, L., Steiner, M., & Rathgeber, A. (2022). *Finanzwirtschaft der Unternehmung*. Vahlen Verlag.

Rigby, D. K., Sutherland, J., & Takeuchi, H. (2016). Embracing agile. *Harvard Business Review, 94*(5), 40–50.

Schumpeter, J. (1987). Theorie der wirtschaftlichen Entwicklung: Eine Untersuchung über Unternehmergewinn, Kapital, Kredit, Zins und den Konjunkturzyklus (9. Aufl.). Duncker & Humblot.

Sharpe, W. (1964). Capital asset prices: A theory of market equilibrium under conditions of risk. *Journal of Finance, 19*, 425–442.

Shiller, R. (2015). *Irrationaler Überschwang*.

Stackowiak, R., Licht, A., Mantha, V., & Nagode, L. (2015). *Big data and the internet of things: Enterprise information architecture for a new age*. Apress.

Thaler, R. (1999). Mental accounting matters. *Journal of Behavioral Decision Making, 12*, 183–206.

Thaler, R. (2016). *Misbehaving: The Making of Behavioral Economics*. W. W. Norton & Company.

Blockchain und Token 5

5.1 Grundlagen der Blockchain

Die Blockchain-Technologie hat sich seit ihrer Einführung als das Rückgrat von Bitcoin im Jahr 2009 rapide entwickelt und ist zu einer der disruptivsten Technologie der modernen Ära geworden. Ursprünglich entwickelt, um eine dezentralisierte Währung zu unterstützen, hat die Blockchain weitreichende Anwendungen in verschiedenen Branchen gefunden, von der Finanzdienstleistung über das Gesundheitswesen bis hin zur Lieferkettenverwaltung und darüber hinaus.

Blockchain ist im Wesentlichen eine Form einer verteilten Datenbank (Distributed Ledger-Technologie, DLT), die auf einer dezentralisierten Struktur basiert, die über ein Netzwerk von Computern oder „Knoten" verteilt ist. Jeder Block in einer Blockchain enthält eine Reihe von Transaktionen, die öffentlich aufgezeichnet und in chronologischer Reihenfolge miteinander verbunden sind. Die Daten in jedem Block sind durch komplexe kryptografische Algorithmen geschützt, die dazu dienen, die Integrität und Sicherheit des gesamten Systems zu gewährleisten.

Die Kernidee der Blockchain ist es, einen sicheren, unveränderlichen und transparenten Aufzeichnungsmechanismus zu bieten. Im Gegensatz zu traditionellen Datenbanken, die von zentralen Autoritäten verwaltet werden, wird die Blockchain von einer Gemeinschaft von Nutzern betrieben, die alle gleichzeitig als Verwalter und Verifizierer des Ledgers fungieren. Dieser Ansatz eliminiert die Notwendigkeit einer vertrauenswürdigen dritten Partei, was die Blockchain ideal für Anwendungen macht, bei denen es auf Unveränderlichkeit, Transparenz und Sicherheit ankommt.

Das Wesen der Blockchain ist die dezentrale Ausrichtung, das heißt, viele Einheiten können das Datenbanksystem gestalten und koordinieren. In der technischen Welt der

Internetökonomie ist ein Datenbanksystem genuin für die Organisation von wirtschaftlichen und finanziellen Beziehungen (eine sehr gute Einführung in das Thema findet sich bei Levine, 2022).

Die über die Blockchain ausgetauschten Daten werden als Datensatz in sogenannten Blöcken abgespeichert, die in chronologischer Reihenfolge aneinandergekettet werden. Jeder Block enthält dabei Aufzeichnungen über die Netzwerkaktivitäten der Teilnehmer des vorherigen Blockes, wodurch eine lückenlose und fälschungssichere Blockkette entsteht. Auf Basis dieser Beschreibung lässt sich der allgemein gebräuchliche Begriff Blockchain (deutsch: „Blockkette") ableiten.

In technischer Hinsicht sind viele unserer heutigen Systeme veraltet. Das traditionelle Bankwesen etwa stützt sich auf überholte Programmiersprachen wie Cobol und umständliche Prozesse wie die Verwendung von Papierschecks. Selbst der Handel mit Aktien, der zwei Tage zur Abwicklung benötigt, zeigt die Trägheit und Anfälligkeit bestehender Systeme. Die Technologie, auf der diese Systeme basieren, ist oft langsam, fehleranfällig und nicht an die moderne digitale Welt angepasst.

Ein fortschrittlicherer Ansatz war folglich die Integration moderner Technologien, die eine direkte und effiziente Kommunikation zwischen Datenbanken ermöglichen. Eine solche Modernisierung würde es beispielsweise einer Bank ermöglichen, direkt auf Immobilienregister zuzugreifen, um Eigentumsverhältnisse zu verifizieren, oder Führerscheindaten abzurufen, ohne umständliche manuelle Prozesse.

Die Unveränderlichkeit in der Blockchain wird durch **kryptografische Hash-Funktionen** gewährleistet. Jeder Block enthält einen einzigartigen Hash-Wert, der aus den Informationen des vorherigen Blocks berechnet wird. Dieser Hash verbindet jeden Block mit seinem Vorgänger, wodurch eine Kette entsteht.

Hashing ist ein technisches Grundkonzept im Internet: eine beliebige Menge von Eingabedaten wird über einen Algorithmus in Ausgabedaten mit fester Größe umgewandelt, die als Hash bezeichnet werden. Die Eingabe kann eine beliebige Anzahl von Bits sein (ein einzelnes Zeichen, eine MP3-Datei, ein Roman, eine Tabelle oder sogar das gesamte Internet). Eine Hashfunktion kann also eine Zeichenfolge beliebiger Länge in eine Zeichenfolge fester Länge abbilden. In vielen Blockchains wird eine Hashfunktion vom Typ „Secure Hash Algorithm 256" (SHA 256) verwandt. Entscheidend ist, dass die generierte Information keine Rückschlüsse auf die ursprüngliche Datei oder Information ermöglicht (vgl. Giese et al., 2016, S. 42–47).

Eine Veränderung auch nur eines einzigen Bits in einem früheren Block würde eine Veränderung des Hash-Werts dieses Blocks und aller folgenden Blöcke verursachen, was leicht von den Netzwerkteilnehmern erkannt werden kann. Diese Eigenschaft macht es praktisch unmöglich, Informationen in der Blockchain nachträglich zu ändern oder zu löschen, ohne dass dies von anderen Netzwerkteilnehmern bemerkt wird.

Transparenz ist ein weiteres Schlüsselmerkmal der Blockchain-Technologie. Obwohl die Identität der Teilnehmer durch pseudonyme Adressen geschützt werden kann, ist jede Transaktion im Netzwerk für alle sichtbar. Dies fördert nicht nur die Verantwortlichkeit, sondern ermöglicht es auch, alle Transaktionen zu überprüfen und nachzuvollziehen.

5.1 Grundlagen der Blockchain

Diese Eigenschaft ist besonders wertvoll in Bereichen wie der Lieferkettenverwaltung, wo es wichtig ist, die Herkunft von Produkten zu verifizieren, oder im Finanzsektor, wo sie zur Bekämpfung von Betrug und Korruption eingesetzt werden kann. Somit stellen die Hashes der Blocks sicher, dass keine Manipulationen vorgenommen werden.

Digitale Signaturen sind das andere Standbein der Sicherheitsarchitektur der Blockchain-Technologie. Sog. **asymmetrisches Verschlüsselungsverfahren** ermöglichen die Übertragung von Informationen und Werten mit einem privaten und öffentlichen Schlüssel. „Aus einem privaten Schlüssel wird über eine bestimmte mathematische Operation (beim Bitcoin ist es eine Elliptische Kurvenmultiplikation) ein öffentlicher Schlüssel generiert, der aber nie auf die Ursprungsdatei zurückverfolgt werden kann. Der öffentliche Schlüssel soll öffentlich sein, um als Adresse für den Empfang von Nachrichten anderer Benutzer zu dienen. Generell soll bei diesem Verschlüsselungsverfahren der private Schlüssel geheim gehalten werden und zum digitalen Signieren von Nachrichten verwendet werden. Die Signatur ist in der Nachricht enthalten, damit der Empfänger sie mithilfe des öffentlichen Schlüssels des Absenders überprüfen kann." (vgl. Meisner, 2021, S. 189–190; vgl. auch Berentsen & Schär, 2017, S. 117–121).

Die Konsensmechanismen sind entscheidend, um Einigkeit darüber zu erzielen, welche Blöcke zur Blockchain hinzugefügt werden sollen, und um sicherzustellen, dass das Netzwerk trotz der Abwesenheit einer zentralen Autorität synchron bleibt. Hier sind einige der gängigsten Konsensmodelle:

1. Proof of Work (PoW): Dies ist der Mechanismus, der in Bitcoin verwendet wird. Er erfordert von den Teilnehmern, rechenintensive mathematische Probleme zu lösen, um neue Blöcke zu erstellen. Der erste Miner, der das Problem löst, erhält die Berechtigung, den neuen Block zur Blockchain hinzuzufügen und wird mit der Blockchain-Währung belohnt. Dieser Prozess wird als Mining bezeichnet. Obwohl PoW äußerst sicher ist, wird es wegen seines hohen Energieverbrauchs und der langen Transaktionszeiten kritisiert.
2. Proof of Stake (PoS): PoS ist eine energieeffizientere Alternative zu PoW, die auf dem Besitzanteil (Stake) basiert. In einem PoS-System werden Transaktionsverifizierer (oft als Validatoren bezeichnet) auf der Grundlage der Menge an Währung ausgewählt, die sie als Sicherheit (Stake) hinterlegen. Je größer der Stake, desto größer ist die Wahrscheinlichkeit, dass der „Staker" den nächsten Block validieren darf. Proof-of-Stake wird bereits von mehreren namhaften Kryptowährungen wie Ethereum, Cardano (ADA) und PolkaDot (DOT) verwendet wird. In einem PoS-System gibt es keine aufwändigen kryptografischen Puzzles, die es zu lösen gilt und es werden keine Miner benötigt für die Verifizierung von Transaktionen. Der Validator wird über einen Zufallsgenerator ausgewählt. Es werden lediglich die notwendige Software und Rechenleistung und das Vorzeigen des sogenannten „Stake" benötigt. Im Ethereum-Netzwerk muss der Stake mindestens 32 Ether groß sein (vgl. Rosu & Saleh, 2021; vgl. Buterin, 2016), was natürlich bei einem angenommenen Etherpreis von 3000 € eine erhebliche Summe darstellt (96.000 €) und Fragen nach der Dezentralität und der Teilhabe aufwirft.

3. Delegated Proof of Stake (DPoS): DPoS ist eine Weiterentwicklung von PoS, die eine Gruppe von Delegierten wählt, die für das Netzwerk handeln und Entscheidungen schneller treffen, was die Netzwerkgeschwindigkeit und Skalierbarkeit verbessern. Stakeholder wählen Vertreter, die dann im Namen aller agieren.

In Blockchains wie EOS wählen Token-Inhaber stimmberechtigte Repräsentanten, die dann die Aufgabe haben, das Netzwerk zu sichern und die Blöcke zu produzieren.
Es gibt noch weitere Varianten, hier wurden nur die Wichtigsten vorgestellt.

Bitcoin funktioniert grundlegend über eine umfangreiche öffentliche Liste, in der jede Adresse einzigartig ist, ähnlich einer Zufallskombination aus Zahlen und Buchstaben, und ein spezifisches Bitcoin-Guthaben aufweist. Beispielsweise könnte eine Adresse wie „1A1zP1eP5QGefi2DMPTfTL5SLmv7DivfNa" ein Guthaben von 68,6 Bitcoins besitzen. Jede Adresse agiert als öffentlicher Schlüssel. Die Kontrolle über die Bitcoins an einer solchen Adresse hat man nur, wenn man im Besitz des entsprechenden privaten Schlüssels ist – quasi das Passwort, das Zugriff auf dieses Konto ermöglicht.

Die berühmte erste Bitcoin-Adresse, die Bitcoin erhielt, gehört vermutlich Satoshi Nakamoto. Dies illustriert, dass Adressen in der Blockchain eigentlich Hashwerte öffentlicher Schlüssel sind. Wer im Besitz des privaten Schlüssels ist, kann Bitcoin senden, indem er die Transaktion mit seinem privaten Schlüssel signiert. Der Empfänger kann dann diese Signatur mit dem öffentlichen Schlüssel und der öffentlichen Liste der Adressen und Guthaben abgleichen, um zu verifizieren, dass der Sender tatsächlich die Kontrolle über die Bitcoins hat. Diese Information reicht aus, um die Kontrolle zu bestätigen, aber nicht, um den privaten Schlüssel zu entschlüsseln oder auf die Bitcoins zuzugreifen.

Das bedeutet, dass Bitcoin gesendet werden können, ohne dass sie sich gegenseitig oder einer Bank vertrauen müssen, um die Transaktion zu verifizieren. Jede Transaktion in der Blockchain verifiziert, wer was besitzt, und jeder im Netzwerk aktualisiert seine Aufzeichnungen entsprechend.

Das Netzwerk, bestehend aus Tausenden, die die Bitcoin-Software betreiben, verwaltet gemeinsam ein Hauptbuch (Ledger genannt), das jede Transaktion aufzeichnet. Dieses Hauptbuch ist nicht nur eine Liste von Adressen und Guthaben, sondern eine fortlaufende Aufzeichnung aller Transaktionen. Das Netzwerk stellt sicher, dass alle Transaktionen korrekt sind: wenn jemand einen Bitcoin sendet, der von seiner Adresse ausgeht und ordnungsgemäß mit seinem privaten Schlüssel signiert ist, wird er akzeptiert; wenn jemand versucht, Bitcoins von einer fremden Adresse zu senden, ohne den privaten Schlüssel zu haben, wird die Transaktion als falsch identifiziert und abgelehnt.

Es gibt einen starken finanziellen Anreiz, im Netzwerk ehrlich zu bleiben. Ein vertrauenswürdiges Netzwerk macht Bitcoin zu einem wertvollen Zahlungsmittel.

Diese Innovation ist nicht trivial, denn vor Satoshi Nakamoto (2008) konnte man zwar Zahlen wie „132.51" via E-Mail senden, doch es gab keine Möglichkeit zu überprüfen, ob der Absender die Summe tatsächlich besaß oder ob sie bereits an jemand anderen gesendet wurde. Zudem hätte der Empfänger keinen Beweis dafür gehabt, dass er nun im Besitz dieser Summe war und sie weiterleiten konnte. Im Kern hat Satoshi eine dezentralisierte Methode zur Schaffung digitaler Knappheit entwickelt. Bitcoin ermöglicht den Versand einer Nachricht, die nicht nur ankommt, sondern auch den eindeutigen Besitzwechsel von einer Partei zur anderen bestätigt, indem sie Informationen auf eine Weise überträgt, die sowohl die Lieferung als auch den Besitz begrenzt. Obwohl die technologische Errungenschaft beachtlich ist, liegt die wahre Bedeutung von Bitcoin vielleicht in der sozialen Akzeptanz dieser digitalen Währung. Nicht die Technologie allein macht Bitcoin wertvoll, sondern die Tatsache, dass Millionen von Menschen weltweit Bitcoin als wertvoll betrachten.

Bitcoin besitzt einen Vorteil durch seinen umfangreichen und vielfältigen Pool von Minern, was zur Sicherheit der Blockchain beiträgt, aber diese Sicherheit ist letztlich eine Manifestation der breiten gesellschaftlichen Akzeptanz.

Die Attraktivität von Bitcoin als unkorrelierter Vermögenswert könnte ebenfalls als Pluspunkt gelten. Theoretisch könnte das Hinzufügen eines solchen Vermögenswerts zu einem Portfolio das gesamte Portfoliorisiko verringern. Bitcoin wurde oft als eine Art Absicherung gegen Inflation oder als modernes Äquivalent zu Gold betrachtet. In der Vergangenheit hat sich jedoch gezeigt, dass der Preis von Bitcoin oft mit dem Aktienmarkt korreliert ist, insbesondere mit Technologieaktien, und kein effektiver Schutz gegen Inflationsphasen war. Dies untergräbt das Argument, dass Bitcoin eine zuverlässige Diversifizierungsstrategie bietet, was natürlich die Funktion als Wertaufbewahrungsmittel beeinträchtigt.

Ein vereinfachter Blick auf Bitcoin und damit auch andere Krypto Assets könnte so aussehen: Man kann jederzeit einen digitalen Token erstellen, der elektronisch gehandelt wird. Als Bitcoin an Wert und Sichtbarkeit gewann, entstand eine Flut von neuen Kryptowährungen, oft nur leichte Variationen von Bitcoin oder sogar direkte Kopien, darunter auch sog. „Memecoins".

Zum Beispiel wurde Dogecoin als Parodie auf den Kryptowährungs-Boom mit einem Logo des Internet-Memes Doge, einem Shiba-Inu-Hund, gestartet und ist heute Milliarden wert. Die Erfinder selbst verstehen möglicherweise nicht den vollständigen Umfang ihres Erfolgs, der zeigt, dass auch spielerische Projekte in der Welt der Kryptowährungen Erfolg haben können.

Ethereum weist viele Ähnlichkeiten mit Bitcoin auf: Nutzer beabsichtigen Transaktionen, übermitteln diese an das Netzwerk, die Transaktionen werden in Blöcke eingefügt und die Blöcke in einer Kette miteinander verbunden, sodass jede Transaktion öffentlich einsehbar ist. Die Währung, die auf der Ethereum-Blockchain genutzt wird, wird gemeinhin als „Ether" bezeichnet, obwohl auch die Bezeichnungen „Ethereum" und häufig das Kürzel „ETH" verwendet werden. Während Transaktionen bei Bitcoin vorwiegend dem Zahlungsverkehr dienen, bietet Ethereum vielseitigere Möglichkeiten: Ethereum funktioniert wie ein globaler virtueller Computer, an den Nutzer Anweisungen senden können, um diverse Operationen durchzuführen (vgl. hierzu Dixon, 2024).

Darüber hinaus ermöglicht Ethereum das Verfassen von Programmen, die auf dem virtuellen Computer ausgeführt werden, um automatisierte Aktionen durchzuführen. Ein solches Programm könnte zum Beispiel festlegen, „10 Ether an Adresse Y zu senden, wenn ein bestimmtes Ereignis eintritt" – siehe die Smart Contracts im nächsten Abschnitt.

Ethereum wird oft als verteilter Computer beschrieben, der allerdings ohne herkömmliche Eingabegeräte wie Tastatur und Monitor auskommt. Dies schränkt die direkte Nutzung für grafisch intensive Anwendungen auf der Ethereum Virtual Machine ein. Stattdessen eignet sich Ethereum hervorragend als Backend für verschiedenste Arten von Programmen und Anwendungen. Entwickler nutzen diese Plattform, um sogenannte „Dapps" (dezentrale Apps) zu kreieren, die zwar primär im Internet laufen – oft auf zentralisierten oder Cloud-Servern –, jedoch kritische Daten in der Blockchain sichern.

Das Backend in der IT ist der Teil eines Softwaresystems, der im Hintergrund läuft und die Datenverarbeitung, Geschäftslogik und Datenbankverwaltung übernimmt. Es kommuniziert mit dem Frontend, das für die Benutzeroberfläche zuständig ist, und sorgt dafür, dass Daten sicher und effizient verarbeitet werden.

Beispielsweise könnten in einem Online-Spiel die Attribute eines Spielcharakters in der Blockchain gesichert werden, während die grafische Darstellung des Charakters und seiner Ausrüstung auf herkömmlichen Servern erfolgt.

Eine wesentliche Einschränkung von Ethereum ist die Geschwindigkeit. Programme werden auf Ethereum dadurch ausgeführt, dass Befehle an Tausende von Netzwerkknoten gesendet werden, die diese unabhängig voneinander ausführen und einen Konsens über die Ergebnisse finden. Dieser Prozess ist zeitintensiv, da jede Anweisung vielfach auf einer Vielzahl von Computern repliziert wird. Für viele Anwendungen mag diese Geschwindigkeit ausreichen, beispielsweise für Transaktionen mit Ether oder die Verwaltung von Datenbanken für Computerspielfiguren, in der Vergangenheit kam es dennoch bei viel Verkehr zu Engpässen, dies machte eine Überarbeitung der Gesamtstruktur notwendig.

Ein signifikanter Unterschied zwischen Ethereum und Bitcoin liegt in der Bedeutung und Struktur der Transaktionsgebühren. Während bei Bitcoin jede Transaktion einfach den Transfer von Beträgen beschreibt, können Transaktionen bei Ethereum komplexe Computerprogramme umfassen, die zahlreiche Berechnungsschritte erfordern. Dies beansprucht wesentlich mehr Zeit und Ressourcen, da alle Knoten im Netzwerk jeden Schritt verifizieren müssen. Extrem umfangreiche Verträge könnten theoretisch das Netzwerk überlasten.

Um solche Probleme zu vermeiden, verwendet Ethereum das Konzept des „Gases" als Berechnungsgebühr, die für die Durchführung von Transaktionen erforderlich ist. Jede Transaktion definiert ein maximales Gaslimit und einen Preis pro Gaseinheit. Wird das Gaslimit während der Transaktionsausführung überschritten, scheitert die Transaktion, und die Gasgebühren fallen dennoch an. Dies dient als Abschreckung gegen übermäßig lange Transaktionen, die das Netzwerk überbelasten könnten. Mit der Umstellung von Proof of Work (PoW) auf Proof of Stake (PoS) haben sich auch die Mechanismen der Gebührenverteilung geändert. Die Belohnungen für das Mining sind gesunken, da die Validierung unter PoS kostengünstiger ist. Zudem wird ein Teil der Gasgebühren nun vernichtet, also aus dem Umlauf genommen, anstatt an die Validatoren ausgezahlt zu werden. Dies reduziert die Gesamtmenge des im Umlauf befindlichen Ethers und beeinflusst die Netzwerksicherheit.

Es existieren weiterhin Gasgebühren, von denen einige an die Validatoren gehen. Allgemein gilt: Je höher das Gebot für Gas, desto schneller wird eine Transaktion verarbeitet.

In Zeiten hoher Netzwerkauslastung kann durch höhere Gasgebühren eine Priorisierung der Transaktionsverarbeitung erreicht werden. Dies spiegelt das Modell eines gemeinsam genutzten Computers wider, bei dem Nutzer für schnellere Verarbeitung bezahlen können.

Ethereum hatte und hat ein Kosten- und Skalierungsproblem, an dem die Entwickler seit Jahren arbeiten. Manche Transaktionen dauern zu lange, wenn die Blockchain zu stark belastet wird und dann werden sie auch teurer.

Um diese Skalierungs- und Kostenprobleme zu bewältigen, arbeitet die Ethereum-Community an verschiedenen Lösungen und Verbesserungen, wie zum Beispiel:

1. Ethereum 2.0: Ethereum 2.0 ist ein groß angelegtes Upgrade, das darauf abzielt, die Skalierbarkeit, Sicherheit und Nachhaltigkeit der Plattform zu verbessern. Ein zentraler Aspekt von Ethereum 2.0 ist der Übergang von einem Proof-of-Work (PoW) zu einem Proof-of-Stake (PoS) Konsensmechanismus, der als Ethereum Beacon Chain bekannt ist. PoS soll das Netzwerk energieeffizienter und schneller machen und somit Skalierungsprobleme beheben und wurde im September 2022 realisiert.
2. Sharding: Sharding ist eine Technik, die die Blockchain in mehrere kleineren, voneinander unabhängigen Ketten (Shards) unterteilt. Jeder Shard kann Transaktionen parallel verarbeiten, wodurch die Gesamttransaktionskapazität des Netzwerks erhöht wird. Sharding ist ein zentrales Element von Ethereum 2.0 und soll die Skalierbarkeit verbessern.
3. Layer-2-Lösungen: Layer-2-Lösungen sind Protokolle, die auf der bestehenden Ethereum-Blockchain aufbauen und die Skalierbarkeit verbessern, ohne die Sicherheit zu beeinträchtigen. Beispiele für Layer-2-Lösungen sind das „Optimistic Rollup" und das „ZK-Rollup", die beide darauf abzielen, Transaktionen „off-chain" zu bündeln und nur die Ergebnisse auf der Hauptkette zu speichern. Dadurch wird die Anzahl der On-Chain-Transaktionen reduziert und die Skalierbarkeit erhöht (vgl. zu diesen Punkten Ethereum, o. J.).

Hinzu kommt das Ethereum Improvement Proposal (EIP) 1559. EIP-1559 ist eine Protokollergänzung, die den Transaktionsgebührenmechanismus ändert, um Gasgebühren vorhersehbarer und stabiler zu gestalten. Es führt einen algorithmisch angepassten Basispreis für Transaktionen ein, bei denen Ether „verbrannt" wird, um die Inflation zu reduzieren. Zusätzlich können Benutzer eine Prioritätsgebühr zahlen, um Transaktionen schneller abzuwickeln. EIP-1559 verbessert die Benutzererfahrung, senkt die Inflation und trägt zur Netzwerksicherheit bei. All diese Verbesserungen benötigen aber Zeit und daher wird die Ethereum-Blockchain noch sehr lange eine Baustelle bleiben (vgl. hierzu ausführlicher Buterin et al., 2019).

5.2 Smart Contracts

Ethereum nutzt ein weiteres innovatives Werkzeug der Blockchain-Technologie: die Fähigkeit, sogenannte „Smart Contracts" zu gestalten. **Smart Contracts** sind selbstausführende Programmschritte, deren Bedingungen direkt in Codezeilen geschrieben sind. Sie werden automatisch ausgeführt, wenn vordefinierte Bedingungen erfüllt sind, ohne dass menschliche Intervention nötig ist. Diese Technologie reduziert die Notwendigkeit für Mittelsmänner und erhöht die Effizienz und Geschwindigkeit von Vertragsabschlüssen.

Die Grundidee von Smart Contracts besteht darin, dass Verträge mit präzisen definierten Bedingungen erstellt und als Programmcode auf der Blockchain hinterlegt werden. Sobald die festgelegten Bedingungen erfüllt sind, führt sich der Smart Contract automatisch aus. Die Effizienz von Smart Contracts ergibt sich aus ihrer Fähigkeit, in Echtzeit realisiert zu werden. Aufgrund ihrer Speicherung auf der Blockchain zeichnen sie sich durch hohe Sicherheit und Transparenz aus, da jeder Blockchain-Teilnehmer sie einsehen kann. Dies trägt zu einer erhöhten Integrität der Transaktionen und Verträge bei, da Betrug oder Fälschungen erschwert werden.

Ein weiterer wesentlicher Vorteil von Smart Contracts ist ihre Unveränderlichkeit. Einmal auf der Blockchain ausgeführt, kann ein Smart Contract nicht modifiziert werden, es sei denn, alle beteiligten Parteien stimmen einer Änderung zu. Dies verleiht den Vertragsparteien zusätzliches Vertrauen und Sicherheit, da sie wissen, dass die Vertragsbedingungen ohne ihre Zustimmung nicht geändert werden können.

Die Nutzung von Smart Contracts eliminiert, wie oben ausgeführt, die Notwendigkeit einer zentralen Vermittlungsinstanz, besonders wenn die beteiligten Parteien einander unbekannt und somit nicht vertrauenswürdig sind (kein sogenanntes Gegenpartei-Risiko).

Vereinfacht lassen sich Smart Contracts durch folgende drei Merkmale charakterisieren:

1. Das Protokoll eines Smart Contracts wird durch ein digital verifizierbares Ereignis aktiviert (zum Beispiel durch den Eingang einer Transaktion).
2. Ein in Software umgesetzter Programmcode verarbeitet dieses Ereignis (zum Beispiel durch Überprüfung der Transaktion).
3. Basierend auf dem validierten Ereignis erfolgt eine rechtlich bindende Handlung, die zuvor vereinbart wurde (zum Beispiel die Lieferung einer Ware oder die Übertragung eines Vermögenswertes).

Ein Handeln außerhalb der im Code festgelegten Parameter ist somit nicht möglich. Zudem ist der Zugriff auf externe Datenbanken außerhalb der Blockchain nur über spezielle Schnittstellen, die sogenannten „Oracles", möglich.

Auf diese Weise können Finanzbeziehungen durch einfache „Wenn-Dann"-Regeln dargestellt werden. Sind bestimmte Bedingungen erfüllt (wie etwa die Zahlung des Kaufpreises bei einem Immobilienerwerb), kann eine Vermögensübertragung stattfinden (beispielsweise der Eintrag des neuen Eigentümers im Grundbuch). Insbesondere im Finanzsektor lassen sich durch eine Abfolge solcher Beziehungen, die auf die Übertragung von Vermögenswerten abzielen, Prozesse vollständig automatisieren.

5.3 Was sind Token?

Eine der Möglichkeiten, die ein Smart Contract in Ethereum bietet, ist die Erstellung neuer Kryptowährungen, allgemein als „Token" bekannt. Warum sollte man dies in Betracht ziehen? Ein Grund ist die Möglichkeit, einen Token zu schaffen, der elektronisch handelbar ist. Dies kann dazu führen, dass Menschen bereit sind, dafür Geld zu bezahlen.

Die Erstellung solcher Token ist in Ethereum äußerst einfach. Das Ethereum-Whitepaper enthält beispielsweise ein kurzes Code-Snippet zur Implementierung eines Token-Systems. Deshalb gibt es viele Tokens wie das Shiba-Tokens als dezentralisiertes Meme-Token, das zu einem lebendigen Ökosystem gewachsen ist.

Es gibt jedoch viele weitere Gründe, Kryptowährungen zu erstellen. Wenn man eine Anwendung auf Ethereum entwickelt und Gebühren erheben möchte, stellt sich die Frage, in welcher Währung die Nutzer bezahlen sollten; der US-Dollar ist zwar eine Möglichkeit, existieren aber nicht direkt auf der Blockchain. Die naheliegendste Wahl ist Ether, die native Währung von Ethereum. Eine verbreitete Alternative ist die Schaffung eines eigenen Tokens. Personen, die einen Mehrwert für den Service schaffen, sollten mit einem speziellen Token belohnt werden. Nutzer des Dienstes zahlen ebenfalls in diesem Token. Wenn der Dienst an Popularität gewinnt, könnte auch der Wert des Tokens steigen (vgl. zum Token-Komplex Voshmgir, 2020, S. 152 ff.).

In diesem Kontext würde also durch Token eine besondere Art von Geld geschaffen, die mit einer Wertschöpfung verknüpft ist. Der Begriff „**programmierbares Geld**" erhält dadurch eine zentrale Bedeutung im Geldwesen und wäre in einer sich immer stärker digitalisierenden Wirtschaft grundlegend.

Sobald das Token auf der Blockchain im Umlauf ist, ist der Modus Operandi relativ einfach und sieht vereinfacht wie folgt (vgl. Buterin, 2014):

```
from = msg.sender
to = msg.data[0]
value = msg.data[1]
if contract.storage[from] >= value:
contract.storage[from] = contract.storage[from] - value
contract.storage[to] = contract.storage[to] + value
```

Dieser Code ist eine einfache Darstellung eines Transaktionsvorgangs auf der Blockchain, wie er zum Beispiel in Smart Contracts auf Ethereum funktioniert. Hier die Erläuterung:

1. **from = msg.sender**: msg.sender steht für die Adresse des Senders der Transaktion. Der Sender ist derjenige, der den Smart Contract aufruft und eine Aktion ausführt (zum Beispiel einen Token-Transfer anstößt). Die Variable from speichert diese Adresse.

2. **to = msg.data[0]**: msg.data ist ein Feld, das die in der Transaktion übergebenen Daten enthält. Hier wird die erste Information im Array (msg.data[0]) als Zieladresse (to) interpretiert, also die Adresse des Empfängers.
3. **value = msg.data[1]**: Die zweite Information in msg.data (msg.data[1]) wird als der Betrag (value) interpretiert, der übertragen werden soll.
4. **if contract.storage[from] >= value:**:Hier wird überprüft, ob der Sender (from) genug Guthaben hat, um die Transaktion durchzuführen. contract.storage[from] ist der gespeicherte Saldo des Senders in einem persistenten Speicher, der im Smart Contract verwaltet wird.
5. **contract.storage[from] = contract.storage[from] – value**: Wenn der Sender genügend Guthaben hat, wird der entsprechende Betrag (value) von seinem Saldo abgezogen.
6. **contract.storage[to] = contract.storage[to] + value**: Der gleiche Betrag wird zum Saldo des Empfängers (to) hinzugefügt. Damit ist die Übertragung abgeschlossen.

Tokens sind allgemein gesprochen „Wertgutscheine" oder „Warenäquivalente", die über die Blockchain transferiert werden. In der Ethereum Token – Umgebung können Assets in beliebiger Form dargestellt werden (Vermögenswerte wie Währungen oder Unternehmensaktien, Smart Property oder Kupons). Andere Token repräsentieren Erfahrungspunkte in Spielen oder Lottoscheine oder Fiat-Währungen (zum Beispiel USDT) bzw. Rohstoffe (zum Beispiel eine Unze Gold in Tether Gold). Die meisten DeFi-Unternehmen bieten ihren Token auf der Ethereum-Blockchain an.

Die mögliche Ausrichtung der Token entscheidet über die Zuordnung. Wir unterscheiden allgemein zwischen:

a. Security-Token (auch Beteiligungstoken oder Asset Token genannt)
b. Utility Token (eine Art Wertgutschein für ein Projekt)
c. Payment Token (ein Bezahltoken)

Diese Abgrenzung ist in der Literatur nicht eindeutig.

Die Standardschnittstelle für Token auf der Ethereum-Blockchain ist **ERC-20**. ERC steht für „Ethereum Request for Comments", „20" steht für die 20. Ethereum Improvement Proposals initiiert von Buterin und Vogelsteller. Dieser Standard wurde 2015 veröffentlicht und ist der häufigste Token-Standard in Ethereum. Es ermöglicht Token die Interaktion mit Smart Contracts und ermöglicht die Übertragung jedes Tokens auf der Ethereum-Blockchain. Zusammenfassend ist der ERC-20-Standard eine standardisierte Schnittstelle (vgl. Vogelsteller & Buterin, 2015).

Die standardisierte Schnittstelle funktioniert auch, weil alle Tokens fungibel sind und die Software öffentlich zugänglich ist. Auf diese Weise existieren mehr als 1,4 Mio. verschiedene Token oder Altcoins auf der Ethereum-Blockchain und sind im ERC-20-Standard codiert (vgl. Etherscan, o. J.). Jede Einheit einer Subwährung ist identisch, wobei sich diese Altcoins tatsächlich untereinander unterscheiden.

Der ERC-20-Standard wurde entwickelt, um die Interoperabilität und Austauschbarkeit von Token zu gewährleisten. ERC-20-Token repräsentieren in der Regel Utility Tokens, die für bestimmte Funktionen oder Dienstleistungen innerhalb eines dezentralen Ökosystems verwendet werden. Sie wurden oft für Initial Coin Offerings (ICOs) verwendet und können an Kryptowährungsbörsen gehandelt werden. ERC-20-Token basieren auf den Grundfunktionen wie dem Übertragen von Token, dem Abrufen des Token-Saldos und dem Genehmigen von Transaktionen durch andere Konten.

Interessanter für Security Token ist der **ERC-1400 Standard**: Der ERC-1400-Standard ist ein erweiterter Token-Standard, der sich auf Sicherheitstoken (Security Tokens) konzentriert. Im Gegensatz zu Utility Tokens repräsentieren Sicherheitstoken tatsächliche Vermögenswerte wie Aktien, Anleihen oder Immobilien auf der Blockchain. Der ERC-1400 legt Standards für verschiedene Aspekte fest, wie zum Beispiel die Überprüfung von Transferbeschränkungen, die Verwaltung von Dokumenten, die Implementierung von Investing-Schemata und die Transparenz gegenüber Token-Inhabern. ERC-1400 bietet erweiterte Funktionen und Schnittstellen, um die Komplexität bei der Ausgabe und Verwaltung von Sicherheitstoken zu bewältigen (vgl. zum ERC-1400-Standard Kerkmann, 2024).

Ein weiterer Unterschied liegt in der Art der Token. Während ERC-20-Token in der Regel fungible (austauschbare) Tokens sind, die gleiche Eigenschaften und Wert haben, ermöglicht ERC-1400 die Implementierung von teilweise fungiblen Tokens. Teilweise fungible Tokens können unterschiedliche Eigenschaften, Rechte oder Einschränkungen haben, die sich auf bestimmte Teilmengen des Token-Bestands beziehen.

Der ERC-1400 wurde 2018 entwickelt, um den regulatorischen Anforderungen im Zusammenhang mit Security Token gerecht zu werden. Durch die Implementierung des ERC-1400 können Emittenten von Security Token bestimmte regulatorische Vorschriften einhalten und die Transparenz für Investoren und Aufsichtsbehörden verbessern. Hier sind einige Aspekte, die den ERC-1400 für Regulierungsprozesse relevant machen:

1. Compliance mit Vorschriften: Der ERC-1400 ermöglicht die Integration von Compliance-Regeln in den Token-Standard. Emittenten können spezifische Beschränkungen, Genehmigungen und Anforderungen implementieren, um regulatorische Bestimmungen wie Know Your Customer (KYC), Anti-Geldwäsche (AML) und Investorenschutz zu erfüllen.
2. Transferbeschränkungen: Der ERC-1400 unterstützt die Implementierung von Transferbeschränkungen für Security Token. Dies ermöglicht es Emittenten, bestimmte Anforderungen für den Transfer von Token festzulegen, wie zum Beispiel Haltefristen, Akkreditierungsanforderungen oder Beschränkungen für bestimmte Investorengruppen. Durch solche Transferbeschränkungen können regulatorische Anforderungen eingehalten werden.
3. Compliance-Überwachung: Der ERC-1400 bietet Mechanismen, um Transaktionen zu überwachen und die Einhaltung von Compliance-Regeln zu gewährleisten. Emittenten können Ereignisse und Protokolle implementieren, um die Transaktionen von Sicherheitstoken zu verfolgen, Compliance-Verletzungen zu erkennen und gegebenenfalls entsprechende Maßnahmen zu ergreifen.

4. Dokumentenmanagement: Der ERC-1400 enthält den ERC-1643-Standard für das Management von Dokumenten und Legenden. Dies ermöglicht es Emittenten, relevante Dokumente wie Prospekte, Verträge oder andere rechtliche Unterlagen mit den Sicherheitstoken zu verknüpfen. Dadurch können Investoren und Aufsichtsbehörden leicht auf die relevanten Informationen zugreifen und die Einhaltung der Vorschriften überprüfen.
5. Auditierbarkeit: Der ERC-1400 legt Wert auf Transparenz und Auditierbarkeit. Durch die Implementierung der erforderlichen Schnittstellen und Protokolle können Emittenten und Aufsichtsbehörden die Aktivitäten im Zusammenhang mit Security Token nachvollziehen und überprüfen.

Der ERC-1400 Standard erfüllt allerdings keine vollständigen regulatorischen Anforderungen. Er bietet vielmehr die technischen Grundlagen und Standards, um die Einhaltung von Vorschriften zu erleichtern. Die konkrete Anwendung und Umsetzung des ERC-1400 in Bezug auf regulatorische Anforderungen hängt von den spezifischen Gesetzen und Vorschriften des betreffenden Landes oder der entsprechenden Rechtsordnung ab (vgl. Dossa et al., 2018).

Der relative neue ERC-721-Token-Standard führt **nicht fungible Token (NFT)** ein, die alle eindeutig sind, also nicht austauschbar. Diese können verwendet werden, um ein eindeutiges Recht an einem Vermögenswert oder einem Kunstwerk mit einem eindeutigen ERC-721-Token zu verknüpfen; sie sind genauso leicht übertragbar wie andere Token im Netzwerk. Daher gehören NFT zur Kategorie der Wertpapier- oder Asset-Token. NFT eröffnet neue vielseitige Anwendungsmöglichkeiten für die Finanzwirtschaft. Asset Tokenizer sind somit in der Lage, nicht nur fungible, sondern auch nicht fungible immaterielle Vermögenswerte wie Eigentumsrechte an Immobilien, Autos und Kunstwerken zu verbriefen. Aber auch Auftragspapiere wie Schecks könnten durch NFT vertreten werden. Die digitale Darstellung dieser Rechte ermöglicht es Decentralized Finance, völlig neue Geschäftsfelder zu erschließen.

5.4 Beispiele für Projekt Token

An dieser Stelle solle zwei Projekte vorgestellt werden: **Bittensor (TAO) und Solana (SOL)**. Zusätzlich wird auf sog. Memecoins eingegangen.

Bittensor nutzt die Kraft eines offenen Netzwerks, das von der Community getragen wird, um KI-Daten effizienter, transparenter und skalierbarer zu verarbeiten. **OpenAI** hat das Feld der künstlichen Intelligenz in den letzten Jahren entscheidend geprägt. Durch zentralisierte Rechenzentren und Milliardenbudgets konnte OpenAI mächtige KI-Modelle entwickeln, die die Welt der Technologie und darüber hinaus verändert haben. Doch diese Zentralisierung birgt einige Risiken und Kritikpunkte. Die Macht und Kontrolle über riesige Datenmengen sowie die enormen Kosten für den Betrieb werden kritisch betrachtet.

Während OpenAI auf zentrale Rechenzentren und die finanzielle Unterstützung von Großinvestoren angewiesen ist, funktioniert Bittensor als vollständig dezentrales System.

Das bedeutet, dass keine zentrale Institution die Kontrolle hat. Stattdessen wird die Rechenleistung, die für die KI-Entwicklung notwendig ist, von einer dezentralen Gemeinschaft von Nutzern bereitgestellt. Dies hat nicht nur einen Einfluss auf die Transparenz, sondern auch auf die Effizienz und die Skalierbarkeit des Netzwerks.

Ein zentrales Problem bei OpenAI ist die massive Kostenstruktur. Schätzungen zufolge muss OpenAI täglich bis zu 700.000 US-Dollar aufwenden, um den Betrieb von ChatGPT aufrechtzuerhalten (vgl. Hofmann, 2024). Diese enormen Ausgaben sind notwendig, um die Rechenzentren zu betreiben und die Datenverarbeitung in großem Maßstab zu ermöglichen. Mit steigender Nachfrage nach KI-Daten steigen auch die Betriebskosten weiter. Genau an diesem Punkt setzt Bittensor an: Durch die Dezentralisierung werden die Kosten auf die Community verteilt, und das Netzwerk kann theoretisch unbegrenzt wachsen (vgl. Rao, o. J.).

Der vielleicht deutlichste Unterschied zwischen Bittensor und OpenAI liegt in der Funktionsweise des Netzwerks. Während OpenAI zentral gesteuert wird, basiert Bittensor auf einem Proof-of-Work-Modell, das ähnlich wie bei Bitcoin die Leistung der Community nutzt, um das Netzwerk zu betreiben und zu erweitern. Hier spielen **Miner und Validatoren** eine entscheidende Rolle:

1. **Miner**: Die Miner bilden das Rückgrat des Bittensor-Netzwerks, indem sie die notwendige Rechenleistung zur Verfügung stellen, um KI-Modelle zu erstellen und zu trainieren. Jeder, der über die entsprechende Hardware verfügt, kann als Miner im Netzwerk aktiv werden und Rechenleistung anbieten. Im Gegenzug werden die Miner mit TAO-Token belohnt – je mehr Rechenpower sie bereitstellen, desto höher ist die Belohnung. Das bedeutet, dass das Netzwerk umso schneller wächst, je mehr Miner teilnehmen und leistungsfähige Maschinen betreiben. Dadurch kann Bittensor KI-Daten in einer Art und Weise verarbeiten, die bei zentralisierten Systemen kaum möglich ist. Dieser dezentrale Ansatz führt nicht nur zu einer effizienteren Nutzung von Ressourcen, sondern auch zu geringeren Kosten im Vergleich zu zentralisierten Systemen wie OpenAI.
2. **Validatoren:** Neben den Minern gibt es die Validatoren, die eine ebenso wichtige Rolle im Bittensor-Ökosystem spielen. Ihre Aufgabe ist es, die KI-Modelle kontinuierlich mit neuen Daten zu versorgen und sicherzustellen, dass die Modelle korrekt trainiert werden. Validatoren bestimmen, welche Daten ins System gelangen und wie diese Daten für das Training genutzt werden. Je mehr TAO-Token ein Validator besitzt, desto größer ist sein Einfluss auf das Training der KI-Modelle. Validatoren tragen somit zur Qualitätssicherung der KI-Daten bei und haben eine Schlüsselrolle bei der Weiterentwicklung des Netzwerks. Diese direkte Einflussnahme der Community ist ein weiterer wesentlicher Unterschied zu OpenAI, wo die Entwicklung und Kontrolle der KI-Modelle vollständig in den Händen des Unternehmens liegt.
3. **Clients**: Schließlich gibt es die Clients, also die Nutzer des Netzwerks, die KI-Daten erwerben. Sie bezahlen mit TAO-Token, um Zugriff auf die trainierten KI-Modelle zu erhalten. Diese Struktur schafft eine Art Marktplatz für KI-Daten, der durch Angebot und Nachfrage innerhalb der Community reguliert wird. Statt von einem zentralen Anbieter wie OpenAI abhängig zu sein, können Unternehmen und Einzelpersonen auf ein global verteiltes Netzwerk zugreifen, das von der Gemeinschaft selbst betrieben wird.

Bittensor folgt in vielerlei Hinsicht dem Vorbild von Bitcoin, insbesondere in Bezug auf die Tokenomics. Der TAO-Token ist auf 21 Mio. Einheiten begrenzt, und ähnlich wie bei Bitcoin findet ein regelmäßiges Halving statt – das nächste Mal im November 2025.

Das Halving bei Bitcoin ist ein Ereignis, bei dem die Belohnung für das Mining neuer Blöcke halbiert wird, was etwa alle vier Jahre stattfindet. Es dient dazu, die Inflation zu kontrollieren und die maximale Anzahl von 21 Mio. Bitcoins einzuhalten, indem die Ausgabe neuer Coins mit der Zeit verlangsamt wird.

Diese künstliche Knappheit soll langfristig den Wert des Tokens stabilisieren und gleichzeitig Anreize für Miner und Validatoren schaffen, weiter in das Netzwerk zu investieren.

Bittensor bietet eine echte Alternative zu den zentralisierten Modellen der KI-Entwicklung und könnte in der Zukunft eine Schlüsselrolle bei der Bereitstellung von KI-Daten spielen. An dieser Stelle zeigt es auf, welche Rolle Token haben können: einmal zeigen sie einen Wertbezug auf (Nutzung des Netzwerkes, mögliche Wertsteigerung), zum anderen haben sie Funktionen im Netzwerk zu erfüllen (Qualitätssicherung und Mining).

Solana ist seit ihrem Start im Jahr 2020 zu einem der führenden Blockchain-Projekte aufgestiegen. Dies liegt nicht nur an der technologischen Innovationskraft der Plattform, sondern auch an der breiten Akzeptanz und dem schnellen Wachstum des Netzwerks. Durch ihren Fokus auf Skalierbarkeit und Geschwindigkeit bietet Solana eine Lösung für eines der Hauptprobleme bestehender Blockchain-Plattformen wie Ethereum: hohe Transaktionskosten und langsame Verarbeitungsgeschwindigkeiten.

Solana wurde von Anatoly Yakovenko entwickelt und im Jahr 2020 gelauncht. Yakovenko, hat sich der Lösung des Skalierbarkeitsproblems angenommen, das andere Blockchains behindert. Die herkömmliche Blockchain-Technologie, insbesondere Bitcoin und Ethereum, stößt bei der Anzahl der Transaktionen pro Sekunde (TPS) an ihre Grenzen. Bitcoin kann etwa 7 TPS verarbeiten, während Ethereum bei rund 30 TPS liegt. Im Vergleich dazu kann Solana derzeit mehrere Tausend Transaktionen pro Sekunde bewältigen, mit dem Potenzial, bis zu eine Million TPS zu erreichen (vgl. Yakovenko, o. J., vgl. https://messari.io/).

Der Schlüssel zu dieser Geschwindigkeit ist die Technologie „Proof of History" (PoH). Dieses innovative Konsensverfahren löst eines der größten Probleme, mit denen Blockchains bisher zu kämpfen hatten: die Zeit, die zur Bestätigung von Transaktionen benötigt wird. Bei PoH wird die Zeit in die Blockchain selbst integriert, sodass Validatoren den Zeitverlauf zwischen den Transaktionen nachweisen können. Diese Methode ermöglicht es Solana, Transaktionen parallel zu verarbeiten, was zu einer enormen Effizienzsteigerung führt.

Solana ist außerdem für seine geringen Transaktionskosten bekannt. Während Ethereum-Nutzer oft hohe Gebühren zahlen müssen, da das Netzwerk überlastet ist, bleiben die Kosten bei Solana selbst in Spitzenzeiten minimal.

Solana hat sich zu einer vielseitigen Plattform entwickelt, die zahlreiche Anwendungsfälle abdeckt:

5.4 Beispiele für Projekt Token

Dezentralisierte Finanzanwendungen sind einer der Hauptanwendungsbereiche von Solana. DeFi ermöglicht es Nutzern, Finanzdienstleistungen wie Kredite, Handel und Versicherungen zu nutzen, ohne auf traditionelle Finanzinstitutionen angewiesen zu sein. Solana bietet eine hervorragende Plattform für DeFi-Anwendungen, da sie schnelle und kostengünstige Transaktionen ermöglicht, die für den Betrieb solcher Anwendungen unerlässlich sind (https://www.defipulse.com/).

Ein Beispiel ist Serum, eine dezentralisierte Börse, die auf Solana basiert. Serum nutzt die hohe Geschwindigkeit und niedrigen Kosten von Solana, um den Handel mit Kryptowährungen zu erleichtern. Die Plattform bietet eine zentrale Limit-Order-Buchfunktion, die es Nutzern ermöglicht, Kryptowährungen zu kaufen und zu verkaufen, ohne auf eine zentrale Börse angewiesen zu sein. Dies bietet nicht nur eine höhere Sicherheit, sondern auch eine größere Flexibilität und Unabhängigkeit für die Nutzer.

Ein weiteres vielversprechendes Anwendungsfeld von Solana ist der **Gaming-Sektor**. Spiele auf Blockchain-Basis haben in den letzten Jahren stark an Popularität gewonnen, insbesondere durch die Integration von Non-Fungible Tokens (NFTs). NFTs sind, wie bereits kurz dargelegt, einzigartige digitale Vermögenswerte, die auf der Blockchain gespeichert werden und es Spielern ermöglichen, In-Game-Gegenstände, Charaktere oder virtuelle Grundstücke zu besitzen und zu handeln.

Solana spielt eine zentrale Rolle in der Entwicklung des Web3-Ökosystems. Web3 ist das Konzept eines dezentralisierten Internets, das den Nutzern mehr Kontrolle über ihre Daten und ihre digitalen Identitäten geben soll. Dezentralisierte Anwendungen (dApps) sind das Rückgrat dieses neuen Internets und Solana hat sich als eine der bevorzugten Plattformen für dApp-Entwickler etabliert.

Ein Beispiel für eine erfolgreiche dApp auf Solana ist „Audius", eine dezentrale Musik-Streaming-Plattform. Audius ermöglicht es Musikern, ihre Werke direkt an ihre Fans zu verkaufen, ohne auf Zwischenhändler wie Plattenlabels oder Streaming-Dienste angewiesen zu sein. Diese direkte Verbindung zwischen Künstlern und Fans wird durch die Blockchain-Technologie von Solana ermöglicht und zeigt, wie dApps traditionelle Geschäftsmodelle grundlegend verändern können.

Ein großer Beitrag von Solana zur Schaffung wirtschaftlicher Aktivitäten ist die Rolle bei der Tokenisierung von Vermögenswerten. Solana bietet eine Plattform, die es ermöglicht, diese Token schnell und effizient zu handeln.

Ein weiteres Anwendungsfeld, in dem Solana führend ist, sind die **Mikrotransaktionen**, die durch Solanas geringe Gebührenstruktur und die Fähigkeit, eine hohe Anzahl von Transaktionen pro Sekunde zu verarbeiten, möglich sind. Dies betrifft insbesondere den Bereich der digitalen Inhalte und der Spieleindustrie, in der kleine Zahlungen für In-Game-Gegenstände oder digitale Dienste wichtig sind. Mikrotransaktionen stellen daher eine Schlüsselkomponente der neuen digitalen Wirtschaft dar, da sie es Nutzern ermöglichen, kleine Beträge für Produkte oder Dienstleistungen zu zahlen, die früher nicht rentabel waren.

Solana kann gut in reale Anwendungen integriert werden. Bereits heute gibt es zahlreiche Partnerschaften mit etablierten Unternehmen, die das Potenzial von Solana erkannt haben. Beispielsweise arbeitet Solana mit Visa und PayPal zusammen, um Blockchainbasierte Zahlungslösungen zu entwickeln, die schneller, sicherer und kostengünstiger sind als traditionelle Zahlungsmethoden.

Ein ganz anderer Typ von Token sind die sog. **Memecoins.** Diese wurden bereits kurz erwähnt. Diese digitalen Währungen zeichnen sich weniger durch technische Innovation oder solide wirtschaftliche Grundlagen aus, sondern vielmehr durch ihren viralen Charakter und die Fähigkeit, breite Massen durch humorvolle, absurde oder popkulturelle Inhalte anzusprechen. Ein bekanntes Beispiel ist Dogecoin, das ursprünglich als Parodie auf den Bitcoin geschaffen wurde. Mit einem simplen Logo, das einen japanischen Shiba Inu zeigt, gelang es Dogecoin, durch die Unterstützung prominenter Figuren wie Elon Musk und eine engagierte Online-Community in den Fokus der Öffentlichkeit zu rücken und eine Marktkapitalisierung von Milliarden zu erreichen.

Der Erfolg von Memecoins beruht auf einem Phänomen, das die Art und Weise, wie wir Wert definieren, infrage stellt. In traditionellen Finanzmärkten wird der Wert eines Vermögenswerts durch fundamentale Kennzahlen bestimmt: Erträge, Cashflows und die Erwartungen zukünftiger Geschäftsentwicklungen. Bei Memecoins hingegen stehen der virale Content und die dahinterstehende Community im Vordergrund. Das bedeutet, dass der Wert eines Memecoins weniger durch wirtschaftliche Fundamentaldaten als durch die Begeisterung, die Interaktion und den Hype um die Meme-Kultur bestimmt wird. Der Content – also die Memes, Witze und viralen Kampagnen, die um den Coin kreiert werden – wird zum eigentlichen Treiber der Wertbildung.

Die Mechanismen hinter dem Erfolg solcher Coins sind eng mit der Funktionsweise digitaler Netzwerke und sozialer Medien verknüpft. In einer Welt, in der Informationen sich blitzschnell verbreiten und virale Phänomene in Sekundenbruchteilen globale Reichweite erlangen, wird Aufmerksamkeit zu einer eigenen Form von Währung. Die Nutzer, die an den Memecoins partizipieren, verstehen den spekulativen Charakter der Investition, und dennoch sind sie bereit, Geld zu investieren, weil sie Teil eines kollektiven Erlebnisses sein wollen

Diese Entwicklung wirft interessante Fragen auf. Können auch traditionelle Finanzprodukte von diesem Ansatz lernen und sich zu „Content-getriebenen" Assets entwickeln, die stärker auf Branding und Community setzen? Denkbar ist, dass der Marktwert eines Unternehmens oder einer Marke zukünftig nicht nur durch finanzielle Kennzahlen, sondern auch durch die Stärke und das Engagement seiner Online-Community bestimmt wird. Traditionelle Unternehmen investieren bereits in Storytelling und Influencer-Marketing, um ihre Reichweite zu vergrößern und eine engere Verbindung zu ihren Zielgruppen aufzubauen. Memecoins zeigen, dass Markenbildung und Community-Pflege ein wichtiger Bestandteil der zukünftigen Wertschöpfung sein könnten.

Der Ethereum Gründer Vitalik Buterin hat mehrfach die Idee geäußert, Memecoins für sinnvolle Zwecke zu nutzen und damit einen positiven Beitrag zu leisten. Im Wesentlichen plädiert er dafür, die Attraktivität und Popularität solcher Coins zu nutzen, um Projekte zu unterstützen, die der Allgemeinheit zugutekommen. So hat er beispielsweise vorgeschlagen, dass Memecoins eine Art „Charity Coins" werden könnten, bei denen ein Teil des Tokenangebots oder eine Gebühr für wohltätige Zwecke verwendet wird. In der Vergangenheit hat

5.4 Beispiele für Projekt Token

Buterin bereits selbst durch den Verkauf von Memecoins Gelder gesammelt und diese an Organisationen wie die Methuselah Foundation gespendet, die sich der Verlängerung gesunder Lebensjahre widmen (vgl. Villullas, 2024).

Hier ein Überblick über die wichtigsten Token im Krypto-Universum, neben den Vorgenannten:

- **Binance Coin (BNB):** Ursprünglich als Utility-Token der Krypto-Börse Binance gestartet, hat BNB sich zu einem vielseitigen Vermögenswert entwickelt. Neben der Nutzung zur Reduzierung von Handelsgebühren dient er als Basis für Smart Contracts und DeFi-Anwendungen im Binance-Ökosystem. BNB unterstützt zudem die Binance Smart Chain, die für schnelle und kostengünstige Transaktionen bekannt ist.
- **Cardano (ADA):** Cardano verfolgt einen wissenschaftlich fundierten Ansatz und nutzt Peer-Review-Forschung, um eine skalierbare, nachhaltige und sichere Blockchain-Plattform zu schaffen. Mit Fokus auf Smart Contracts und DeFi will Cardano besonders in Entwicklungsregionen den Zugang zu Finanzdienstleistungen verbessern.
- **XRP (Ripple):** Der XRP-Token ist das Rückgrat des Ripple-Netzwerks, das sich auf schnelle und kostengünstige grenzüberschreitende Transaktionen spezialisiert hat. Besonders Banken und Finanzinstitute nutzen Ripple, um die Effizienz im internationalen Zahlungsverkehr zu erhöhen.
- **Polkadot (DOT):** Polkadot ermöglicht die Interoperabilität zwischen verschiedenen Blockchains und bietet Entwicklern die Möglichkeit, anpassbare Sidechains zu erstellen. Das Netzwerk fördert die Zusammenarbeit zwischen verschiedenen Ökosystemen und unterstützt neue innovative Anwendungen.
- **Avalanche (AVAX):** Diese Plattform zeichnet sich durch extrem schnelle Transaktionszeiten und niedrige Kosten aus. Avalanche bietet Entwicklern die Möglichkeit, eigene Subnets zu erstellen und ist besonders im Bereich DeFi und NFTs stark vertreten.
- **Polygon (MATIC):** Als Layer-2-Lösung für Ethereum adressiert Polygon die Skalierungsprobleme des Netzwerks. Es bietet eine Infrastruktur für schnellere und günstigere Transaktionen, bleibt dabei aber vollständig mit Ethereum kompatibel, was es ideal für DeFi- und NFT-Projekte macht.
- **Chainlink (LINK):** Chainlink ist das führende Oracle-Netzwerk, das externe Daten sicher in Smart Contracts integriert. Dadurch wird die Nutzung von Off-Chain-Daten, wie Wetterdaten oder Aktienkurse, für Blockchain-Anwendungen ermöglicht und das Einsatzspektrum von Smart Contracts erweitert.
- **Litecoin (LTC):** Litecoin wurde als Ergänzung zu Bitcoin entwickelt und bietet schnellere Transaktionszeiten bei niedrigeren Gebühren. Es wird häufig für kleinere Peer-to-Peer-Zahlungen genutzt und hat eine treue Nutzerbasis.
- **Uniswap (UNI):** Als nativer Token der führenden dezentralen Börse Uniswap spielt UNI eine Schlüsselrolle im DeFi-Ökosystem. Uniswap ermöglicht den Nutzern, ohne Zwischenhändler Token zu tauschen, Liquidität bereitzustellen und passives Einkommen zu generieren.

- **Aave (AAVE):** Aave ist ein DeFi-Protokoll, das Nutzern erlaubt, Kryptowährungen zu leihen oder zu verleihen. Der AAVE-Token dient dabei als Governance-Token und bietet Rabatte auf Gebühren, während das Protokoll innovative Funktionen wie Flash Loans ermöglicht.
- **Stellar (XLM):** Ähnlich wie Ripple konzentriert sich Stellar auf grenzüberschreitende Zahlungen, richtet sich aber stärker an Einzelpersonen und weniger an Institutionen. Es unterstützt zudem die Tokenisierung von Vermögenswerten.
- **Decentraland (MANA):** Dieser Token ist ein zentraler Bestandteil des Metaverse-Projekts Decentraland, einer virtuellen Welt, in der Nutzer digitale Grundstücke kaufen, bauen und monetarisieren können.
- **The Sandbox (SAND):** Ähnlich wie Decentraland, aber mit einem stärkeren Fokus auf interaktive Spiele und Community-Entwicklung, ist The Sandbox ein führendes Projekt im Bereich Blockchain-basierter virtueller Welten.
- **Maker (MKR):** Als Governance-Token des MakerDAO-Protokolls spielt MKR eine zentrale Rolle in der Stabilisierung des DAI-Stablecoins, einem der wichtigsten dezentralen Stablecoins.
- **Filecoin (FIL):** Dieser Token treibt das dezentrale Datenspeichernetzwerk Filecoin an, das Nutzern ermöglicht, Speicherplatz zu kaufen oder anzubieten.
- **Tezos (XTZ):** Tezos bietet eine flexible und selbst-aktualisierende Blockchain-Plattform, die insbesondere im Bereich NFTs und Tokenisierung an Popularität gewonnen hat.

Die Relevanz eines Tokens hängt stark vom Betrachtungswinkel ab:

- **Marktkapitalisierung:** Welche Token dominieren den Markt finanziell?
- **Technologische Innovation:** Welche Projekte treiben die Blockchain-Entwicklung voran?
- **Adoption:** Welche Token werden am meisten genutzt, etwa im DeFi-Sektor oder im Metaverse?

Offenbar können mit diesen Token heute schon breite Bereiche der Finanzwirtschaft abgedeckt werden.

5.5 Real World Asset Token (RWA Token)

Nun sollen die realwirtschaftlichen Vermögenswerte in den Fokus rücken – mit der Hilfe von sogenannten RWA-Token. Diese Token repräsentieren reale Vermögenswerte wie Bargeld, Aktien, Immobilien oder Rohstoffe auf der Blockchain. Diese Form der Digitalisierung von Vermögenswerten bringt bedeutsame Vorteile in Bezug auf Liquidität, Transparenz und Effizienz mit sich. Gleichzeitig erfordert die Integration dieser neuen Assetklasse in bestehende Finanzsysteme tiefgreifendes Verständnis und technologisches Know-how. Es wird noch auf die speziellen Security Token eingegangen, die für die Tokenisierung von Aktien und sonstigen Wertpapieren stehen.

5.5 Real World Asset Token (RWA Token)

Das Interesse großer Institutionen wie BlackRock und der DTCC (Depository Trust & Clearing Corporation) an der Tokenisierung wächst rapide. Institutionen beginnen zu erkennen, dass die Tokenisierung nicht nur eine alternative Form der Vermögensanlage darstellt, sondern langfristig das Potenzial hat, die Funktionsweise der Finanzmärkte grundlegend zu verändern.

Tokenisierte Vermögenswerte ermöglichen **nahezu sofortige Transaktionen**, da Blockchains den direkten Austausch von Vermögenswerten ermöglichen. Dies führt zu einer Beschleunigung des Handels, wobei Settlement-Zeiten von T+0 anstelle der traditionellen T+2 Abwicklung (zwei Tage nach dem Handel) möglich sind. Ein Beispiel hierfür ist der Versuch der schwedischen Zentralbank, mit ihrer E-Krona sofortige Zahlungssiedlungen zu ermöglichen. Diese Entwicklung reduziert nicht nur das Gegenparteirisiko, sondern könnte auch die allgemeine Effizienz und Verfügbarkeit von Märkten verbessern.

Durch die Tokenisierung werden zuvor illiquide Vermögenswerte, wie Immobilien oder Kunstwerke, für einen breiteren Markt zugänglich gemacht. Die Tokenisierung ermöglicht fraktionierten Besitz, bei dem Vermögenswerte in kleine handelbare Teile zerlegt werden können. Dies senkt die Eintrittsbarrieren für Investoren und erhöht die Kapitalverfügbarkeit, da neue

Tokenisierte Vermögenswerte lassen sich nahtlos in verschiedene dezentrale Finanzsysteme (DeFi) integrieren, was den Aufbau neuer Finanzprodukte ermöglicht. Beispielsweise können Kredite, Derivate, aber auch mezzanine Instrumente über Smart Contracts automatisiert werden. Dies führt zu höherer Kapitaleffizienz und erweitert das Spektrum der Anlagemöglichkeiten erheblich.

Blockchain-basierte Tokenisierung führt zu einer unveränderlichen, transparenten Aufzeichnung über Eigentum und Transaktionen. Dies minimiert das Risiko von Betrug oder Manipulationen. Finanzinstitutionen können sich auf eine „Golden Record"-Quelle verlassen, die als einziges unveränderliches Register für alle Beteiligten fungiert.

Die Tokenisierung erfordert hochsichere Systeme, insbesondere wenn Vermögenswerte über mehrere Blockchains gehandelt werden. Interoperabilität – also die Fähigkeit, Vermögenswerte zwischen verschiedenen Blockchain-Netzwerken zu transferieren – ist entscheidend. Ohne entsprechende Sicherheitsvorkehrungen könnten Cross-Chain-Transaktionen anfällig für Hacks und Angriffe sein.

Ein weiteres Schlüsselelement in der RWA-Tokenisierung ist die Rolle von Oracles, die reale Daten in die Blockchain integrieren. Chainlink, das führende Oracle-Protokoll, hat sich durch starke Partnerschaften im Finanzsektor und in der Krypto-Welt etabliert und ermöglicht die Bereitstellung essenzieller Daten für die Tokenisierung. Neben Ethereum und Chainlink sind Projekte wie das Pyth Network für das Solana-Ökosystem zu nennen. Dusk, ein auf regulierte dezentrale Finanzen (RegDeFi) spezialisiertes Protokoll, adressiert die Bedürfnisse institutioneller Investoren hinsichtlich Datenschutzes und Compliance.

Die Tokenisierung von RWAs könnte auch einen **Wendepunkt für kleine Unternehmen** bedeuten, indem sie neue Finanzierungsmöglichkeiten erschließt. Diese Entwicklung könnte kleinen Betrieben, die traditionell begrenzten Zugang zu Finanzmitteln haben, ermöglichen, ein breiteres Spektrum an Investoren anzusprechen und die Liquidität zu erhöhen. Allerdings sind die rechtlichen Rahmenbedingungen komplex und variieren von Land zu Land. Unternehmen müssen sich mit einem Labyrinth aus Vorschriften und Compliance-Anforderungen auseinandersetzen.

Da diese Token reale Vermögenswerte darstellen, müssen sie strengen regulatorischen Anforderungen genügen, insbesondere im Hinblick auf Geldwäschebekämpfung (AML) und KYC-Prozesse (Know Your Customer). Für Anleger und Vermögensverwalter ist es wichtig, dass Token in Übereinstimmung mit diesen Vorschriften ausgegeben und gehandelt werden.

In Bezug auf den Geldcharakter dieser Token ist beachtenswert, dass im Gegensatz zu den zuvor genannten Projekttoken bei diesem RWA-Token die Transaktionsseite im Vordergrund steht, denn die Werte sind ja bereits vorhanden und werden einer breiteren Schicht von Anlegern zugänglich gemacht.

5.6 CBDC und Stablecoins als Anker

Stablecoins sind Kryptowährungen, die entwickelt wurden, um stabile und vorhersehbare Werte zu haben, im Gegensatz zu meisten anderen bisher genannten Kryptowährungen, die sehr volatil sind.

Einen Überblick über Security Token und Digital Money gibt diese Seite der Universität Cambridge: https://ccaf.io/cdmd/.

Der Wert eines Stablecoins wird normalerweise an eine etablierte Währung wie den US-Dollar, den Euro oder den japanischen Yen gebunden. Auf diese Weise bleibt der Wert des Stablecoins stabil im Vergleich zu anderen Kryptowährungen und traditionellen Währungen.

Tether (USDT) ist der bekannteste Stablecoin, der durch Reserven gedeckt und an den US-Dollar gekoppelt ist. Die Reserven von Tether bestehen aus einer Mischung von Vermögenswerten, darunter Bargeld, kurzfristige Einlagen, US-Staatsanleihen, Gold und Bitcoin. Im dritten Quartal 2024 belief sich der Bestand an US-Staatsanleihen auf über 80 Mrd. US-Dollar, wobei Tether damit zu den weltweit größten privaten Haltern von US-Treasuries zählte. Laut einem Bericht von Bloomberg erzielte Tether im selben Quartal einen Rekordgewinn von 2,5 Mrd. US-Dollar, was die wachsende Profitabilität des Unternehmens unterstreicht (vgl. Kharif, 2024).

Zudem verfügte Tether über 4,734 Mrd. US-Dollar in Bitcoin und 5,3 Mrd. US-Dollar an Überschussreserven. Trotz dieser umfangreichen Reserven steht Tether aufgrund mangelnder Transparenz und regulatorischer Kontrolle in der Kritik. Die genaue Zusammensetzung und Liquidität der Reserven sind oft unklar, was Bedenken hinsichtlich der langfristigen Stabilität des Stablecoins auslöst. Daher wird oft die Frage aufgeworfen, welche notwendige Qualität die Regulierung haben sollte. Tether (USDT) unterliegt derzeit keiner umfassenden Regulierung durch eine zentrale Finanzaufsichtsbehörde. Allerdings hat die Europäische Union mit der Verordnung „Markets in Crypto-Assets" (MiCA) einen rechtlichen Rahmen

5.6 CBDC und Stablecoins als Anker

geschaffen, der auch Stablecoins wie Tether betrifft. MiCA, die am 1. Juli 2024 in Kraft getreten ist, legt einheitliche Vorschriften für Emittenten von Kryptowerten und Anbieter von Kryptodienstleistungen fest. Für Stablecoins wie USDT bedeutet dies, dass Emittenten bestimmte Anforderungen erfüllen müssen, um in der EU tätig sein zu dürfen. Dazu zählen unter anderem die Erlangung einer E-Geld-Lizenz und die Einhaltung von Transparenz- und Offenlegungspflichten. Diese Maßnahmen zielen darauf ab, den Anlegerschutz zu erhöhen und die Funktionsfähigkeit der Märkte zu gewährleisten. Die Regulierungsfrage wird generell in Abschn. 5.7 noch einmal aufgegriffen. Tether wird übrigens erst einmal in Europa keine Mica-Lizenz beantragen.

Es gibt jedoch auch andere Arten von Stablecoins, die an Vermögenswerte wie Gold, Silber oder andere Kryptowährungen gebunden sind. Diese Art von Stablecoin wird auch als Collateralized Stablecoin bezeichnet. Ein weiterer wichtiger Typ von Stablecoins ist der algorithmische Stablecoin, auch bekannt als Algorithmic Centralized Stablecoin. Diese Art von Stablecoin wird von einem Algorithmus gesteuert, der den Wert des Coins basierend auf Angebot und Nachfrage anpasst. Das bedeutet, dass der Wert des Coins stabil bleibt, auch wenn er nicht direkt an eine traditionelle Währung gebunden ist. Das Scheitern von Terra USD (UST) im Frühjahr 2022 hat den algorithmischen Stablecoins einen starken Dämpfer gebracht. Seit deren Rekordhoch im April 2022 ist der Marktanteil der Algo-Stablecoins fast um das Zehnfache eingebrochen (vgl. Attlee, 2023).

Das bereits erwähnte MakerDAO (kürzliche umbenannt zu Sky) ist ein dezentralisiertes Finanzprotokoll auf der Ethereum-Blockchain, dass die Erstellung und Verwaltung des DAI-Stablecoins ermöglicht. Es ist der bekannteste DeFi-Stablecoin, der hier genannt werden soll.

Das MakerDAO-Protokoll verwendet Smart Contracts, um Ether (ETH) als Sicherheit, auch bekannt als *Collateral*, zu hinterlegen und daraus DAI zu erzeugen. *Collateral* bezeichnet Vermögenswerte, die als Sicherheiten dienen, um finanzielle Verpflichtungen abzusichern. Benutzer können ETH in eine sogenannte Collateralized Debt Position (CDP) einzahlen. Im Gegenzug erhalten sie DAI, eine Kryptowährung, die an den Wert des US-Dollars gekoppelt ist und dadurch eine vergleichsweise stabile Währung darstellt. Die Stabilität des DAI wird durch automatische Anpassungen innerhalb des CDP gewährleistet, sodass der Wert des DAI stets eng am US-Dollar bleibt.

Das MakerDAO-Protokoll ermöglicht es Benutzern auch, an Governance-Entscheidungen teilzunehmen und das Protokoll zu steuern und über wichtige Entscheidungen abzustimmen, wie beispielsweise Änderungen an den Sicherheitsanforderungen des CDPs oder die Einführung neuer Funktionen (vgl. Maker DAO, 2020).

Da Geld grundsätzlich staatliche kontrolliert wird, soll nun eine Neuerung thematisiert werden, die die reine Digitalisierung von Geld repräsentiert: **CBDCs – Central Bank Digital Currencies.**

CBDCs sind digitale Formen von staatlich ausgegebenem Geld, die direkt von einer Zentralbank verwaltet werden. Sie bieten eine elektronische Alternative zu Bargeld und traditionellen Bankguthaben und nutzen fortschrittliche Verschlüsselungstechnologien, um sichere Transaktionen zu gewährleisten. CBDCs werden von der Zentralbank kontrolliert, was ihnen das Vertrauen und die Stabilität traditioneller Währungen verleiht. Sie können für jedermann zugänglich gemacht werden und haben das Potenzial, Transaktionskosten zu senken sowie finanzielle Inklusion zu fördern, insbesondere in Regionen mit unzureichender Bankeninfrastruktur. Beispiele für CBDCs sind der E-Yuan in China, der digitale Euro, der von der Europäischen Zentralbank erwogen wird, und der Sand Dollar auf den Bahamas, der bereits eingeführt wurde.

Der digitale Euro befindet sich derzeit in einer Vorbereitungsphase, die von der Europäischen Zentralbank (EZB) initiiert wurde und voraussichtlich zwei Jahre dauern wird, und die am 1. November 2023 begann. In dieser Phase sollen die Regeln finalisiert, private Partner ausgewählt und einige Tests durchgeführt werden. Dieser Schritt wird in Zusammenarbeit mit nationalen Zentralbanken und externen Arbeitsgruppen, bestehend aus Branchenexperten und privaten Unternehmen, realisiert.

Forschungen zeigen, dass Kunden breite Akzeptanz, Benutzerfreundlichkeit, niedrige Kosten, hohe Geschwindigkeit, Sicherheit und Verbraucherschutz schätzen (vgl. European Central Bank, 2022). Ein hoher Datenschutzstandard ist vorgesehen, bei dem die Nutzer wählen können, wie viele Informationen sie preisgeben möchten, immer im Einklang mit den geltenden Gesetzen.

Digitale „Wallets" könnten das traditionelle Portemonnaie ersetzen, wobei eine App auf dem Smartphone den Zugang zu den eigenen Euros ermöglicht. Dies verspricht eine erhöhte Bequemlichkeit, insbesondere bei Online-Zahlungen und Peer-to-Peer-Transaktionen. Ein digitaler Euro soll für die Nutzer attraktiv sein, die ihn überall zur Zahlung verwenden möchten.

Wesentlich ist auch, dass die Europäische Zentralbank (EZB) plant, dass Finanzintermediäre, nicht die EZB selbst, mit den Nutzern interagieren, wodurch die Rolle der Banken bei der Bereitstellung von Front-End-Diensten erhalten bleibt. Dieses Design soll die Stabilität der Finanzierung von Geschäftsbanken sichern und gewährleisten, dass die EZB sicheres Geld bereitstellt, während Intermediäre zusätzliche Dienstleistungen anbieten (vgl. Panetta, 2021).

Die Möglichkeit einer Einlagenflucht durch die Einführung des digitalen Euros stellt eine mögliche Bedrohung und ein Risikoszenario für Geschäftsbanken dar, und es gibt mehrere Gründe, warum dies ein kritischer Punkt zur Berücksichtigung für Marktteilnehmer und Regulierungsbehörden ist (vgl. EBF, 2023):

- Die Einlagenflucht könnte die Liquidität der Banken beeinträchtigen. Banken sind auf Einlagen als stabile Finanzierungsquelle angewiesen. Ein signifikanter Abzug von Einlagen könnte die Liquiditätsposition der Banken schwächen und ihre Fähigkeit, Kredite zu vergeben und andere Finanzdienstleistungen anzubieten, beeinträchtigen.
- Eine Verringerung der Einlagenbasis könnte die Kreditvergabe einschränken, da Banken möglicherweise weniger Mittel zur Verfügung haben, um Kredite zu vergeben. Dies könnte wiederum die Wirtschaft beeinträchtigen, insbesondere in einem Umfeld, in dem Kredite für Investitionen und Konsum benötigt werden.

5.6 CBDC und Stablecoins als Anker

- Um die Einlagenattraktivität zu erhöhen und Einlagenflucht zu vermeiden, könnten Banken gezwungen sein, höhere Zinssätze anzubieten, was die Zinsmargen beeinträchtigen und die Kosten für Kredite erhöhen könnte.
- Banken müssen bestimmte regulatorische Anforderungen in Bezug auf Liquidität und Kapital erfüllen. Eine Einlagenflucht könnte die Einhaltung dieser Anforderungen erschweren und möglicherweise zusätzliche regulatorische Maßnahmen erforderlich machen.
- Der digitale Euro könnte auch die Wettbewerbslandschaft verändern, indem er die Marktstruktur verändert und neue Wettbewerber oder Zahlungssysteme einführt.
- Auf der positiven Seite könnte die Bedrohung durch den digitalen Euro Banken auch dazu anregen, innovativere Produkte und Dienstleistungen zu entwickeln, um wettbewerbsfähig zu bleiben und Kunden zu halten.

Die Möglichkeit, geeignete Kontrollmechanismen einzuführen, wie zum Beispiel Einlagenobergrenzen oder andere regulatorische Maßnahmen, könnte wesentlich dazu beitragen, das Risiko einer Einlagenflucht zu mindern und das Vertrauen in das Banken- und Finanzsystem aufrechtzuerhalten.

Die neuen regulatorischen Anforderungen, die mit der Einführung des digitalen Euros einhergehen, könnten für Banken Probleme bereiten. Banken müssen sich an die neuen Rahmenbedingungen anpassen und möglicherweise ihre Geschäftsmodelle überdenken, um im digitalen Finanzökosystem erfolgreich zu sein (vgl. Lagarde & Panetta, 2022; vgl. Panetta, 2022).

Die Transaktionskosten sind ein wesentlicher Aspekt bei der Einführung des digitalen Euros. Die Nutzer sollten in der Lage sein, den digitalen Euro ohne zusätzliche Kosten zu nutzen. Die Hauptvorteile des digitalen Euros sind gesteigerte Effizienz, Interoperabilität mit privaten Zahlungslösungen und potenzielle Integration mit anderen digitalen Währungen von Zentralbanken (CBDCs), was grenzüberschreitende Zahlungen verbessern und deren Kosten reduzieren würde. Direkte Zahlungen Peer to Peer – gerade international- müssten allein schon deswegen kostengünstiger werden, weil zwischengeschaltete Intermediäre wegfallen.

Der digitale Euro und Stablecoins unterscheiden sich hauptsächlich in ihrer Emission, Regulierung und ihrem Wertanker. Der digitale Euro wäre eine digitale Zentralbankwährung (CBDC), die von der Europäischen Zentralbank (EZB) ausgegeben und reguliert wird und dessen Wert direkt an den Euro gebunden ist. Auf der anderen Seite sind Stablecoins private digitale Währungen, die von verschiedenen Unternehmen oder Organisationen ausgegeben werden. Darüber hinaus würde der digitale Euro als offizielles Zahlungsmittel im Euroraum dienen, während Stablecoins nicht denselben offiziellen Status haben und ihre Akzeptanz von Marktakteuren abhängt. Tab. 5.1 zeigt die wesentlichen Unterschiede.

Die Euro-Stablecoins haben noch nicht die gleiche Akzeptanz wie ihre US-Dollar-Pendants erfahren, könnten aber bei grenzüberschreitenden Transaktionen sehr hilfreich sein. Die spannende Frage, ob der digitale Euro auf einer DLT wie der Blockchain-Technologie aufgebaut wird, ist zentral für die Ausgestaltung und Funktionalität der geplanten digitalen Währung. Die aktuellen Informationen deuten darauf hin, dass die Europäische Zentralbank (EZB) und das Eurosystem diese Möglichkeit in Erwägung ziehen und aktiv an der Integra-

Tab. 5.1 Vergleich Stablecoins und CBDCs

Merkmal	Stablecoins	CBDCs
Definition	Digitale Währungen, die an stabile Vermögenswerte (z. B. Fiat-Währungen) gekoppelt sind	Digitale Währungen, die direkt von Zentralbanken ausgegeben und kontrolliert werden
Verwaltung	Private Unternehmen oder Konsortien	Zentralbanken
Technologie	Meistens Blockchain-basiert	Kann Blockchain-basiert sein, oft jedoch proprietäre Technologien
Sicherheiten	Gedeckt durch Fiat-Währungen, Kryptowährungen oder andere Vermögenswerte	Volle Deckung durch die Zentralbank und staatliche Garantien
Regulierung	Unterliegt weniger strenger Regulierung, jedoch zunehmende Regulierungsbemühungen	Streng reguliert und staatlich kontrolliert
Ziel	Preisstabilität durch Koppelung an stabile Vermögenswerte	Erhöhung der Effizienz des Zahlungsverkehrs, finanzielle Inklusion und monetäre Kontrolle
Transparenz	Variiert je nach Emittent; kann hoch sein, wenn auf Blockchain	Hoch, da staatlich kontrolliert und reguliert
Anwendungsfälle	Peer-to-Peer-Zahlungen, DeFi (Dezentralisierte Finanzen), grenzüberschreitende Überweisungen	Nationale und internationale Zahlungen, staatliche Transfers, monetäre Stabilität
Beispiele	USDC (USD Coin), DAI, Tether (USDT)	E-Yuan (China), Digital Euro (EU), Sand Dollar (Bahamas)
Verfügbarkeit	Global, abhängig von der Plattform und den gesetzlichen Bestimmungen	Primär national, mit potenziellen internationalen Anwendungsfällen
Programmierbarkeit	Hoch; kann Smart Contracts und andere programmierbare Funktionen umfassen	Begrenzt, wird wahrscheinlich nicht programmierbar sein
Finanzielle Inklusion	Potenziell hoch, besonders in Regionen mit wenigen Banken	Hoch, insbesondere in Regionen ohne ausreichende Bankeninfrastruktur
Risiken	Marktvolatilität, Regulierungsrisiken, Sicherheitsrisiken bei DeFi	Risiken der Disintermediation, Datenschutz- und Sicherheitsbedenken
Vorteile	Schnellere und kostengünstigere Transaktionen, insbesondere grenzüberschreitend	Stabilität und Vertrauen durch staatliche Unterstützung, effiziente Geldpolitik

tion von DLT arbeiten. Die Wahrscheinlichkeit für eine DLT-basierte Implementierung des digitalen Euros ist schwer abzuschätzen - eine endgültige Entscheidung hierzu steht noch aus (vgl. Deutsche Bundesbank, 2023). Die Möglichkeit, einen programmierbaren Euro zu schaffen, der auf Distributed-Ledger-Technologie (DLT) basiert, ist ein entscheidender Aspekt für die Zukunft des Zahlungsverkehrs und der Finanztechnologie. Die Programmierbarkeit von Geld durch Smart Contracts und DLT könnte weitreichende Auswirkungen auf die Art und Weise haben, wie Geschäfte abgewickelt, Zahlungen durchgeführt und finanzielle Dienstleistungen insgesamt angeboten werden. **Zurzeit ist aber anzunehmen, dass der digitale Euro nicht programmierbar sein wird.**

Ein Forschungspapier der Deutschen Bundesbank (vgl. Bidder et al., 2024) analysiert die Auswirkungen von CBDCs auf Banken und die Gesamtwirtschaft sowohl aus empirischer als auch aus theoretischer Sicht. Empirisch dokumentiert das Papier neue Erkenntnisse aus einer Befragung deutscher Haushalte zu ihrer potenziellen Nutzung eines zukünftigen digitalen Euro. Diese Umfrage liefert wertvolle Einblicke in die Einstellung der Bevölkerung zu CBDCs und ihre möglichen Verhaltensänderungen im Umgang mit digitalen Währungen. Theoretisch wird ein quantitatives makroökonomisches Modell mit CBDCs und endogenen Bank Runs erstellt, basierend auf den Umfragedaten und den Daten für den Euroraum, um die Auswirkungen von CBDCs auf den Bankensektor und den Wohlstand zu untersuchen.

Ein zentrales Anliegen dieser Studie ist es, die potenziellen Risiken und Chancen von CBDCs zu quantifizieren und Handlungsempfehlungen für die Gestaltung von CBDCs zu geben. Dabei wird insbesondere untersucht, wie CBDCs gestaltet werden müssen, um die positiven Effekte zu maximieren und gleichzeitig die negativen Effekte zu minimieren. Die Ergebnisse der Studie sollen dazu beitragen, eine fundierte Entscheidungsgrundlage für die Politik und die Zentralbanken zu schaffen.

Eine wichtige Erkenntnis aus der Umfrage ist, dass die Deutschen gegenüber CBDCs „offen" eingestellt sind. Ein erheblicher Teil der deutschen Privathaushalte würde CBDCs in normalen Zeiten in ihr Wallet aufnehmen und dadurch Einlagen bei Geschäftsbanken teilweise ersetzen.

Die Umfrage zeigt auch, dass fast die Hälfte der Befragten in normalen Zeiten positive Bestände an CBDCs halten würden, selbst wenn diese nicht verzinst würden. Diese hypothetische Akzeptanzrate steigt, wenn CBDCs eine Verzinsung bieten, die dem Zinssatz auf ihrem Bankkonto entspricht oder diesen übersteigt.

Trotz der globalen Bedeutung des Euros im traditionellen Finanzsystem – er repräsentiert 20 bis 30 % der weltweiten Devisenreserven, SWIFT-Transaktionen und Handelsströme – bleibt seine Rolle im Bereich der Stablecoins marginal. Weniger als 0,5 % der weltweit zirkulierenden Stablecoins sind eurobasiert, während der US-Dollar diesen Markt dominiert (vgl. Kaiko Research, 2024; vgl. Statista, 2025). Mit MiCA bietet die EU nun jedoch einen klaren Rahmen, der institutionelles Vertrauen stärkt und neue Möglichkeiten für Euro-Stablecoins schafft.

5.7 Regulierung als Herausforderung

Das Regulierungsumfeld für die Token ist maßgeblich für deren Einschätzung. Es ist nach deutscher Regulierung wichtig, zwischen den Security-Token und Kryptowertpapieren zu unterscheiden. Vor der Einführung des eWpG (Gesetz zu elektronischen Wertpapieren) konnten bereits Security-Token nur ergänzt durch eine Papierdokumentation ausgegeben werden. Nach Wirksamwerden des eWpG können Kryptowertpapiere emittiert werden, die in sog. Kryptowertpapierregister eingetragen werden, während Token zuvor nur klassischerweise über die noch weiter unten dargestellten elektronischen Verwahrer oder Custodians erfasst wurden. Für die Kryptowertpapiere wird dagegen ein klassischer Dienstleister – eine Depotbank – benötigt (vgl. Siadat, 2021, S. 16 ff.).

Unternehmen, die ein Kryptoverwahrgeschäft ausführen, benötigen darüber hinaus zukünftig eine schriftliche Erlaubnis der BaFin. Da es sich bei den neueren Kryptowertpapieren um Wertpapiere nach WpPG handelt, sind für die Emittenten auch die damit einhergehenden Prospektpflichten zu erfüllen. Bei einem sogenannten Wertpapierprospekt handelt es sich um ein Prospekt, der vor einem öffentlichen Angebot oder vor der Zulassung zum Handel von Wertpapieren an einem organisierten Markt veröffentlicht wird. Das Ziel dieser Veröffentlichung ist es, den Anleger umfangreich und verlässlich über den Emittenten und das Wertpapier zu informieren.

Ein Vorteil der Kryptowertpapiere ist der durch das eWpG gewährte „Gutglaubensschutz". Erwirbt ein Anleger ein Kryptowertpapier, das unrechtmäßig weiterverkauft wurde, kann der Anleger dennoch neuer rechtmäßiger Inhaber des Kryptowertpapiers werden, solange er von der fehlenden Berechtigung des Veräußerers nichts wusste. Diese Eigenschaft ermöglicht eine verlässliche Übertragung der Kryptowertpapiere (vgl. Fin-Law, o. J.).

Im europäischen Rahmen sieht die Regulierung folgendermaßen aus:

Grundlegend für die Regulierung von Token in der EU ist die Richtlinie 2014/65/EU „Markets in Financial Instruments Directive II" (MiFID II) des Europäischen Parlaments und des Europäischen Rates aus dem Jahr 2014, da darin Krypto-Assets oft als „Finanzinstrumente" gelten. (Europäisches Parlament und des Rates 2014, S. 133). Insbesondere der Begriff „Wertpapiere" wird in Art. 4 I Nr. 44 MiFID II näher beschrieben.

Die zweite Verordnung, die Wertpapiere definiert, ist die Marktmissbrauchsverordnung (MAR). Zusammenfassend lässt sich sagen, dass Security-Token die Wertpapier-Kriterien erfüllen.

Die bereits erwähnte „Markets in Crypto-Assets Regulation" (MiCA) ist eine Initiative der Europäischen Kommission, die mittlerweile von den Gremien der EU verabschiedet wurde. Es handelt sich dabei um die erste europäische gesetzgeberische Initiative, die darauf abzielt, einen umfassenden regulatorischen Rahmen für Krypto-Assets zu schaffen. Die Themen, die MiCA abdeckt, reichen von der Ausgabe von Krypto-Assets über die Bereitstellung von Dienstleistungen in Krypto-Assets bis hin zur Verhinderung von Marktmissbrauch in Krypto-Asset-Märkten.

MiCA ist relevant für Anbieter von Dienstleistungen in Krypto Assets, die keine Finanzinstrumente im Sinne der überarbeiteten Richtlinie über Märkte für Finanzinstrumente (MiFID II) sind, sowie für Personen, die beabsichtigen, Krypto Assets, einschließlich Stablecoins, in Europa auszugeben. Es ist auch relevant für Personen, die sich in der Europäischen Wirtschaftszone (EWR) befinden oder außerhalb des EWR (einschließlich im Vereinigten Königreich) ansässig sind und Kunden im EWR haben.

Zusammengefasst für die Stablecoins: Die Europäische Union hat mit der Verordnung über Märkte für Kryptowerte (MiCA), die im Juni 2024 in Kraft trat, einen klaren rechtlichen Rahmen geschaffen. Diese Regulierung bietet Investoren und Unternehmen Rechtssicherheit und fördert das Wachstum von Stablecoins, indem sie klare Regeln für Emittenten, Geldwäscheprävention und Verbraucherschutz festlegt.

Durch diese europaweit einheitliche Regulierung soll Vertrauen in DLT und Token geschaffen werden, um die Entwicklung eines Kryptowährungsmarktes weiter voranzutreiben. Tokens, die unter den Wertpapierbegriff der MiFID-II-Richtlinie fallen (die hier zu betrachtenden Security-Tokens) sollen hingegen nicht von der MiCA erfasst werden, da diese als Finanzinstrumente bereits umfassend reguliert sind.

Diese Regulierungsaspekte sind ein wichtiger Schritt zur Anerkennung dieser Token in den Kapitalmärkten, zumal zuvor in der Hochzeit der sog. „Initial Public Offerings" (IPO's) 2017–2018 zumeist die o.g. Utility Token herausgegeben wurden, die kaum reguliert waren und oft mit Betrugsabsichten verknüpft waren (vgl. Meisner, 2021, S. 201 ff.).

Es soll hier noch darauf hingewiesen werden, dass die erwähnten Token nach ERC-20 Standard und auch nach dem ERC-1400 Standard nicht kompatibel ist mit den regulatorischen Anforderungen (siehe Lambert et al., 2021, S. 22–23).

5.8 Zusammenfassung

Wenn an dieser Stelle noch einmal auf die Geldgeschichte und die Entwicklung des Geldes zurückgeblickt wird, wird deutlich, dass von den frühen Formen des Tauschhandels über die Verwendung von Edelmetallen und Münzen bis hin zur Einführung von Papiergeld und schließlich zu elektronischen Zahlungssystemen das Geld eine stetige Transformation durchlaufen hat. Diese Entwicklungen wurden stets von technologischen Fortschritten und veränderten gesellschaftlichen Bedürfnissen angetrieben. Die Menschheit ist immer wohlhabender geworden und das Geld war das Treibmittel.

In den letzten Jahrzehnten hat das Internet die Grundlagen für die nächste große Revolution im Zahlungsverkehr geschaffen. Die Grundlagen der Internetökonomie haben es ermöglicht, dass digitale Transaktionen schnell, sicher und kostengünstig durchgeführt werden können. Diese neuen Möglichkeiten haben zur Schaffung von Kryptowährungen wie Bitcoin und zu digitalen Zahlungssystemen wie PayPal und Alipay geführt. Diese Innovationen zeigen, dass es möglich ist, das traditionelle Bankensystem zu umgehen und direkt über das Internet Transaktionen durchzuführen. Damit wurde eine neue Ära des Geldes eingeläutet, in der digitale Währungen und Zahlungssysteme zunehmend an Bedeutung gewinnen.

Vor diesem Hintergrund werden digitale Währungen, insbesondere Central Bank Digital Currencies (CBDCs) und Security Token, entscheidend sein. CBDCs stellen eine staatlich abgesicherte digitale Alternative zu Bargeld und traditionellen Bankeinlagen dar. Sie kombinieren die Vorteile der Sicherheit und Stabilität traditioneller Währungen mit den Effizienzgewinnen und der Zugänglichkeit moderner digitaler Technologien. CBDC's bieten das Potenzial, das Zahlungssystem zu modernisieren und die Stabilität des Finanzsystems zu stärken.

Parallel dazu hat die Tokenisierung von Vermögenswerten durch die Blockchain-Technologie zu der Entwicklung von Security Token geführt. Diese digitalen Wertpapiere repräsentieren Anteile an realen Vermögenswerten wie Aktien, Immobilien oder Anleihen und bieten eine neue Form der Finanzierung und des Investments. Security Token nutzen die Vorteile der Blockchain-Technologie, um Transaktionen sicher und transparent zu gestalten, und ermöglichen es, Vermögenswerte in kleinere Einheiten zu zerlegen, was neue Investitionsmöglichkeiten eröffnet und die Liquidität erhöht. Sie werden in Kap. 6 vertiefend behandelt.

Stablecoins sind dabei eine bedeutsame Weiterentwicklung der Kryptoökosystems. Sie werden wohl der Schlüssel zum wirtschaftlichen Durchbruch der Kryptoökonomie sein. Stablecoins könnten traditionelle Zahlungs- und Kreditkartennetzwerke wie SWIFT, Visa und Mastercard verdrängen, allerdings auch den Zugang zu Dollars in sanktionierten Ländern erweitern. Dieser Wandel könnte die Machtverhältnisse im Finanzsektor erheblich beeinflussen.

Während Bitcoin und Ethereum bereits als führende Blockchain-Modelle gelten, beginnt der Kampf um die Vorherrschaft bei Stablecoins gerade erst. Stablecoins sind wichtig, weil sie als Brücke zwischen Kryptowährungen und traditionellem Finanzwesen fungieren und Kryptoanwendungen vor Volatilität schützen. Die Regulierungsbehörden erkennen die Bedeutung von Stablecoins und die Risiken, die sie für das bestehende Bankensystem darstellen.

Literatur

Attlee, D. (2023). Algorithmische Stablecoins sind seit April 2022 um das Zehnfache geschrumpft. https://de.cointelegraph.com/news/algorithmic-stablecoin-market-share-dropped-by-10x-from-ath-report. Zugegriffen am 04.04.2025.

Berentsen, A., & Schär, F. (2017). *Bitcoin, blockchain und kryptoassets*. Books on Demand, Norderstedt.

Bidder, R., Jackson, T., & Rottner, M. (2024). CBDC and bank: Disintermediating fast and slow. https://www.bundesbank.de/resource/blob/931090/be2be8b2c5324245e4147d6306689312/mL/2024-04-29-dkp-15-data.pdf. Zugegriffen am 04.04.2025.

Buterin, V. (2014). Eine Next-Generation Smart Contract und Decentralized Application Platform. Whitepaper. [Online]. ethereum.org. Zugegriffen am 10.10.2020.

Buterin, V. (2016). Datenschutz auf der Blockchain. [Online]. https://blog.ethereum.org/2016/01/15/privacy-on-the-blockchain/

Buterin, V., Conner, E., Dudley, R., Slipper, M., Norden, I., & Bakhta, A. (2019). EIP-1559: Fee market change for ETH 1.0 chain. https://eips.ethereum.org/EIPS/eip-1559. Zugegriffen am 03.04.2025.

Deutsche Bundesbank. (2023). Digitaler Euro: Eurosystem startet die nächste Phase. https://www.bundesbank.de/de/aufgaben/themen/digitaler-euro-eurosystem-startet-die-naechste-phase-856158. Zugegriffen am 04.04.2025.

Dixon, C. (2024). *Read write own*.

Dossa, A., Ruiz, P., Vogelsteller, F., & Gossellin, S. (2018). ERC 1400: Security Token Standard. https://github.com/ethereum/EIPs/issues/1411. Zugegriffen am 03.04.2025.

EBF. (2023). Copenhagen Economics study on the impact of a digital euro on financial stability and consumer welfare. https://www.ebf.eu/ebf-media-centre/copenhagen-economics-study-on-the-impact-of-a-digital-euro-on-financial-stability-and-consumer-welfare/. Zugegriffen am 23.04.2025.

Ethereum. (o.J.). Ethereum-roadmap. https://ethereum.org/de/roadmap/. Zugegriffen am 03.04.2025.

Etherscan. (o.J.). Token tracker (ERC-20). https://etherscan.io/tokens. Zugegriffen am 03.04.2025.

European Central Bank. (2022). Study on new digital payment methods. https://www.ecb.europa.eu/paym/digital_euro/investigation/profuse/shared/files/dedocs/ecb.dedocs220330_report.en.pdf. Zugegriffen am 04.04.2025.

Fin-Law. (o.J.). Security token offering (STO) und token sale. https://fin-law.de/capital-markets-law/security-token-offering-und-token-sale/. Zugegriffen am 04.04.2025.

Giese, P., de Boer, D., et al. (2016). *Die Blockchain Bibel*.

Hofmann, A. (2024). Mehr als 5 Milliarden Verlust – wann geht OpenAI-Gründer Sam Altman das Geld aus? https://www.businessinsider.de/gruenderszene/technologie/fuenf-milliarden-verlust-wann-geht-openai-gruender-sam-altman-das-geld-aus/. Zugegriffen am 03.04.2025.

Kaiko Research. (2024). Der Stand und die Zukunft der europäischen Krypto-Märkte. https://cvj.ch/fokus/hintergrund/stand-und-zukunft-der-europaeischen-krypto-maerkte/. Zugegriffen am 04.04.2025.

Kerkmann, J. (2024). ERC-1400 – Security Token Standard auf Ethereum. https://blockchainwelt.de/erc-1400-security-token-standard-ethereum/. Zugegriffen am 03.04.2025.

Kharif, O. (2024). Stablecoin Issuer Tether Says Third-Quarter Profit Was $2.5 Billion. https://www.bloomberg.com/news/articles/2024-10-31/stablecoin-issuer-tether-says-third-quarter-profit-was-2-5-billion. Zugegriffen am 23.04.2025.

Lagarde, C., & Panetta, F. (2022). Key objects of the digital euro. https://www.ecb.europa.eu/press/blog/date/2022/html/ecb.blog220713~34e21c3240.en.html#:~:text=First%2C%20a%20digital%20euro%20must,be%20integrated%20with%20existing%20systems. Zugegriffen am 04.04.2025.

Lambert, T., Liebau, D., Roosenboom, P. (June 25, 2021). *Security Token Offerings*. Available at SSRN: https://ssrn.com/abstract=3634626 or http://dx.doi.org/10.2139/ssrn.3634626.

Levine, M. (2022). The crypto story. https://www.bloomberg.com/features/2022-the-crypto-story/?cmpid=BBD102522_MONEYSTUFF&utm_medium=email&utm_source=newsletter&utm_term=221025&utm_campaign=moneystuff&leadSource=uverify%20wall#what-does-it-mean. Zugegriffen am 03.04.2025.

MakerDAO. (2020). The sky protocol: Sky's Multi-Collateral Dai (MCD) system. https://makerdao.com/en/whitepaper/#sky-vaults. Zugegriffen am 04.04.2025.

Meisner, H. (2021). *Finanzwirtschaft in der Internetökonomie*. Springer Verlag Wiesbaden

Nakamoto, S. (2008). Bitcoin: A peer-to-peer electronic cash system. [Online]. https://www.bitcoin.de/de/bitcoin-whitepaper-deutsch

Panetta, F. (2021). Evolution or revolution? The impact of a digital euro on a financial system. https://www.ecb.europa.eu/press/key/date/2021/html/ecb.sp210210~a1665d3188.en.html. Zugegriffen am 04.04.2025.

Panetta, F. (2022). Study on the payment attitudes of consumers in the European union. https://www.ecb.europa.eu/stats/ecb_surveys/space/html/ecb.spacereport202212~783ffdf46e.en.html. Zugegriffen am 04.04.2025.

Rao, Y. (o.J.). Bittensor: A peer-to-peer intelligence market. https://bittensor.com/whitepaper. Zugegriffen am 03.04.2025.

Rosu, I., & Saleh, F. (2021). Evolution of shares in a proof-of-stake cryptocurrency. *Management Scienc*, 67, 661–672 (Lead Article), HEC Paris Research Paper No. FIN-2019-1339. Available at SSRN: https://ssrn.com/abstract=3377136 or https://doi.org/10.2139/ssrn.3377136

Siadat, A. (2021). Whitepaper: Kryptowertpapiere und Security Tokens im direkten Vergleich – Wie das neue elektronische Wertpapiergesetz den Kapitalmarkt verändert. https://paytechlaw.com/whitepaper-kryptowertpapiere-vs-stos-neues-eWpG/. Zugegriffen am 04.04.2025.

Statista. (2025). Zusammensetzung der weltweiten Devisenreserven im 1. Quartal 2024 nach Währungen. https://de.statista.com/statistik/daten/studie/1041765/umfrage/zusammensetzung-der-weltweiten-devisenreserven-nach-waehrungen/. Zugegriffen am 04.04.2025.

Villullas, C. (2024). Vitalik Buterin uses memocoins for social good. https://news.bit2me.com/en/buterin-uses-memecoins-for-social-good. Zugegriffen am 04.04.2025.

Vogelsteller, F., & Buterin, V. (2015). ERC-20 token standard. [Online]. https://eips.ethereum.org/EIPS/eip-20

Voshmgir, S. (2020). Token Economy: Wie das Web3 das Internet neu erfindet. Token Kitchen. Kindle-Version

Yakovenko, A. (o.J.). Solana: A new architecture for a high performance blockchain v0.8.13. https://solana.com/solana-whitepaper.pdf. Zugegriffen am 03.04.2025.

Business Intelligence und Künstliche Intelligenz 6

6.1 Business Intelligence und Big Data

Nun sollen die anwendungsbezogenen Grundlagen der Digitalisierung dargestellt werden, die die Voraussetzungen für eine elektronisch ausgerichtete Ressourcensteuerung bilden: Digitalisierung der Wirtschaft und digitales Geld sind zwei Seiten einer Medaille.

Mit dem Aufkommen von **Business Intelligence (BI) und Big Data** haben Unternehmen begonnen, Daten in einem bislang ungekannten Ausmaß zu nutzen, um fundiertere Geschäftsentscheidungen zu treffen. Für Investoren ist das Verständnis dieser Technologien und ihrer Bedeutung für die Unternehmensbewertung relevant.

1958 beschrieb der deutsche Informatiker Hans Peter Luhn BI-Systeme als Mittel zur Lösung aller Informationsprobleme einer Organisation (vgl. Luhn, 1958). Seither wurden verschiedene Konzepte für informationssystemgestützte Entscheidungsfindung vorgeschlagen, darunter Management Informationssysteme (MIS), Decision Support Systems (DSS) und Executive Information Systems (EIS). Die moderne Definition von BI baut auf diesen Konzepten auf und hat sich über die Jahre weiterentwickelt, von einem technologiegetriebenen Ansatz bis hin zu einem breiteren Verständnis, das sowohl Technologie als auch organisatorische Entscheidungsfindung, Analyse und menschliche Interaktion einschließt. Es gibt jedoch keine allgemein anerkannte Definition von BI. Hier wird der Definition von Wixom und Watson (2010) gefolgt, die BI als Technologie, Anwendungen und Prozesse beschreiben, um Daten zu sammeln, zu speichern, auf sie zuzugreifen und sie zu analysieren, um bessere Entscheidungen zu treffen.

Die BI-Umgebungen variieren je nach Organisation. Wixom und Watson (vgl. Wixom & Watson, 2010) stellen eine allgemeine BI-Umgebung dar, die von anderen Quellen ergänzt wird. Die BI-Architektur folgt dem Prozess von der Datenerfassung bis zur Entscheidungsfindung.

Dazu gehört das Sammeln von Daten aus verschiedenen Quellen, deren Integration, Speicherung und schließlich Analyse. Die Daten werden in einem Data Warehouse (DWH) gespeichert. Ein Data Warehouse ist ein zentraler Speicherort, in dem große Mengen von Daten aus unterschiedlichen Quellen zusammengeführt und für Analysezwecke aufbereitet werden. Diese Struktur ermöglicht es Unternehmen, auf historische und aktuelle Daten zuzugreifen, um fundierte Entscheidungen zu treffen.

Es werden verschiedene Analysewerkzeuge verwendet, von Berichterstattungssystemen über Online Analytical Processing (OLAP) bis hin zu fortschrittlichen statistischen Analysen und Data Mining-Techniken. OLAP ist ein Ansatz zur schnellen Analyse multidimensionaler Daten, der es Nutzern ermöglicht, Daten in verschiedenen Dimensionen (zum Beispiel nach Zeit, Region, Produktkategorie) zu untersuchen und detaillierte Einblicke zu gewinnen.

Das endgültige Ziel all dieser Komponenten ist die Unterstützung bei der Entscheidungsfindung. Allgemein gesehen begannen Unternehmen in den 1980er- und 1990er-Jahren, IT-Systeme zu nutzen, um Daten zu sammeln, zu speichern und Berichte zu erstellen. Hier entstand das Konzept von Business Intelligence, das den Einsatz von Technologien und Prozessen umfasst, um geschäftliche Daten systematisch zu analysieren und daraus geschäftsrelevante Erkenntnisse zu gewinnen.

Zu Big Data: Im Wesentlichen bezieht sich Big Data auf riesige Mengen an Daten, die so groß sind, dass traditionelle Datenverarbeitungssysteme sie nicht effektiv verarbeiten können. Mit der Digitalisierung, dem Aufkommen sozialer Medien und der zunehmenden Vernetzung entstanden unvorstellbar große Datenmengen, die analysiert werden mussten (vgl. Stackowiak et al., 2015).

Für Investoren ist es unerlässlich zu verstehen, wie ein Unternehmen seine Daten nutzt und verwaltet. Ein Unternehmen, das effektiv BI und Big Data nutzt:

- Kann Marktveränderungen schneller erkennen.
- Kann Kunden besser verstehen und bedienen.
- Kann effizienter und kosteneffektiver operieren.

Wenn ein Investor in ein Unternehmen investieren möchte, will er sicherstellen, dass das Unternehmen zukunftsfähig ist. Hierbei sind einige Punkte zu berücksichtigen:

- Hat das Unternehmen die notwendige Infrastruktur, um Daten effektiv zu sammeln, zu speichern und zu analysieren?
- Ein Unternehmen kann nur so gut sein wie die Daten, mit denen es arbeitet. Verfügt das Unternehmen über qualitativ hochwertige, saubere und aktuelle Daten?
- Wird datengetriebene Entscheidungsfindung in der Unternehmenskultur gefördert? Haben Mitarbeiter Zugang zu Schulungen und Werkzeugen, um Daten effektiv zu nutzen?
- Wie handhabt das Unternehmen Datenschutz und -sicherheit? Dies ist besonders wichtig in einer Zeit, in der Datenschutzverletzungen und -strafen immer häufiger werden.

6.1 Business Intelligence und Big Data

Business Intelligence und Big Data sind weit mehr ist als nur ein Set von Tools oder Technologien. Sie sind entscheidende Faktoren für Unternehmen, um aus der Flut an Daten Wissen zu generieren und dieses Wissen effektiv für profitable und strategische Entscheidungen zu nutzen. In der modernen Geschäftswelt, in der Daten eine zentrale Rolle spielen, ist ein tiefes Verständnis von BI und dessen Anwendung ein Schlüssel zum Erfolg.

Diese Tools sind nicht nur für das Management von Unternehmen von großer Bedeutung, sondern auch für Investoren, die einen tiefen Einblick in die Leistung und das Potenzial von Unternehmen erhalten möchten. Es wird in Zukunft immer wichtiger, dass Unternehmen diese Daten mit ihren Investoren teilen, ohne dass der Datenschutz beeinträchtigt wird. Auch mittelständische Unternehmen müssen dazu bereit sein, wenn sie Investoren über moderne Kapitalsammelstellen (Plattformen) gewinnen wollen.

Ein wesentliches Element dieser Instrumente sind die Datenintegrations-Tools. Sie ermöglichen es, Daten aus unterschiedlichen Quellen zu sammeln und zusammenzuführen. Dies bietet dem Management einen umfassenden Überblick über die Geschäftsabläufe und erlaubt es den Investoren, ein klares Bild von der Leistungsfähigkeit eines Unternehmens zu gewinnen (vgl. hierzu Müller & Lenz, 2013, S. 26 ff.).

Die erwähnten Data Warehouses sind schon seit vielen Jahren im Einsatz. Sie lassen effiziente Analyse und Berichterstattungen zu. Manager können damit historische Daten analysieren und zukünftige Trends vorhersagen, während Investoren langfristige Leistungstrends und Unternehmensentwicklungen bewerten können.

Reporting-Software, die detaillierte Berichte und Analysen erstellt, hilft dem Management, interne Prozesse zu überwachen und zu optimieren und gibt Investoren Einblick in die Geschäftstätigkeit und finanzielle Gesundheit eines Unternehmens. Die Methoden **der Predictive Analytics und des Data Minings**, die historischen Daten nutzen, um zukünftige Ereignisse vorherzusagen, sind sowohl für das Management als auch für Investoren nutzbringend einsetzbar. Sie helfen, Risiken zu minimieren und Chancen zu maximieren (vgl. hierzu Evans, 2016, Part 2 und Part 3).

Im Zeitalter der Digitalisierung sind Unternehmen gezwungen, ihre **Wertschöpfungsketten** zunehmend effizienter und transparenter zu gestalten. Diese Entwicklung ist durch die Einführung von Business-Intelligence-Systemen (BI) gestärkt worden. Traditionelle Produktionsprozesse, Logistikketten und Finanzierungsstrukturen wurden durch digitale Technologien ersetzt oder ergänzt. In einer zunehmend vernetzten Welt kann jedes Glied der Wertschöpfungskette durch digitale Werkzeuge optimiert werden. Diese Digitalisierung führt zu einer erhöhten Transparenz, schnelleren Transaktionen und einer besseren Nachverfolgbarkeit von Gütern und Kapitalflüssen. Hier kommt die Blockchain-Technologie hinzu, die als Ergänzung und Rückgrat dieser digitalen Transformation fungiert.

Durch die Implementierung von Blockchain-Ledgern können Unternehmen die Bewegungen von Rohstoffen und Produkten mit Hilfe von Sensoren in Echtzeit verfolgen. Dies verbessert nicht nur die Transparenz, sondern auch die Vertrauenswürdigkeit der Daten, da jede Transaktion in der Blockchain unveränderlich ist. Digitale Währungen, insbesondere Stablecoins oder CBDCs (Central Bank Digital Currencies), könnten als

Zahlungsmittel innerhalb dieser Lieferketten dienen, was zu einer nahtlosen Integration von Finanz- und Logistikprozessen führt. Durch die Nutzung von digitalem Geld in Kombination mit Smart Contracts lassen sich Zahlungen automatisch und ohne Zwischenhändler ausführen, sobald bestimmte Bedingungen innerhalb der Lieferkette erfüllt sind.

Die Verbindung von Wertschöpfung, Supply Chain, Digitalisierung und Blockchain-Technologie zeigt, dass **digitales Geld** weit mehr als nur eine neue Form der Währung ist. Es fungiert als Katalysator für effizientere und transparentere Geschäftsprozesse, die es Unternehmen ermöglichen, ihre Wertschöpfungsketten zukunftssicher zu gestalten. In Kombination mit BI-Systemen bietet diese Integration eine leistungsstarke Grundlage, um in einer zunehmend digitalisierten und vernetzten Welt zu bestehen. Im Übrigen würde sich dadurch auch der **Bürokratiebedarf in Zusammenhang mit Nachhaltigkeitsanforderungen** verringern, weil Reports über Lieferketten automatisiert erstellt werden können.

6.2 Künstliche Intelligenz (KI)

Der Begriff „Künstliche Intelligenz" wurde 1956 auf der Dartmouth-Konferenz von John McCarthy geprägt, einem Mathematikprofessor, der gemeinsam mit Kollegen von Harvard (Marvin Minsky), IBM und Bell Telephone Laboratories die Grundlagen legte. Schon zuvor, 1950, schlug Alan Turing in einem wegweisenden Aufsatz den Turing-Test vor. Dieser definiert „Künstliche Intelligenz" als die Fähigkeit einer Maschine, sich in einem Dialog von einem Menschen nicht unterscheiden zu lassen (vgl. Turing, 1950).

Zuvor wurden bereits in den 1930er-Jahren durch Forscher wie Kurt Gödel, Alonso Church und Alan Turing die logischen Grundlagen der KI entwickelt. Besonders bedeutsam waren Gödels Sätze, aus denen sich die Prädikatenlogik ableitet – eine wesentliche Basis für KI-Algorithmen.

Die ersten KI-Entwicklungen waren mit hohen Erwartungen verbunden, die jedoch aufgrund technischer Beschränkungen unerfüllt blieben. Die Forschung verlief in Phasen: Von der Euphorie in den 50er-und 60er-Jahren hin zu praktischen Anwendungen, wie der Robotik, in den 70er-Jahren. In den 80er-Jahren standen Expertensysteme im Mittelpunkt, um das Spezialwissen für eine breitere Nutzerschaft verfügbar zu machen (vgl. Mainzer, 2016, S. 13 ff.).

Die Entwicklungen bei dem Algorithmus AlphaGo können als ein einschneidender Moment der Geschichte der KI gesehen werden. Dieser Algorithmus war in der Lage, den weltbesten menschlichen Spieler im traditionellen Brettspiel Go zu besiegen – ein enormer Erfolg, der das Potenzial von KI demonstrierte, komplexe Aufgaben zu lösen, die zuvor als exklusiv menschlich galten. AlphaGo war ein Beispiel für sogenannte Deep Reinforcement Learning-Technologien, bei denen Maschinen durch Versuch und Irrtum lernen, ähnlich wie Menschen. Dies zeigt, dass Maschinen nun in der Lage sind, nicht nur auf feste Anweisungen zu reagieren, sondern auch kreative und strategische Entscheidungen zu treffen (vgl. Suleyman, 2024, Kap. 4).

Suleyman (2024) weist auf die exponentielle Natur des technologischen Fortschritts hin und argumentiert, dass die Geschwindigkeit, mit der diese Technologien sich weiter-

6.2 Künstliche Intelligenz (KI)

entwickeln, es immer schwieriger macht, ihre Auswirkungen vorherzusehen oder zu kontrollieren. Dieser exponentielle Fortschritt wird auch in der Finanzwelt von Bedeutung sein, insbesondere wenn KI-gestützte Systeme immer mehr Entscheidungen übernehmen und immer größere Datenmengen verarbeiten können. Suleyman stellt zudem die These auf, dass wir uns an einem „Kipp-Punkt" befinden, an dem die Kontrolle über diese Technologien aus der Hand der Entwickler und Regulierungsbehörden gleiten könnte. Sobald KI-Systeme autonom handeln können, wird es schwierig, sie zu steuern oder ihre Auswirkungen vollständig zu kontrollieren.

Künstliche Intelligenz bezieht sich auf die Simulation menschlicher Intelligenz durch Maschinen, insbesondere durch Computersysteme. KI-Systeme bestehen aus Algorithmen, die durch Daten trainiert werden und bestimmte Aufgaben ausführen können, ohne dass explizite Anweisungen für jede mögliche Situation erforderlich sind. Dies ermöglicht es Maschinen, "intelligent" zu handeln, indem sie Entscheidungen treffen, lernen und sich an neue Umgebungen anpassen (vgl. hierzu Russell & Norvig, 2021, S. 19 ff.).

Die Entwicklung von Künstlicher Intelligenz (KI) basiert auf verschiedenen technischen Grundmustern und Algorithmen, die tief in den Bereichen des maschinellen Lernens, der natürlichen Sprachverarbeitung und der neuronalen Netzwerke verankert sind. Diese Grundlagen schaffen die Basis für die Leistungsfähigkeit moderner KI-Systeme und ermöglichen deren Einsatz in einer Vielzahl von Anwendungsbereichen.

Im Zentrum von KI wird generell das **maschinelle Lernen** (vgl. Ng, 2018, Kap. 1) verortet: dies bezieht sich insgesamt gesehen auf die Fähigkeit von Computern, aus Daten zu lernen und sich ohne explizite Programmierung zu verbessern. Algorithmen des maschinellen Lernens können Muster und Trends in großen Datenmengen erkennen, die für Menschen zu komplex oder zu umfangreich sind. Dies ermöglicht eine präzisere und tiefere Analyse von Geschäftsdaten, was wiederum zu genaueren Vorhersagen, effizienteren Prozessen und letztendlich zu besseren Geschäftsentscheidungen führt (vgl. Finlay, 2017, S. 29 ff.).

Die folgenden Elemente sind dabei besonders zentral:

1. **Neuronale Netzwerke:** Neuronale Netzwerke bilden die Grundlage vieler moderner KI-Technologien und sind von der Funktionsweise des menschlichen Gehirns inspiriert. Sie bestehen aus vielen künstlichen „Neuronen," die in Schichten organisiert sind. Jede Schicht transformiert Eingabedaten und leitet sie an die nächste weiter, wodurch das Netzwerk Muster und Beziehungen in den Daten erkennen kann.
    - **Struktur:** Ein neuronales Netzwerk umfasst eine Eingabeschicht, mehrere versteckte Schichten und eine Ausgabeschicht. Jede Verbindung zwischen den Neuronen hat eine Gewichtung, die während des Trainingsprozesses angepasst wird.
    - **Deep Learning:** Tiefe neuronale Netzwerke (Deep Neurale Networks) haben viele verborgene Schichten und können komplexe Zusammenhänge analysieren, die für herkömmliche Algorithmen unerreichbar sind. Sie sind der Schlüssel zu Durchbrüchen in Bereichen wie Bilderkennung, Sprachverarbeitung oder autonomem Fahren. Beispiele umfassen Gesichtserkennung in sozialen Medien, automatische Übersetzungen oder die Steuerung von Robotern (siehe hierzu: Russell & Norvig, 2021, Kap. 22).

2. **Überwachtes Lernen (Supervised Learning):** Dies ist die häufigste Form des maschinellen Lernens, bei der Algorithmen auf Grundlage eines markierten Datensatzes trainiert werden.
   - **Beispielanwendung:** Ein Aktienkurs-Vorhersagemodell könnte historische Marktdaten verwenden, um Zusammenhänge zwischen Eingabewerten (zum Beispiel Unternehmensgewinne, Wirtschaftsdaten) und Ergebnissen (zukünftige Aktienkurse) zu lernen.
   - **Trainingsprozess:** Das Modell passt seine Parameter so an, dass es möglichst genau die bekannten Ergebnisse vorhersagt. Nach der Trainingsphase wird das Modell auf neuen, unbekannten Daten getestet, um seine Generalisierungsfähigkeit zu bewerten.
   - **Vorteil:** Überwachtes Lernen ist besonders effektiv, wenn große Mengen präzise gelabelter Daten verfügbar sind, etwa in der Bilderkennung oder in medizinischen Diagnosemodellen.
3. **Unüberwachtes Lernen (Unsupervised Learning):** Im Gegensatz zum überwachten Lernen wird beim unüberwachten Lernen mit unmarkierten Daten gearbeitet. Der Algorithmus sucht eigenständig nach Mustern oder Strukturen in den Daten.
   - **Anwendung:** In der Kundensegmentierung identifizieren Algorithmen zum Beispiel Gruppen von Kunden mit ähnlichem Kaufverhalten, ohne dass die Kategorien im Voraus definiert wurden.
   - **Techniken:** Zu den häufig genutzten Ansätzen gehören Clustering-Methoden und Dimensionsreduktionstechniken, die helfen, große und komplexe Datensätze zu analysieren. Clustering-Methoden und Dimensionsreduktion sind essenziell, um in großen und komplexen Datensätzen Muster zu erkennen und die Ergebnisse interpretierbar zu machen. Clustering hilft dabei, Datenpunkte zu gruppieren und Beziehungen zu verstehen, während Dimensionsreduktion die Analyse erleichtert und Rechenzeiten reduziert.
   - **Nutzen:** Diese Methode wird häufig in Bereichen eingesetzt, in denen es schwierig ist, Daten manuell zu labeln, wie etwa in der Anomalieerkennung oder beim Entdecken unbekannter Trends (siehe dazu Murphy, 2012, S. 3 ff.).
4. **Bestärkendes Lernen (Reinforcement Learning):** Beim bestärkenden Lernen interagiert ein Agent mit einer Umgebung und lernt durch Feedback, welche Aktionen die besten Ergebnisse erzielen.
   - **Lernprozess:** Der Algorithmus erhält Belohnungen für gute Entscheidungen und wird für schlechte bestraft. Dieser Ansatz ähnelt dem Versuch-und-Irrtum-Lernen bei Menschen.
   - **Anwendung:** Prominente Beispiele sind KI-Systeme, die in Spielen wie Schach oder Go menschliche Spieler übertreffen, oder Algorithmen, die Roboter steuern und ihnen beibringen, autonom Aufgaben zu erledigen. Selbstfahrende Autos nutzen Reinforcement Learning, um sich sicher durch den Verkehr zu bewegen.
   - **Vorteil:** Diese Methode ist besonders nützlich in dynamischen Umgebungen, in denen die optimale Strategie nicht von vornherein bekannt ist (vgl. hierzu Russell & Norvig, 2021, Kap. 23).

5. **Natürliche Sprachverarbeitung (Natural Language Processing, NLP):** NLP ermöglicht es Maschinen, menschliche Sprache zu verstehen, zu analysieren und zu generieren.
   - **Technologien:** Fortschritte wie Transformer-Modelle (zum Beispiel GPT) haben die Fähigkeiten in der Sprachanalyse stark verbessert. Diese Modelle können komplexe Aufgaben wie Textzusammenfassungen, Übersetzungen oder die Beantwortung von Fragen bewältigen.
   - **Anwendungen:** Chatbots, Sprachassistenten wie Siri oder Alexa, und Sentiment-Analysen in sozialen Medien oder Finanzberichten basieren auf NLP. Finanzdienstleister nutzen diese Technologie, um Markttrends zu erkennen oder Kundenanfragen automatisch zu beantworten.
   - **Herausforderung:** Die Mehrdeutigkeit und kulturellen Nuancen menschlicher Sprache erfordern umfangreiche Trainingsdaten und robuste Modelle (vgl. Russell & Norvig, 2021, Kap. 24).
6. **Datenverarbeitung und Feature-Engineering:** Die Vorbereitung der Daten ist ein entscheidender Schritt im maschinellen Lernen. Rohdaten müssen oft bereinigt und in ein Format gebracht werden, das für Algorithmen nutzbar ist.
   - **Feature-Engineering:** Relevante Merkmale (Features) werden extrahiert oder berechnet, um die Leistung des Modells zu verbessern. Beispielsweise könnten in einem Modell zur Analyse von Kryptowährungen Merkmale wie das Handelsvolumen, Preisbewegungen oder Marktsentiment berücksichtigt werden.
   - **Wichtigkeit:** Hochwertige Features können die Genauigkeit und Robustheit eines Modells erheblich steigern. Dieser Schritt erfordert oft Fachwissen über den Anwendungsbereich, um die relevantesten Informationen aus den Daten zu extrahieren.

Wie unten noch weiter untersucht wird, werden Algorithmen zunehmend zur Entscheidungsfindung eingesetzt. Dabei ist die Bedeutung von **schnellen Iterationen**, um Algorithmen durch kontinuierliche Verbesserungen zu optimieren, hervorzuheben: die Fähigkeit, in kurzen Zyklen zu testen und anzupassen, ermöglicht es, Zahlungssysteme effizienter und sicherer zu gestalten.

Ein weiteres relevantes Konzept in diesem Zusammenhang ist die **Skalierbarkeit**. Machine-Learning-Systeme gewinnen durch große Datenmengen an Genauigkeit und Effizienz – ein Prinzip, das für digitale Geldsysteme wichtig ist. Je mehr Transaktionsdaten analysiert werden, desto präziser können Algorithmen Risiken bewerten, Investitionen optimieren und individuelle Finanzentscheidungen treffen (vgl. Murphy, 2012, Kap. 1).

Man kann nun Algorithmen auch auf **unbekannte Daten** anwenden (vgl. Russel & Norvig, 2021, Kap. 19; vgl. Murphy, 2012, Kap. 6). Für digitale Währungen und Blockchain-Systeme bedeutet dies, dass Algorithmen so konzipiert werden müssen, dass sie flexibel und robust gegenüber neuen Datenquellen und Marktveränderungen sind, um langfristig zu bestehen.

Verknüpfen wir die BI-Instrumente und KI-Möglichkeiten: Predictive Analytics stellt einen wichtigen Bestandteil moderner Entscheidungsfindung dar und baut auf der Fähigkeit auf, Muster in historischen Daten zu erkennen und darauf aufbauend Vorhersagen über zukünftige Ereignisse zu treffen. Die Anwendungsmöglichkeiten reichen von der strategischen Planung bis hin zur operativen Steuerung.

Data Warehouses bilden das Rückgrat vieler Predictive-Analytics-Systeme. Diese zentralisierten Datenbanken sammeln, speichern und organisieren große Mengen an Daten aus verschiedenen Quellen. Die strukturierte Architektur eines Data Warehouses ermöglicht es, Daten effizient zu analysieren, ohne die operativen Systeme zu belasten. In Kombination mit Business-Intelligence-Tools wird so eine Umgebung geschaffen, die schnelle und präzise Analyseprozesse unterstützt.

Ein Beispiel für die Nutzung eines Data Warehouses im Kontext der Predictive Analytics ist die Konsolidierung von Kundendaten in einem Handelsunternehmen. Durch die Analyse von Kaufhistorien können Muster wie saisonale Trends, Vorlieben bestimmter Kundensegmente oder das Kaufverhalten bei Preisänderungen identifiziert werden. Diese Erkenntnisse werden dann genutzt, um gezielte Marketingkampagnen zu planen oder das Produktangebot zu optimieren.

Predictive Analytics stützt sich auf verschiedene statistische und maschinelle Lernverfahren, die je nach Anwendungsfall eingesetzt werden. Zu den gängigen Methoden zählen (vgl. hierzu Murphy, 2012, Kap. 16; vgl. Evans, 2016, Kap. 8):

1. **Regressionsanalysen:** Diese Modelle helfen, Beziehungen zwischen Variablen zu identifizieren und Trends zu quantifizieren. Beispielsweise können Unternehmen analysieren, wie Änderungen in der Marketingausgabe den Umsatz beeinflussen.
2. **Klassifikationsmodelle:** Diese werden eingesetzt, um Objekte oder Ereignisse in Kategorien zu unterteilen, etwa bei der Kreditwürdigkeitsprüfung von Kunden.
3. **Clustering:** Mit Clustering-Algorithmen werden Gruppen ähnlicher Datenpunkte identifiziert, zum Beispiel bei der Segmentierung von Kundendaten für personalisierte Angebote.
4. **Zeitreihenanalysen:** Besonders nützlich für Prognosen, zum Beispiel im Bereich der Bedarfsplanung oder zur Vorhersage von Aktienkursen.

Die Anwendung solcher Modelle setzt den Einsatz moderner Technologien wie Cloud-Computing, spezialisierte Softwarelösungen (zum Beispiel R, Python, SAS) sowie Big-Data-Plattformen wie Apache Hadoop voraus. Fortschritte im Bereich neuronaler Netze haben zudem die Genauigkeit und Anwendungsbreite von Predictive Analytics erheblich erweitert.

Investoren profitieren von Predictive Analytics, indem sie tiefere Einblicke in die finanzielle Entwicklung von Unternehmen erhalten. Mithilfe von Zeitreihenanalysen können langfristige Trends in den Einnahmen, Ausgaben oder der Rentabilität eines Unternehmens identifiziert werden. Solche Erkenntnisse sind entscheidend, um Investitionsentscheidungen zu treffen und

6.2 Künstliche Intelligenz (KI)

Predictive Analytics reduziert Unsicherheiten durch datenbasierte Erkenntnisse. Risiken wie Marktvolatilität oder Nachfrageschwankungen lassen sich präziser vorhersagen, wodurch Unternehmen proaktiv Maßnahmen ergreifen können. Gleichzeitig werden neue Marktchancen erkennbar, etwa durch die Identifikation von Schwachstellen in bestehenden Angeboten oder die Analyse ungenutzter Kundensegmente.

Für Unternehmen und Finanzakteure bedeutet dies alles auch, dass sie potenzielle Chancen und Risiken erkennen können, bevor sie eintreten, was eine proaktivere Planung ermöglicht. In der Finanzwirtschaft hilft Predictive Analysis, Markttrends zu prognostizieren, Kreditrisiken zu bewerten und Investitionsentscheidungen zu optimieren. Durch die Analyse historischer Daten und Markttrends ermöglicht dies Finanzinstitutionen, das Verhalten von Aktienkursen, Zinssätzen und Währungsschwankungen besser zu verstehen und vorauszusagen. Im Kreditwesen wird sie verwendet, um das Ausfallrisiko von Kreditnehmern zu bewerten. Ein oft zitiertes Beispiel ist die Versicherungsbranche: Predictive Analytics wird eingesetzt, um Prämien genauer zu berechnen, Betrug zu erkennen oder Risiken spezifischer Regionen zu bewerten. Dies verbessert die Profitabilität und den Service für Kunden.

Die Kombination von Blockchain und Machine Learning eröffnet andererseits zahlreiche Möglichkeiten. Beispielsweise kann ML genutzt werden, um die riesigen Datenmengen, die auf Blockchains gespeichert sind, zu analysieren (siehe hierzu Witt et al., 2024). Hier einige Synergien zwischen Blockchain und KI:

1. **Datensicherheit und -integrität**: KI-Algorithmen sind auf Daten angewiesen, um effektiv zu arbeiten. Die Blockchain kann als eine unveränderliche, sichere Datenquelle dienen, die sicherstellt, dass die von ML-Algorithmen verarbeiteten Daten authentisch und unverändert sind. Dies ist besonders relevant in Branchen, in denen Datenmanipulation schwerwiegende Folgen haben kann, wie etwa im Finanzwesen.
2. **Dezentralisierte KI**: Traditionell sind KI-Systeme zentralisiert und anfällig für Angriffe oder Ausfälle. Durch die Integration von Blockchain können KI-Modelle und -Daten auf mehreren Knoten verteilt werden, was die Dezentralisierung ermöglicht. Diese fördert die Widerstandsfähigkeit und Sicherheit von KI-Systemen.
3. **Verifizierbare KI**: Ein weiteres Problem bei KI-Modellen ist die Nachvollziehbarkeit ihrer Entscheidungen. Durch die Blockchain können die Daten und Schritte, die zur Entscheidung geführt haben, transparent und unveränderlich gespeichert werden. Dies schafft mehr Vertrauen in die Ergebnisse von ML-Algorithmen, insbesondere in regulierten Branchen wie Finanzen oder Gesundheitswesen.
4. **Smart Contracts und KI**: Ein interessantes Feld ist die Kombination von KI mit Smart Contracts. Diese selbstausführenden Verträge basieren auf der Blockchain und ermöglichen die automatische Durchführung von Vertragsbedingungen, sobald festgelegte Kriterien erfüllt sind. KI kann in diesem Kontext eingesetzt werden, um komplexe Verträge zu analysieren und basierend auf maschinell erlernten Entscheidungsmodellen automatisch ausgeführt zu werden. Dies bietet erhebliches Potenzial für die Automatisierung von Finanztransaktionen oder Versicherungsverträgen.

6.3 Finanztheorie, BI und KI

Finanztheoretischer Kernpunkt der Überlegungen zur Informationsunsicherheit ist die Theorie der asymmetrischen Informationsverteilung zwischen Unternehmen bzw. Geschäftsführung und Kapitalgebern (vgl. Akerlof, 1970; vgl. Spence, 1973; vgl. Stiglitz, 1975). Diese Ungleichheit an Informationen ist bedeutsam, da die Geschäftsführung möglicherweise Informationen zurückhält, die für die Kapitalgeber wichtig wären, um eine fundierte Entscheidung zu treffen. Zum Beispiel könnte ein Unternehmen vor finanziellen Schwierigkeiten stehen, aber dies wird erst dann bekannt gegeben, wenn es für die Kapitalgeber zu spät ist, angemessen zu reagieren. Das klassische Beispiel hierfür ist das sogenannte *Moral-Hazard-Problem*, bei dem die besser informierte Seite risikoreichere Entscheidungen trifft, weil die negativen Konsequenzen in erster Linie die Kapitalgeber betreffen.

Die Auswirkungen dieser Informationsasymmetrie sind vielfältig. Kapitalgeber sind häufig gezwungen, höhere Risikoprämien zu verlangen, um das Risiko der unvollständigen oder verzerrten Informationen zu kompensieren. Dies erhöht die Kapitalkosten für Unternehmen. In extremen Fällen kann es auch zu einer *Adverse-Selection*-Problematik führen, bei der Kapitalgeber zögern, in Unternehmen zu investieren, da sie das Risiko nicht abschätzen können, was besonders für kleinere oder junge Unternehmen hinderlich ist. **Adverse Selection** (negative Auswahl) tritt auf, wenn eine Partei (zum Beispiel Käufer oder Verkäufer) besser über die Qualität eines Gutes oder die Risikostruktur einer Transaktion informiert ist als die andere Partei. Dadurch kann es zu Marktverzerrungen kommen, weil vorrangig schlechte Risiken oder minderwertige Produkte gehandelt werden.

Um dieses Ungleichgewicht zu verringern, setzen Kapitalgeber auf verschiedene Mechanismen wie Due Diligence-Prüfungen oder intensive Musteranalysen in Daten, die eine detaillierte Untersuchung der finanziellen und operativen Situation eines Unternehmens vor einer Investitionsentscheidung umfassen. In diesem Buch wird gezeigt, dass neue Technologien es ermöglichen, Informationen unveränderlich und transparent zu dokumentieren und zugänglich zu machen, wodurch die Informationsasymmetrie verringert wird.

Informationsasymmetrien können demnach abgeschwächt werden, wenn möglichst viele relevante Informationen vom Unternehmen bereitgestellt werden. Insbesondere bei mittelständischen Unternehmen (KMU) ist die Bereitschaft, sensible Unternehmensdaten bereitzustellen, gering ausgeprägt im Gegensatz zu kapitalmarktorientierten, größeren Unternehmen, die die Anleger informieren müssen. Ohne eine entsprechende Anpassung der Kommunikations- und Unternehmenskultur der KMU würde die Nutzung digitaler Finanzierungen schwerfallen.

6.4 Zusammenfassung

Die Digitalisierung und der Einsatz von Business Intelligence (BI) sowie Künstlicher Intelligenz (KI) prägen die Geschäftswelt der Zukunft. BI-Systeme nutzen Technologien wie Data Warehouses und Predictive Analytics, um Daten zu sammeln, zu speichern und zu analysieren. Dies ermöglicht fundierte Entscheidungen, etwa bei Markttrends oder Kundensegmentierung. Moderne BI-Ansätze umfassen Technologien und organisatorische Entscheidungsfindung, unterstützt durch Werkzeuge wie OLAP und Data Mining.

Big Data erweitert die Datenanalyse durch die Verarbeitung riesiger, komplexer Datensätze, die traditionelle Methoden überfordern. Unternehmen profitieren von tieferen Einblicken in Marktveränderungen, Kundenbedürfnisse und Effizienzpotenzialen.

Künstliche Intelligenz, deren Grundlagen bis in die 1930er-Jahre reichen, hat durch Fortschritte wie neuronale Netzwerke und Deep Learning immense Fähigkeiten entwickelt. Diese Algorithmen optimieren Prozesse, prognostizieren Trends und automatisieren Entscheidungen. Anwendungen wie Sprachverarbeitung und Reinforcement Learning prägen viele Branchen, etwa Finanzen und Logistik. Neue Sprachmodelle wie Lage Language Modelle (LLMs) erobern alle möglichen Branchen und verändern Produktivitätszuschnitte. Dabei ist **Generative KI** der Oberbegriff: Generative KI umfasst alle künstlichen Intelligenzen, die eigenständig Inhalte erzeugen können – sei es Text, Bilder, Audio oder Code. Sie basiert auf tieferen neuronalen Netzwerken, die aus bestehenden Daten neue Inhalte generieren. Large Language Models (LLMs) sind eine Unterkategorie der generativen KI, die speziell für die Erzeugung und Verarbeitung natürlicher Sprache entwickelt wurden. Sie gehören zu den leistungsfähigsten Anwendungen generativer KI, da sie umfangreiche Trainingsdaten nutzen, um Texte zu schreiben, zu analysieren oder zu übersetzen.

Die Verbindung von BI und Blockchain bietet neue Möglichkeiten: Blockchain gewährleistet sichere und transparente Daten für Analysen, während KI die Verarbeitung und Automatisierung verbessert. Smart Contracts, basierend auf Blockchain, ermöglichen nahtlose Transaktionen ohne Intermediäre.

Investoren und Unternehmen müssen zunehmend datengetrieben handeln. Effiziente BI- und KI-Nutzung steigert die Transparenz, senkt Risiken und schafft Wettbewerbsvorteile. Die Überwindung von Informationsasymmetrien durch Technologien wie Blockchain ist essenziell, insbesondere für kleinere Unternehmen, um Investoren zu gewinnen.

Literatur

Akerlof, G. A. (1970). The market for lemons: Quality uncertainty and the market mechanism. *The Quarterly Journal of Economics, 84*(3), 488–500.
Evans, J. R. (2016). *Business analytics: methods, models, and decisions*. Pearson. Part 2 & Part 3.
Finlay, S. (2017). *Predictive analytics, data mining and big data: Myths, misconceptions and methods*. Palgrave Macmillan.
Luhn, H. P. (1958). A business intelligence system. *IBM Journal of Research and Development*. IBM.
Mainzer, K. (2016). *Künstliche Intelligenz – Wann übernehmen Maschinen das Denken?* C.H. Beck.
Müller, R., & Lenz, H. (2013). *Datenanalyse und -integration*. Springer.
Murphy, K. P. (2012). *Machine learning: A probabilistic perspective*. MIT Press.
Ng, A. (2018). *Machine learning yearning*.
Russell, S., & Norvig, P. (2021). *Artificial intelligence: A modern approach*. Pearson.
Spence, M. (1973). Job market signaling. *The Quarterly Journal of Economics, 87*(3), 355–374.

Stackowiak, R. et al. (2015). *Big data and the internet of things: Enterprise information architecture for a new age*. Apress.

Stiglitz, J. E. (1975). The theory of 'screening', education, and the distribution of income. *American Economic Review, 65*(3), 283–300.

Suleyman, M. (2024). *The coming wave: Technology, power, and the 21st century's greatest dilemma*. Penguin Press.

Turing, A. M. (*1950*). Computing machinery and intelligence. *Mind, 59*(236), 433–460.

Witt, L., Fortes, A. T., Toyoda, K., Samek, W., & Li, D. (2024). *Blockchain and artificial intelligence: Synergies and conflicts*. https://arxiv.org/abs/2405.13462

Wixom, B. H., & Watson, H. J. (2010). *The BI-based organization*. Wiley.

7 Digitale Finanzierungen

Bislang haben wir die technischen und wirtschaftlichen Dimensionen der Geld- und Finanzentwicklung bis hin zum Bitcoin und zu Krypto untersucht – also technisch gesprochen das sog. „Backend". Nun wollen wir uns in diesem Kapitel mit den Anwendungsmöglichkeiten im Bereich Finanzierung und Geldanlage beschäftigen – also eher mit dem „Frontend". Geld ist nicht nur ein wirtschaftliches Werkzeug, sondern es kann auch ein Symbol für Dezentralität, Eigenverantwortung und technologische Dominanz sein. Diese Aspekte beeinflussen maßgeblich, wie Menschen in einer zunehmend digitalen Finanzwelt agieren, welche Verantwortung sie bei ihren finanziellen Entscheidungen übernehmen und wie technologische Innovationen ihre Beziehung zu Geld und Investments prägen.

7.1 Peer-to-Peer-Ausrichtung

Die Peer-to-Peer (P2P)-Finanzierung stellt eine innovative Methode dar, bei der Investitionen und Kredite direkt zwischen einzelnen Parteien ohne die Vermittlung traditioneller Finanzinstitutionen abgewickelt werden. Diese Finanzierungsform ermöglicht es, dass Kapitalgeber und Kapitalnehmer über digitale Plattformen in Kontakt treten, was zu einer Effizienzsteigerung und Kostensenkung führt.

Peer-to-Peer-Finanzierungsplattformen bieten eine Schnittstelle, über die Investoren ihr Kapital direkt in verschiedene Projekte und Unternehmen investieren können. Die Plattformen dienen als Marktplatz, der Sicherheit und Transparenz bietet, indem er die rechtlichen Rahmenbedingungen gewährleistet und die Transaktionen überwacht. Dabei sind die Hauptakteure Geldnehmer, die Einzelpersonen oder Unternehmen sind und Geldgeber, die Investoren, die bereit sind, ihr Geld in Projekte zu investieren, um Renditen zu erzielen.

Eine der bemerkenswertesten Entwicklungen in der P2P-Finanzierung ist die Integration von Künstlicher Intelligenz (KI). KI-basierte Algorithmen analysieren große Datenmengen, um das Risiko der Kreditvergabe zu bewerten und Investoren passende Anlagemöglichkeiten zu empfehlen. Dies führt zu einer höheren Effizienz und besseren Entscheidungsfindung. Der Einsatz von KI in der P2P-Finanzierung erfolgt hauptsächlich in den Bereichen Risikobewertung, personalisierte Empfehlungen und Automatisierung der Prozesse. KI-Modelle bewerten die Kreditwürdigkeit von Kreditnehmern durch die Analyse von Finanzdaten, sozialen Medien und anderen relevanten Informationen. Diese Modelle können potenzielle Ausfallrisiken genauer vorhersagen als traditionelle Bewertungsmethoden, das wird später noch vertieft. Durch die Analyse der Präferenzen und Investitionsmuster der Nutzer können KI-Algorithmen maßgeschneiderte Anlagevorschläge erstellen, die den individuellen Bedürfnissen und Risikotoleranzen der Investoren entsprechen. Zudem ermöglicht KI die Automatisierung vieler administrativer Aufgaben, was die Betriebskosten der Plattformen senkt und den Investitionsprozess für die Nutzer erleichtert.

Ein weiterer bedeutender Vorteil der P2P-Finanzierung ist die Diversifikation der Anlageportfolios. Durch Investitionen in verschiedene Projekte und Unternehmen können Investoren ihre Risiken streuen und ihre Renditechancen erhöhen. Die Plattformen bieten oft eine Vielzahl von Anlageoptionen, die von kurzfristigen Krediten bis hin zu langfristigen Investitionen reichen. Diese Vielfalt ermöglicht es den Investoren, ihre Anlagestrategien an ihre individuellen Bedürfnisse und Ziele anzupassen. Korrelationsdaten können dargelegt und erläutert werden. Dies setzt voraus, dass viele dieser Assistenzsysteme Zugriff auf die Datenbanken haben (ähnlich Bloomberg, Yahoo Finance u. a.).

Die Integration von Blockchain-Technologie in die P2P-Finanzierung könnte die Transparenz und Sicherheit weiter erhöhen. Die in Kap. 5 erläuterte Blockchain bietet eine dezentrale und unveränderliche Datenbank, die alle Transaktionen aufzeichnet und somit das Vertrauen der Investoren stärkt. Durch die Nutzung von Smart Contracts können die Bedingungen von Kredit- und sonstigen Finanzverträgen automatisch und sicher ausgeführt werden, ohne dass eine zentrale Instanz erforderlich ist. Diese technologische Innovation könnte die P2P-Finanzierung noch attraktiver machen und dazu beitragen, die Akzeptanz dieser Finanzierungsform weiter zu steigern.

Die Regulierung von P2P-Plattformen variiert weltweit stark und kann eine Hürde für die internationale Expansion darstellen. Obwohl digitale Plattformen in der Regel hohe Sicherheitsstandards einhalten, besteht immer ein Risiko von Cyberangriffen und Datenlecks. Auch wenn KI-Modelle bei der Risikobewertung helfen, bleibt das Ausfallrisiko ein zentrales Thema. Investoren müssen sich der Risiken bewusst sein und ihre Anlagen diversifizieren.

An dieser Stelle soll auf ein spezielles Risiko hingewiesen werden: das sog. **Gegenparteirisiko** oder auch Kontrahenten Risiko genannt. Das Gegenparteirisiko bezeichnet das Risiko, dass eine der Parteien einer Transaktion ihren vertraglichen Verpflichtungen nicht nachkommt. Im Kontext der Peer-to-Peer (P2P) Finanzierung ist dieses Risiko ein sehr relevantes Thema, da es potenziell die Sicherheit und das Vertrauen der Investoren tangiert.

Die Peer-to-Peer (P2P) Finanzierung ermöglicht direkte Transaktionen zwischen Investoren und Kreditnehmern, ohne dass traditionelle Finanzintermediäre wie Banken eingebun-

7.1 Peer-to-Peer-Ausrichtung

den sind. Diese direkte Verbindung kann das Gegenparteirisiko auf verschiedene Weisen beeinflussen und potenziell einschränken. Eine der Stärken der P2P-Plattformen ist ihre Fähigkeit, umfangreiche Informationen über Kreditnehmer bereitzustellen. Durch den Einsatz von Künstlicher Intelligenz (KI) und Big Data-Analysen können diese Plattformen die Kreditwürdigkeit von Kreditnehmern sehr genau bewerten und diese Informationen den Investoren zur Verfügung stellen. Dies führt zu einer höheren Transparenz und ermöglicht es Investoren, fundierte Entscheidungen zu treffen, wodurch das Gegenparteirisiko reduziert wird.

Die Integration von Blockchain-Technologie und Smart Contracts in die P2P-Finanzierung ist demnach ein Beitrag zur Reduzierung des Gegenparteirisikos. Smart Contracts als selbstausführende Verträge, die auf der Blockchain gespeichert sind und automatisch ausgeführt werden, wenn die vordefinierten Bedingungen erfüllt sind, eliminieren die Notwendigkeit eines Vermittlers und stellen sicher, dass Transaktionen sicher und unveränderlich sind. Die Transparenz und Unveränderlichkeit der Blockchain erhöhen das Vertrauen in die Transaktionen und verringern das Risiko von Betrug und Nicht-Erfüllung.

Einige der bekanntesten P2P-Plattformen weltweit sind Lending Club, Prosper und Auxmoney. Lending Club ist eine der größten P2P-Kreditplattformen in den USA, die es Einzelpersonen ermöglicht, in Verbraucherkredite zu investieren. Prosper, ebenfalls in den USA ansässig, bietet eine Plattform für die direkte Investition in Verbraucherkredite. Auxmoney ist eine führende P2P-Kreditplattform in Deutschland, die Kredite an Privatpersonen und kleine Unternehmen vermittelt. Diese Plattformen haben sich als zuverlässige und effiziente Marktplätze etabliert, die sowohl Kreditnehmern als auch Investoren zugutekommen.

In den letzten Jahren erwarben institutionelle Anleger einen Großteil der auf Lending Club angebotenen Kredite. Dies liegt daran, dass sie durch ihre Geschwindigkeit und die Verfügbarkeit von großen Kapitalmengen oft schneller agieren können als Privatanleger. Ähnlich verhält es sich bei Prosper, einer weiteren US-amerikanischen P2P-Plattform. Obwohl Prosper ebenfalls als Plattform für Kleinanleger begann, dominieren heute institutionelle Investoren das Kreditvolumen (vgl. Fintech Nexus, 2017).

Auch die deutsche Plattform Auxmoney hat sich in den letzten Jahren vermehrt auf institutionelle Investoren konzentriert. Durch strategische Partnerschaften, unter anderem mit Citi und Natixis, konnte Auxmoney beträchtliche Mittel für die Finanzierung von Krediten akquirieren.

Diese Entwicklung zeigt deutlich, dass die ursprüngliche Idee des Peer-to-Peer-Kreditwesens, bei der private Anleger direkt in Kredite investieren, zunehmend in den Hintergrund tritt und institutionelle Investoren die P2P-Kreditmärkte dominieren. Das entspricht allerdings nicht der ursprünglichen Intention.

Ein weiterer Aspekt, der die Zukunft der P2P-Finanzierung beeinflussen könnte, ist die zunehmende Integration von Umwelt-, Sozial- und Governance-Kriterien (ESG) in die Investitionsentscheidungen. Immer mehr Investoren legen Wert auf nachhaltige und verantwortungsvolle Investitionen. P2P-Plattformen könnten diese Nachfrage bedienen, indem sie Projekte und Unternehmen unterstützen, die positive soziale und ökologische Auswirkungen haben. Dies könnte nicht nur zur Diversifikation der Anlageportfolios beitragen, sondern auch einen positiven Beitrag zur Gesellschaft leisten.

7.2 Alternative Finanzierungen (Crowdinvesting et al.)

Die Menschen, hier also die Investoren wie die Unternehmen, die Finanzmittel suchen, können in einer vereinfachenden Annahme über das Netz eigentlich schnell zueinander finden. Im Zentrum sollte am Anfang ein klares Verständnis des Geschäftsmodells sein. Natürlich treten hier bereits Probleme auf, weil die Geschäftsmodelle oft nicht klar durchdacht werden oder nachvollziehbar kommuniziert werden (vgl. zu diesem Thema auch Meisner, 2021, Abschn. 7.1; vgl. Riethmüller, 2019).

Die Schwarmfinanzierung, auch bekannt als Crowdfunding oder Crowdinvesting, beschreibt den Umstand, dass Unternehmen von vielen Investoren, auch mit kleineren Beiträgen, finanziert werden und sich somit für die Unternehmen zusätzliche Finanzierungsmöglichkeiten erschließen. Gleichzeitig können kleinere Investoren ihr Portfolio vielfältiger gestalten.

Charakteristisch für das Crowdfunding ist, dass alle rechtlichen und administrativen Prozesse des Fundings ausschließlich über die Internetplattform bzw. über die Crowdfunding-Plattform abgewickelt werden und dass das Crowdfunding als eigenständige und bankenunabhängige Finanzierungsform organisiert wird. Sowohl der Finanzierungsbedarf als auch der Finanzierungszweck werden beim Crowdfunding öffentlich kommuniziert. Die Plattform fungiert als Mittler und Underwriter.

Ein Underwriter bei einer Investmentbank bewertet und teilt das Risiko einer Kapitalbeschaffung, wie zum Beispiel bei einer Emission von Aktien oder Anleihen. Er kauft bei einer Kapitalmarkttransaktion die Wertpapiere vom Emittenten und verkauft sie dann an Investoren weiter. Dabei garantiert der Underwriter dem Emittenten einen bestimmten Erlös und trägt häufig das Risiko, dass die Wertpapiere nicht vollständig abgesetzt werden können. Außerdem unterstützt er den Emittenten bei der Preisfestsetzung, der Erstellung von Angebotsdokumenten und der Vermarktung der Wertpapiere. Beim Crowdinvesting ist diese Rolle deutlich abgeschwächter, weil die Plattformen keine Abnahmegarantie geben und die Crowd einen großen Teil des Risikos trägt.

Unternehmen können auf eine große Anzahl von potenziellen Investoren zugreifen, was die Chancen erhöht, das benötigte Kapital zu beschaffen. Dies ist besonders vorteilhaft für Start-ups und KMUs, die häufig Schwierigkeiten haben, traditionelle Finanzierungen zu erhalten. Für Investoren bietet Crowdinvesting die Möglichkeit, sich an innovativen Projekten und Unternehmen zu beteiligen, die sonst nicht zugänglich wären. Die Informationsasymmetrien bleiben allerdings bestehen und belasten die Anleger.

Für eine Kampagne ist ein gutes **Geschäftsmodell** notwendig; dies sollte dabei helfen, die Kundenbedürfnisse zu erfüllen, Wettbewerbsvorteile zu schaffen und langfristig erfolgreich zu sein. Aus dem Modell sollte klar ersichtlich werden, woher die **zukünftigen Cashflows** des Unternehmens kommen, damit alle potenziellen Investoren klar ersehen, ob sie eine Rendite oder Zinsen erhalten können.

Ziel des kapitalsuchenden Unternehmens muss sein, das Geschäftsmodell den potenziellen Investoren so gut wie möglich zu erklären, damit diese in das Unternehmen investieren können. Externe Ratings und Gutachten können den Unternehmen bei dieser Marktkommunikation helfen. Dies sollte durch mediale Unterstützung (Bewegtbilder mit erklärenden Grafiken und sonstigen, einfach verständlichen Inhalten) geschehen, um die Reichweite zu erhöhen und die Investoren zu überzeugen. Eine defensive Einstellung des Managements zu einer offenen Informationspolitik wird sich in diesem Zusammenhang als schädlich erweisen. Entsprechende Sicherheitskonzepte in der Kommunikation verhindern das Abfließen von sensiblen Daten, wenn es eine offene Datenarchitektur gibt.

Die Integration von Blockchain-Technologie in die Crowdfinanzierung könnte die Transparenz und Sicherheit weiter erhöhen. Durch die Nutzung von Smart Contracts können die Bedingungen von Investitionsverträgen automatisch und sicher ausgeführt werden, ohne dass eine zentrale Instanz erforderlich ist. Diese technologische Innovation könnte die Crowdfinanzierung noch attraktiver machen und dazu beitragen, die Akzeptanz dieser Finanzierungsform weiter zu steigern.

Eines der größten Probleme ist die mangelnde Risikobereitschaft der Investoren. Viele Anleger sind risikoscheu und zögern, in Projekte zu investieren, die ein höheres Ausfallrisiko aufweisen. Diese Risikoscheu kann die Kapitalbeschaffung für innovative, aber risikoreiche Projekte erschweren.

Zudem erfordert die erfolgreiche Lancierung eines Projekts erhebliche Marketingaufwendungen. Um Investoren zu gewinnen, müssen Projekte effektiv beworben werden, was mit hohen Kosten verbunden ist. Diese Marketingkosten können besonders für kleine Unternehmen und Start-Ups eine erhebliche Belastung darstellen (vgl. Detweiler, 2022).

Ein weiterer Aspekt ist das Skalierungsproblem. Die hohen initialen Kosten für Marketing und Plattformgebühren (die Unternehmensüberprüfung (ein Rating oder eine Due Diligence) durch einen Wirtschaftsprüfer, die Kosten der Plattform etc.) machen es schwierig, adäquate Summen einzusammeln. Dies kann dazu führen, dass viele Projekte den Investoren gar nicht präsentiert werden können. Ein Unternehmen, das einen Finanzbedarf von 200.000 € hat und sich hohen Plattformfixkosten von über 30.000 € hat, wird sich schwertun, die Finanzierungsform zu wählen.

Das gängige rechtliche Vehikel für das Crowdinvesting in Deutschland ist das „partiarische Nachrangdarlehen", das in der ursprünglichen Regulierung des Kleinanlegerschutzgesetzes festgeschrieben wurde. Das partiarische Nachrangdarlehen ist eher ein Finanzinstrument mit einem fremdkapitalähnlichen Charakter; Gewinn- oder Umsatzbeteiligungen sowie feste Zinszahlungen für den Investor sind vorgesehen. Darlehensgeber haben keine Mitspracherechte im Unternehmen. Allerdings zählen diese Instrumente, wie erwähnt, zum **wirtschaftlichen Eigenkapital der Unternehmen** – so wie auch Genussscheine. In einer neueren Fassung des sogenannten „Kleinanlegerschutzgesetzes" 2017 wurde es auch seit Juli 2018 möglich, Genussrechte bis zu sechs Millionen Euro ohne Prospekt über eine Crowdinvesting Plattform zu emittieren (es ist lediglich ein Vermögensinformationsblatt zu erstellen, das in seinen Anforderungen allerdings verschärft wurde) (vgl. BaFin, 2024).

Ein bedeutender Aspekt des Crowdinvestings ist die Möglichkeit, dass auch kleinere Investoren Zugang zu Anlagechancen erhalten, die sonst großen institutionellen Anlegern vorbehalten wären. Dies fördert die finanzielle Inklusion und ermöglicht es einer breiteren Bevölkerungsgruppe, von attraktiven Investitionsmöglichkeiten zu profitieren. Außerdem bietet Crowdinvesting den Unternehmen eine Plattform, um ihre Projekte und Geschäftsmodelle einem breiten Publikum vorzustellen und potenziell Unterstützer und Kunden zu gewinnen.

Die soziale Komponente des Crowdinvestings sollte ebenfalls nicht unterschätzt werden. Investoren werden oft zu Unterstützern und Botschaftern des Projekts oder Unternehmens, in das sie investiert haben. Diese soziale Bindung kann zu einer stärkeren Identifikation mit dem Projekt und einer höheren Motivation beitragen, das Unternehmen durch weitere Empfehlungen und positive Mundpropaganda zu unterstützen. Diese Gemeinschaftsaspekte können den Erfolg eines Projekts positiv beeinflussen und zur langfristigen Nachhaltigkeit beitragen.

Die Zukunft des Crowdinvestings wird auch davon abhängen, wie mit der Weiterentwicklung von Blockchain-Technologien und der zunehmenden Akzeptanz von Kryptowährungen die Nutzer mehr Autonomie genießen können. Diese technologischen Fortschritte könnten das Crowdinvesting noch transparenter, sicherer und effizienter machen. Die Integration von Smart Contracts könnte die Abwicklung von Investitionen automatisieren und helfen, die oben genannten hohen Fixkosten zu senken.

7.3 Decentralized Finance (DeFi)

DeFi bezeichnet den Einsatz von Blockchain-Technologie, um traditionelle Finanzdienstleistungen wie Kreditvergabe, Vermögensverwaltung und Zahlungsabwicklung ohne zentrale Institutionen wie Banken oder Finanzinstitute zu ermöglichen. DeFi-Plattformen sind darauf ausgelegt, transparenter, zugänglicher und effizienter zu sein als herkömmliche Finanzsysteme. DeFi ermöglicht es Menschen auf der ganzen Welt, Zugang zu Finanzdienstleistungen zu erhalten, auch wenn sie in Gebieten leben, in denen traditionelle Bankdienstleistungen nicht verfügbar oder eingeschränkt sind.

Hier sind einige Hauptkomponenten und Technologien, die DeFi ermöglichen:

Smart Contracts (siehe oben)
DApps: Dezentrale Anwendungen (DApps) sind Anwendungen, die auf einer Blockchain-Plattform (hauptsächlich Ethereum) laufen und von Smart Contracts gesteuert werden. DApps bieten Benutzern Zugang zu Finanzdienstleistungen, ohne dass eine zentrale Instanz wie eine Bank oder ein Finanzinstitut erforderlich ist. DApps können mehrere Smart Contracts ausführen, um ihren Nutzern verschiedene Funktionen anzubieten.

Das DeFi-Ökosystem der Ethereum-Blockchain ist unter den Plattform-Kryptowährungen am stärksten ausgeprägt. Die meisten dieser DApps werden stetig weiterentwickelt und verbessert. Dadurch, dass keine physischen Einheiten in die automatischen Prozesse involviert sind, können Transaktionskosten und Transaktionsdauer im Vergleich zu ähnlichen Dienstleistungen aus dem herkömmlichen Finanzsystem in der Theorie niedrig gehalten werden (vgl. Chen & Bellavitis, 2020, S. 4), wobei dieser Punkt für unsere Zwecke später noch kritisch aufgegriffen wird.

Stablecoins: Stablecoins sind bereits hier eingeführt worden als Kryptowährungen, deren Wert an eine Reserve von Vermögenswerten (zum Beispiel Fiat-Währungen wie US-Dollar oder Euro) gekoppelt ist. Sie bieten Stabilität inmitten der Volatilität von Kryptowährungen und spielen eine wichtige Rolle in DeFi-Anwendungen.

7.3 Decentralized Finance (DeFi)

Oracles: In DeFi-Anwendungen sind Oracles externe Informationsquellen, die Echtzeitdaten wie Preise, Wechselkurse und andere Informationen an Smart Contracts liefern. Oracles sind notwendig, um die Kommunikation zwischen der Blockchain und der realen Welt zu ermöglichen. Die klassische Plattform für Oracles in der Kryptowelt ist die bereits erwähnte Anwendung Chainlink.

Der Anwendungsbereich von **DeFi** ist noch recht überschaubar, enthält aber einige bemerkenswerte Anknüpfungspunkte für weitergehende Einsätze:

Kredit- und Kreditplattformen: DeFi ermöglicht es Benutzern, Kredite aufzunehmen oder zu vergeben, ohne dass eine zentrale Instanz erforderlich ist. Beispiele für solche Plattformen sind Aave, Compound und MakerDAO (heute Sky). Compound.Finance ermöglicht das Geben und Nehmen von Krediten in Form von Kryptowährungen. MakerDAO ist ein von der dänischen Maker Foundation im Jahr 2014 gegründetes Open Source Projekt, das sich nahezu gänzlich in der Kontrolle der Besitzer des Governance Token MKR befindet. Das größte Projekt von MakerDAO ist die Stablecoin DAI (vgl. MakerDAO, 2020).

Dezentrale Börsen (DEX): Dezentrale Börsen ermöglichen den Handel von Kryptowährungen und Token direkt zwischen Benutzern, ohne dass ein zentraler Vermittler erforderlich ist. Beispiele für DEX sind Uniswap, SushiSwap und Balancer. Uniswap ist die größte dezentrale Krypto-Börse im Ethereum-Ökosystem, die den einfachen Tausch zweier Kryptowährungen gegeneinander ermöglicht.

Asset Management und Aggregatoren: DeFi-Anwendungen bieten Benutzern Tools zur Verwaltung ihrer Krypto-Assets, einschließlich automatischer Portfolio-Optimierung und Ertragsmaximierung. Beispiele hierfür sind Yearn.Finance und DeFi Pulse Index.

Versicherung und Risikomanagement: DeFi ermöglicht es Benutzern, Versicherungen gegen verschiedene Risiken im Krypto-Ökosystem abzuschließen oder selbst Versicherungsanbieter zu werden. Beispiele hierfür sind Nexus Mutual und Opyn. Opyn ermöglicht Benutzern, Optionen auf verschiedene Kryptowährungen wie Ether (ETH), Wrapped Bitcoin (wBTC) und anderen ERC-20-Token zu handeln. Bei zu erwartender höherer Liquidität und Reichweite kann dieser Dienst ebenso wir die genannte Versicherungsplattform ein notwendiges Risikomanagement im Krypto-Kosmos ermöglichen.

DeFi beschreibt folglich ein alternatives Finanzsystem mit den in Tab. 7.1 dargestellten Merkmalen im Vergleich zum bestehenden Finanzsystem.

Tab. 7.1 DeFi und zentralisierte Finanzen. (Quelle: eigene Darstellung in Anlehnung an Grigo et al., 2020)

Dezentrale Finanzen	Zentralisierte Finanzen
Bottom-up-basiert	Von Regierungen und Banken eingeführt
Auf Benutzer verteilt	Zentralisiert bei Finanzmittlern
Zensurfrei	Reguliert und geschützt
Niedrigere Gebühr im weiteren Ausbau	Hohe Gebühren
Kein Kontrahentenrisiko	Kontrahentenrisiko

▶ „*Kontrahentenrisiko*; spezielles Adressenausfallrisiko, das darin besteht, dass ein Handelspartner seinen Verpflichtungen (zum Beispiel Lieferverpflichtung, Überweisung des Verkaufsbetrages) nicht oder nur teilweise oder nicht rechtzeitig nachkommt." (Wiedemann, o. J.)

In DeFi werden Finanzaktivitäten weder im Bereich der Zentralbanken oder großen Finanzinstituten zentralisiert noch von Regierungen eingeführt, sondern auf die eigenen Nutzer und Teilnehmer verteilt, die sich in gleichem Maße an der Gestaltung von unten nach oben und der direkten Entscheidung in DeFi beteiligen können, alles auf der Grundlage der Blockchain-Technologie. Damit ist sie frei von staatlicher Zensur und von Bankgebühren befreit (vgl. Schär, 2020, S. 17 ff.). DeFi könnte somit mehr als nur ein Gegenmodell sein, sondern ein Herausforderer des aktuellen Finanzsystems (vgl. Zetzsche et al., 2020, S. 177).

DeFi besteht aus mehreren Schichten, die miteinander interagieren. Schär (2020) stellt den dezentralen Finanzstapel abstrakt dar, um die verschiedenen Funktionen besser zu verstehen (vgl. Abb. 7.1).

Der sogenannte Settlement Layer dient als Grundlage und umfasst das Protokoll und die Blockchain. Hier sind die grundlegendsten Rahmenbedingungen festgehalten. Diese erste Schicht stellt die codierte Vertrauensstellung dar, auf der die zweite Ebene, die Asset-Schicht, aufbaut. Die Asset-Schicht repräsentiert die Token, die auf der Blockchain gespeichert ist.

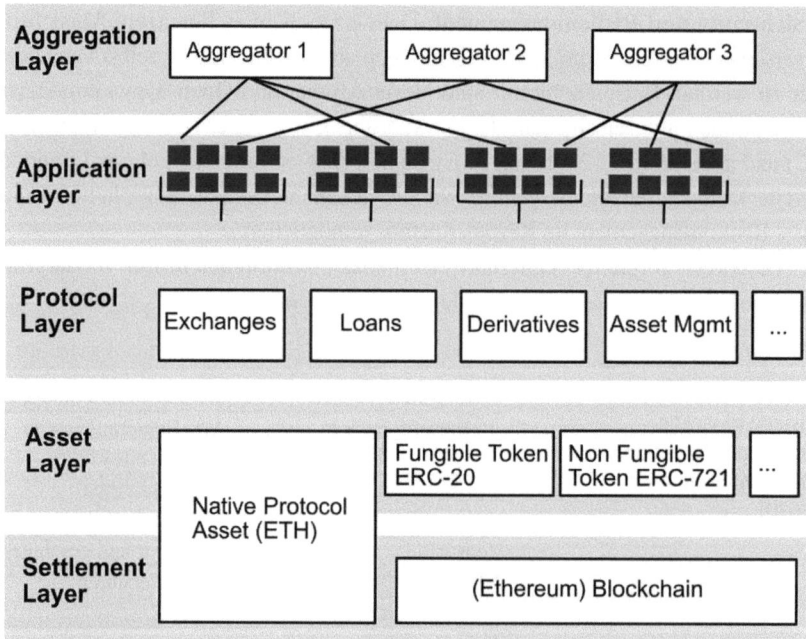

Abb. 7.1 Dezentraler Finanzstapel. (Quelle: eigene Darstellung in Anlehnung an Schär, 2020, S. 4)

Die Protokollschicht ist in Bezug auf die Intermediäre die wichtigste Schicht, da dies die Schicht ist, die die Aufgaben von Finanzintermediären und Dienstleistern übernimmt. In DeFi werden Vermittler durch Protokolle und Smart Contracts ersetzt, die Börsen, Kredite, Derivate und Asset Management automatisch abbilden.

Die Anwendungs- und Aggregationsschichten sind Front-End-Software, die mit der Protokollschicht und ihren Diensten verbunden ist. Dies ist der Teil, in dem sich Nutzer mit DeFi verbinden.

Alle Ebenen sind hierarchisch zu betrachten. Wenn die unterste Schicht, die Blockchain, versagt, zum Beispiel dezentral zu sein, können auch alle Schichten darüber nicht dezentral sein.

Eine mögliche Anwendung zeigt, wie die verschiedenen Ebenen in DeFi zusammenarbeiten. Die Ethereum-Blockchain dient dabei als Grundlage und fungiert als verteiltes Ledger.

Stellen Sie sich vor, der Nuter A. besitzt Ether im Wert von 1000 US-Dollar, die auf der Ethereum-Blockchain gespeichert sind. Er überträgt ihren Ether nun zu MakerDAO, einem DeFi-Asset-Anbieter. MakerDAO gibt DAI heraus, einen Stablecoin, der an den USD gekoppelt ist und durch hinterlegte Kryptowährungen abgesichert wird, ähnlich dem früheren Goldstandard.

Nutzer A. nutzt ihren Ether als Sicherheit und erhält im Gegenzug DAI. Fällt der Ethereum-Preis unter eine bestimmte Grenze, verkauft ein Smart Contract automatisch die hinterlegten Ether und zerstört die ausgegebenen DAI. Das schützt A. vor größeren Verlusten bei fallenden Preisen.

Bleibt der Ether-Preis stabil oder steigt, kann A. den erhaltenen DAI zum Nennwert in USD tauschen oder in Wertpapiere investieren. Außerdem eröffnet die Nutzung von DAOs in DeFi viele wirtschaftliche Möglichkeiten. A. könnte beispielsweise den DAI verwenden, um mehr Ether an einer Krypto-Börse zu kaufen oder in Compound zu investieren, um Zinsen zu verdienen.

Liquiditätspools sind an dieser Stelle besonders hervorzuheben für das Dezentrale Finanzwesen. Diese Pools ermöglichen eine Vielzahl von Anwendungsfällen und stellen eine innovative Möglichkeit dar, Liquidität bereitzustellen, nahtlosen Handel zu fördern und Finanzdienstleistungen ohne die Notwendigkeit zentralisierter Institutionen zugänglich zu machen. Ein prominenter Anwendungsbereich ist der bereits erwähnte **dezentrale Handel** auf Plattformen wie Uniswap oder SushiSwap. Hier ermöglichen Liquiditätspools den direkten Tausch von Token ohne zentrale Marktanbieter. Automatisierte Market Maker (AMMs) führen Transaktionen aus. Ein typisches Beispiel ist ein ETH/USDC-Pool, der Nutzern den Handel zwischen Ethereum und USDC ohne Orderbücher oder Vermittler ermöglicht.

Darüber hinaus eröffnen Liquiditätspools Möglichkeiten für **passives Einkommen** durch sog. Yield Farming. Tokenbesitzer können ihre Vermögenswerte in Pools einzahlen und im Gegenzug Gebühren oder zusätzliche Token verdienen. So kann etwa die Einzahlung von ETH und DAI in einen Pool nicht nur Transaktionsgebühren generieren, sondern auch Belohnungen für die Bereitstellung von Liquidität bringen.

Ein weiterer wesentlicher Einsatzbereich ist die Bereitstellung von **Krediten und Darlehen**. Plattformen wie Aave oder Compound nutzen Liquiditätspools als Basis, um dezentralisierte Kreditmärkte zu schaffen. Hier können Nutzer Krypto-Assets leihen oder verleihen, ohne direkt auf eine Gegenpartei angewiesen zu sein. Ein USDC-Pool ermöglicht es beispielsweise Einlegern, Zinsen zu verdienen, während Kreditnehmer die erforderlichen Mittel erhalten.

Auch im Bereich der **Tokenisierung und Derivate** kommen Liquiditätspools zum Einsatz. Projekte wie Synthetix nutzen sie, um synthetische Vermögenswerte wie „sUSD" oder „sBTC" zu erstellen. Diese tokenisierten Assets bieten Anlegern Zugang zu Märkten, die sonst schwer zugänglich wären, und ermöglichen eine flexible Risikosteuerung. Durch die konstante Verfügbarkeit von Token können Preisunterschiede zwischen verschiedenen Märkten ausgeglichen werden. Arbitrageure tragen zur Stabilität bei, indem sie Preisabweichungen zwischen Pools und zentralisierten Börsen ausnutzen.

Neue DeFi-Projekte können Liquiditätspools nutzen, um den Handel mit ihren Token zu starten. Dieses sogenannte **Bootstrapping** ermöglicht es Entwicklern, frühzeitig Liquidität zu schaffen, bevor sie größere Märkte erreichen. Liquiditätspools fördern auch die **Dezentralisierung und Governance**. Nutzer können ihre Token in Pools einzahlen, um Governance-Rechte zu erhalten oder zusätzliche Belohnungen zu verdienen. So erlaubt etwa ein Uniswap-Governance-Pool den Teilnehmern, über Protokolländerungen abzustimmen.

Diese Pools eliminieren zentrale Market Maker, ermöglichen es jedem, Liquiditätsanbieter zu werden, und fördern durch automatisierte Prozesse schnelle und nahtlose Transaktionen. Gleichzeitig bieten sie eine Diversität an Finanzanwendungen, von Handel und Krediten bis hin zur Tokenisierung und Risikosteuerung.

Allerdings gehen Liquiditätspools auch mit Risiken einher. **Impermanent Loss** ist eine Herausforderung, der sich Liquiditätsanbieter stellen müssen, insbesondere bei starken Preisschwankungen der gehandelten Token. **Impermanent Loss** (vorübergehender Verlust) beschreibt ein Phänomen, das auftreten kann, wenn ein Liquiditätsanbieter Vermögenswerte in einen Liquiditätspool einzahlt und sich die Preise der gehandelten Vermögenswerte im Verhältnis zueinander ändern. Dieser Verlust entsteht durch die Wechselwirkung zwischen den geänderten Marktpreisen der Token und der Funktionsweise von automatisierten Market-Maker-Protokollen (AMMs), die Liquiditätspools betreiben. Diese Gefahr ist in diesen volatilen Märkten beträchtlich.

Zudem bergen Smart Contracts potenzielle Risiken, da Fehler im Code oder Hacks zum Verlust von Liquidität führen können. Hinzu kommen regulatorische Unsicherheiten, da die rechtliche Behandlung von Pools und deren Teilnehmern in vielen Ländern noch ungeklärt ist.

Es ist zur berücksichtigen, dass die Entwicklung von DeFi (dezentrale Finanzen) in den letzten Jahren von extremer Volatilität und Unsicherheit geprägt gewesen ist, was es schwierig macht, einen klaren Weg in den Mainstream des Finanzwesens zu finden. Trotz der technologischen Innovationen und der starken Fundamentaldaten, die den DeFi-Sektor unterstützen, bleibt die Branche weitgehend unvorhersehbar und stark von den Volatilitäten des Kryptomarktes beeinflusst.

Im Jahr 2024 zeigte sich diese Unsicherheit besonders deutlich. Obwohl DeFi eine bedeutende Rolle im Kryptowährung-Ökosystem spielt, haben die meisten DeFi-Token erheblich an Wert verloren. Seit Jahresbeginn 2024 ist die Marktkapitalisierung von DeFi um 11,1 % gesunken, was zu einem Rückgang der DeFi-Dominanz im gesamten Kryptomarkt geführt hat. Diese Dominanz, die das Verhältnis zwischen der Marktkapitalisierung von DeFi und der gesamten Marktkapitalisierung von Kryptowährungen widerspiegelt, fiel auf 3,2 %, den niedrigsten Stand seit drei Jahren (vgl. Sigl et al., 2024).

Viele der führenden DeFi-Protokolle und ihre nativen Token haben im Jahr 2024 (bis zum Herbst) erhebliche Verluste erlitten. Nach den US-Wahlen im November 2024 gab es dann wieder einen starken Boom im Kryptomarkt. Selbst große Namen im DeFi-Sektor sind nicht immun gegen die extremen Preisschwankungen, die den Markt kennzeichnen.

Diese Volatilität ist zum Teil auf die Herausforderungen zurückzuführen, mit denen DeFi-Projekte bei der Feinabstimmung ihrer Modelle konfrontiert sind. Diese Modelle sollen sicherstellen, dass Werte effektiv an die Token-Inhaber verteilt werden, doch viele Projekte haben noch nicht die richtige Balance gefunden. Darüber hinaus stellen regulatorische Unsicherheiten, insbesondere in den USA, eine erhebliche Belastung dar. Die US-Börsenaufsicht SEC hat beispielsweise in mehreren Fällen angedeutet, dass bestimmte DeFi-Token als nicht registrierte Wertpapiere eingestuft werden könnten. Solche regulatorischen Risiken tragen erheblich zur Unsicherheit in der Branche bei.

Die Konkurrenz um Ressourcen innerhalb des Kryptomarktes macht es für DeFi-Projekte schwierig, stabile Wachstumsraten zu erzielen und das Vertrauen der breiten Öffentlichkeit zu gewinnen.

Trotz dieser Herausforderungen gibt es jedoch auch positive Signale. Einige DeFi-Protokolle zeigen bemerkenswerte Resilienz und arbeiten aktiv an der Verbesserung ihrer Modelle. MakerDAO (Sky) zum Beispiel plant umfassende Änderungen in seinem Ökosystem, während Aave und Curve Finance ihre Token-Emissionen und Governance-Modelle optimieren. Diese Bemühungen deuten darauf hin, dass viele DeFi-Projekte nicht bereit sind, sich von den aktuellen Schwierigkeiten entmutigen zu lassen.

Solange die Branche von solchen Schwankungen und regulatorischen Unsicherheiten geprägt ist, bleibt DeFi eher eine Nischeninnovation als eine tragfähige Alternative zum traditionellen Finanzsystem. Der Weg in den Mainstream scheint also trotz des technologischen Potenzials und der wachsenden Nutzerbasis mit vielen Stolpersteinen belegt.

7.4 Finanzierungstoken

In Zusammenhang mit dem in diesem Buch thematisierten Begriff **"Digitales Geld"** veranschaulicht gerade DeFi das technische und wirtschaftliche Potenzial der Blockchain. An dieser Stelle sollte man sich in Erinnerung rufen, dass Geld in seiner Funktionalität wirtschaftliche Prozesse (Handel, Produktion, Arbitrage etc.) ermöglicht, die den Weg einer Wirtschaft bestimmen. Wenn Anhänger des Fiat-Geldes argumentieren, nur Fiat-Geld könnte wirkliche Gegenwerte initialisieren, so ist DeFi das beste Beispiel dafür, dass elektronisch initialisierte Token im Kredit-, Derivate- und Sparbereich genauso Werte schaffen können.

In Zusammenhang mit den Gelddarstellungen in diesem Buch ist es interessant, dass einige Token durchaus einen Geldbezug haben. Man könnte folgende Thesen verfolgen: Token fungieren in der Blockchain-Ökonomie ähnlich wie Geld in der traditionellen Wirtschaft. Sie ermöglichen den Transfer von Wert und das Besitzen von Vermögenswerten in digitaler Form. Die verschiedenen Token-Typen (Security, Utility, Payment) erfüllen unterschiedliche wirtschaftliche Funktionen, vergleichbar mit den verschiedenen Arten von Geld in der traditionellen Wirtschaft.

Wenn also Token ein Geld- und Vermögenssurrogat sein können, dann wirft diese weitgehende Funktionsbeschreibung einen gewaltigen Schatten auf das bisher diskutierte Geldwesen. In der Internetökonomie muss ein solcher Token nicht staatlich sein, obgleich es auch Möglichkeiten digitaler staatlicher Währungen gibt. Wird der Token – einmal unabhängig von seinem Grad seines Liquiditätsgrades – als Wertgutschein angesehen, so ähnelt er einer Aktie oder einem anderen Vermögensgegenstand. Wird er auf den Grad seiner Liquiditätsfunktion bezogen (Stablecoins) hat er eher eine Transferfunktion. Das alles entscheidende Abgrenzungskriterium zu realem, staatlichem Geld ist das Maß der Dezentralität und die zugrunde liegende Technologie.

Für die Unternehmensfinanzierung ist der **Security Token** von Bedeutung (siehe hierzu Lambert et al., 2021). Ein Security-Token repräsentiert Vermögensrechte und kommt einem Wertpapier sehr nahe. Er ist ein gutes Beispiel für Real World Assets (RWA), die in Abschn. 5.5 eingeführt wurden. Unternehmen können Investoren über Plattformen und dezentrale Einheiten ansprechen, um Eigenkapital (Aktien) zu erhalten oder andere Eigenkapital ähnliche Instrumente (wie Genussscheine) nutzen, um ihre Finanzierungsbasis zu verbessern. Auch Schuldscheine und Schuldverschreibungen können herausgegeben werden, die dann als Token gehandelt werden können. Entscheidend ist, dass ein größerer Investorenkreis angesprochen werden kann (auch Kleinanleger) und die Transaktionskosten viel niedriger ausfallen, als bei herkömmlichen Emissionen.

In der Cashlink-Studie (vgl. Cashlink, 2024) werden die Kosteneinsparungen von DLT-basierten Kapitalmarktinfrastrukturen analysiert, insbesondere bei der Emission von Anleihen. Sie stellt fest, dass DLT-Anwendungen erhebliche Einsparungen in den Middle- und Back-Office-Prozessen ermöglichen können, wobei die größten Einsparungen in den Bereichen Kapitalmarkt-Aktivitäten der Unternehmen, Vermögensverwaltung, Clearing und Settlement zu finden sind.

Ein Security Token repräsentiert ein Recht auf einen Vermögenswert, sei es ein Anteil an einem Unternehmen, eine Immobilie oder ein anderes Anlagegut. Im Gegensatz zu Kryptowährungen wie Bitcoin, die keinen inneren Wert haben, sind Security Tokens an reale Vermögenswerte gebunden. Diese Tokens werden oft unter regulatorischen Rahmenbedingungen wie den Wertpapiergesetzen ausgegeben und müssen sich an bestehende Finanzmarktvorschriften halten.

Ein Hauptmerkmal von Security Tokens ist die programmierbare Natur, die es ermöglicht, rechtliche Anforderungen direkt in den Code der Tokens einzubetten. Dies gewährleistet eine automatische Einhaltung von Vorschriften, wie zum Beispiel Handelsbeschränkungen, Eigentümerverifizierungen oder Dividenden- bzw. Zinszahlungen.

Security Token Offerings (STOs) können sich zu modernen Alternativen zu traditionellen Finanzierungsrunden wie IPOs oder Private Equity entwickeln. Die wichtigsten Vorteile umfassen:

- Kostenreduktion: Durch den Wegfall von Zwischenhändlern wie Banken und Brokern werden die Kosten für die Kapitalbeschaffung gesenkt. Blockchain-basierte Transaktionen ermöglichen direkte Peer-to-Peer-Finanzierungsmodelle.
- Erhöhte Liquidität: Da Security Tokens auf sekundären Märkten gehandelt werden können, steigt die Liquidität von Vermögenswerten erheblich. Dies ermöglicht Investoren den flexibleren Zugang zu Kapital und kürzere Haltefristen.
- Zugang zu neuen Investorenkreisen: STOs öffnen den Kapitalmarkt für eine global verteilte Investorenbasis. Vor allem Kleinanleger können dadurch in Vermögenswerte investieren, die vorher ausschließlich institutionellen Investoren vorbehalten waren.
- Transparenz und Vertrauen: Die Blockchain bietet eine unveränderliche und transparente Aufzeichnung aller Transaktionen, was das Vertrauen der Anleger stärkt und das Risiko von Betrug minimiert.

Die Akzeptanz von STOs und Security Tokens steht noch am Anfang. Viele institutionelle Anleger und traditionelle Marktteilnehmer sind noch skeptisch, da die Blockchain-Technologie und die damit verbundenen Risiken sehr neu sind.
Für eine Stabilisierung im System können die in Kap. 5 genannten **Stablecoins** genutzt werden. Wichtig ist für Security Token, dass die Emissionsbedingungen von Wertpapieren richtig analysiert werden und auch die Rolle der Finanzmittler für das sog. **Underwriting** in einem Emissionsprozess richtig interpretiert wird – das Thema wurde beim Crowdinvesting bereits aufgegriffen. Der Underwriter, in der Regel eine Investmentbank, übernimmt die Wertpapiere und führt sie in den Markt ein. Genau diese Rolle muss in einem Prozess einer Security-Token-Emission richtig abgebildet werden, weil er der Marktpreisfindung dient und die Mengen- und Losgrößensteuerung ermöglicht. Folgerichtig wird das Underwriting in diesem Umfeld algorithmisch so ausgestaltet sein, dass Signale und quantitative Steuerungsmechanismen über die Blockchain und Smart Contracts erfasst werden können.

Beim klassischen Underwriting sind Netzwerke zwischen Banken, institutionellen Investoren und sonstigen Finanzmittlern ein wirkungsvolles Instrument, diese Rolle muss in dem neuen Umfeld technisch gewandelt und neu interpretiert werden. Problematisch dürfte dabei der mögliche Zustand einer mangelnden Nachfrage werden, die ja über einen Underwriter aufgefangen werden kann und im Zuge einer Marktpflege ausgeglichen werden kann.

In dem üblichen Emissionsprozess sind Preissignale maßgebend (das sogenannte Bookbuilding handelt ja von Preis- und Mengenangeboten im Vorfeld einer Emission) – diese Funktion sollte in einer Blockchain Umgebung ggf. dazwischengeschaltet werden.

Bookbuilding ist ein Verfahren zur Preisfindung und Zuteilung von Aktien im Rahmen eines Börsengangs (IPO), bei dem potenzielle Investoren innerhalb einer festgelegten Preisspanne ihre Kaufinteressen und Volumina angeben. Auf Basis dieser Rückmeldungen legt das Unternehmen zusammen mit den begleitenden Banken den endgültigen Emissionspreis fest.

Wie genau der Underwriting-Prozess in einem DLT-Umfeld abgebildet werden kann, ist komplex und hängt von der Art und Weise ab, wie dezentral das gesamte Emissionssystem ist. Weiter oben wurde ja der Zusammenhang zwischen Technologie, DAO's und dezentralen Finanzierungen dargelegt und es wurde deutlich, dass der Innovationscharakter von DeFi in Bezug auf Regulierung und Marktausweitung es erschwert, hier eindeutige Prozesse zu definieren.

Investmentbanken, die möglicherweise überflüssig werden, sowie Banken und Versicherungen, die durch effiziente Protokolle ersetzt werden könnten, stehen vor grundlegenden Veränderungen – Entwicklungen, die zwangsläufig Reaktionen bei den etablierten Akteuren hervorrufen werden. Diese Dynamik wird umso deutlicher, wenn künstliche Intelligenz ins Spiel kommt, insbesondere auch auf Seiten der Anleger.

7.5 Technologische Portfoliosteuerung

Eine auf KI und Blockchain basierende Portfoliosteuerung umfasst die Auswahl, Überwachung und Anpassung von Anlageportfolios, um die finanziellen Ziele eines Investors zu erreichen. Wichtige Aspekte sind dabei die Diversifikation, das Risikomanagement und die Performancebewertung. Traditionell erfordert dies umfangreiche Kenntnisse der Finanzmärkte, Zugang zu aktuellen Daten und die Fähigkeit, komplexe Analysen durchzuführen. Hier können LLMs helfen, die durch ihre Fähigkeit zur Verarbeitung großer Datenmengen und zur Generierung fundierter Analysen eine wertvolle Unterstützung bieten können.

LLMs (Large Language Models) sind KI-Modelle, die auf Basis großer Textmengen trainiert werden, um menschliche Sprache zu verstehen, zu generieren und kontextbezogen darauf zu reagieren. Sie finden Anwendungen in Bereichen wie Textanalyse, Übersetzung, Chatbots und Content-Generierung.

Große Sprachmodelle wie GPT sind speziell dafür entwickelt worden, große Mengen an Textdaten zu verarbeiten und darauf basierend sinnvolle und kontextualisierte Antworten zu generieren. Dies macht sie besonders nützlich für die Portfoliosteuerung aus mehreren Gründen:

- LLMs wurden mit einer enormen Menge an Daten trainiert, die aus verschiedensten Quellen stammen. Dazu gehören wissenschaftliche Artikel, Nachrichtenberichte, Bücher, Finanzanalysen und vieles mehr. Dadurch verfügen sie über ein breites und tiefes Verständnis für viele Themen, einschließlich Finanztheorien und Markttrends. Ihre Fähigkeit, große Datenmengen schnell zu verarbeiten und zu analysieren, ermöglicht es ihnen, fundierte Empfehlungen zu geben, die auf den neuesten Informationen basieren.

7.5 Technologische Portfoliosteuerung

- Ein weiterer Vorteil von LLMs ist ihre Fähigkeit zur Kontextualisierung. Sie können die spezifischen Umstände und Präferenzen eines Anlegers berücksichtigen und darauf basierend personalisierte Anlageempfehlungen generieren. Dies ist besonders wichtig in der Finanzberatung, wo individuelle Unterschiede in Risikotoleranz, Anlagehorizont und finanziellen Zielen berücksichtigt werden müssen. LLMs können diese Faktoren analysieren und maßgeschneiderte Lösungen bieten.
- LLMs haben die Fähigkeit, aus neuen Daten und aus Feedback zu lernen. Dies bedeutet, dass sie sich kontinuierlich verbessern können, indem sie neue Informationen in ihre Analysen einbeziehen. In der Praxis kann das dazu führen, dass die Empfehlungen eines LLMs im Laufe der Zeit immer präziser und relevanter werden, da sie ständig mit den neuesten Daten und Entwicklungen aktualisiert werden.
- Durch die Automatisierung vieler Analyse- und Entscheidungsprozesse können LLMs die Effizienz der Portfoliosteuerung erheblich steigern. Sie sind in der Lage, in Echtzeit auf Marktentwicklungen zu reagieren und sofortige Anpassungen vorzuschlagen. Dies ermöglicht eine dynamische und proaktive Portfoliosteuerung, die besser auf kurzfristige Marktbewegungen reagieren kann als traditionelle Methoden.

Ein zentrales Element der Portfoliosteuerung ist die Ermittlung detaillierter Anlegerprofile. LLMs können umfassende Profile erstellen, die auf den individuellen Präferenzen und Umständen der Investoren basieren. Dazu gehören Aspekte wie:

- Risikotoleranz und Risikokapazität: LLMs können durch gezielte Fragen und Analysen die Bereitschaft und Fähigkeit des Anlegers, Risiken einzugehen, einschätzen. Diese Einschätzung ist entscheidend, um eine Anlagestrategie zu entwickeln, die sowohl den finanziellen Zielen als auch der Komfortzone des Anlegers entspricht.
- Nachhaltigkeitspräferenzen: Immer mehr Anleger legen Wert auf nachhaltige Investitionen, die Umwelt-, Sozial- und Governance-Kriterien (ESG) berücksichtigen. LLMs können diese Präferenzen erkennen und entsprechende Anlageoptionen vorschlagen.
- Anlagehorizont: Die Bestimmung des Zeitraums, über den investiert werden soll, ist ein weiterer wichtiger Faktor. LLMs können den Anlagehorizont analysieren und Empfehlungen geben, die kurz-, mittel- oder langfristige Ziele berücksichtigen.
- Erfahrungsgrad: Der bisherige Anlageerfahrung des Investors spielt eine Rolle bei der Auswahl geeigneter Anlageprodukte. LLMs können diese Erfahrung bewerten und Empfehlungen geben, die dem Wissensstand des Anlegers entsprechen.

Basierend auf den erstellten Anlegerprofilen können LLMs spezifische Anlageempfehlungen geben bezogen auf Aktien, Anleihen, Fonds und ETFs. Diese Produkte werden dann in einer optimalen Gewichtung innerhalb des Portfolios kombiniert, um eine optimale Risikostreuung zu erreichen.

Ein Beispiel für eine solche Empfehlung könnte ein diversifiziertes Portfolio sein, das 60 % Aktienfonds, 20 % Anleihefonds, 10 % Immobilienfonds und 10 % nachhaltige Einzelaktien oder auch Krypto umfasst. Diese Zusammensetzung berücksichtigt sowohl das Wachstumspotenzial als auch die Risikominimierung und ist auf die individuellen Präferenzen und Ziele des Anlegers zugeschnitten.

Ein weiterer wichtiger Aspekt der Portfoliosteuerung ist die **kontinuierliche Überwachung und Anpassung des Portfolios**. LLMs können dabei helfen, die Performance des Portfolios zu überwachen und auf Veränderungen im Markt zu reagieren. Durch die Verarbeitung aktueller Marktdaten und Nachrichten können LLMs die Performance von Portfolios überwachen und auf Veränderungen reagieren. Beispielsweise könnten LLMs basierend auf neuen Marktinformationen Vorschläge machen, bestimmte Aktien zu kaufen oder zu verkaufen. LLMs können regelmäßig das Risiko des Portfolios bewerten und Anpassungen vorschlagen, um das Risiko-Rendite-Profil zu optimieren. Dies könnte beispielsweise beinhalten, das Portfolio zu justieren, um sicherzustellen, dass es den ursprünglichen Anlagezielen entspricht.

Dies alles ermöglicht eine schnelle Reaktion auf Marktentwicklungen und die Erstellung von Analysen in Echtzeit. Darüber hinaus können LLMs eine große Anzahl von Investoren gleichzeitig betreuen, was die Skalierbarkeit der Finanzberatung erheblich erhöht. Dies ist besonders vorteilhaft für Finanzberatungsunternehmen, die ihre Dienstleistungen auf eine breitere Kundenbasis ausweiten möchten, ohne die Qualität der Beratung zu beeinträchtigen. Durch den Einsatz von LLMs kann hochwertige Finanzberatung einer breiteren Bevölkerungsgruppe zugänglich gemacht werden. Viele Menschen, die sich ansonsten keine persönliche Finanzberatung leisten könnten, erhalten so Zugang zu fundierten Empfehlungen und können ihre finanziellen Ziele besser erreichen. Dieser Aspekt bezieht sich auch ausdrücklich auf Krypto und DeFi-Produkte.

Der Erfolg der Portfoliosteuerung durch LLMs hängt maßgeblich vom Zugang zu qualitativ hochwertigen und aktuellen Daten ab – wie zuvor erläutert. Ohne verlässliche Daten können die Modelle keine genauen und relevanten Empfehlungen geben. Einige Lösungsansätze umfassen:

- Integration spezialisierter Datenquellen: Zusammenarbeit mit Finanzdatenanbietern wie Bloomberg, Reuters oder Yahoo Finance, um aktuelle und verlässliche Daten zu erhalten. Diese Partnerschaften können sicherstellen, dass die LLMs immer auf die neuesten Informationen zugreifen können.
- Regelmäßige Aktualisierung der Trainingsdaten: Sicherstellung, dass die Modelle regelmäßig mit den neuesten Daten trainiert werden, um ihre Aktualität zu gewährleisten. Dies kann durch fortlaufende Schulungen und Updates der Modelle erreicht werden, sodass sie immer auf dem neuesten Stand bleiben.

Neben dem Zugang zu Daten ist die Fähigkeit, diese Daten korrekt zu interpretieren, entscheidend. LLMs sind in der Lage, finanzielle Zusammenhänge zu verstehen und sinnvolle Empfehlungen zu generieren. Diese Interpretationsfähigkeit kann durch fortlaufendes Training und Feinabstimmung der Modelle verbessert werden. Dabei ist es wichtig, dass die Modelle nicht nur historische Daten analysieren, sondern auch in der Lage sind, zukünftige Entwicklungen und Trends zu prognostizieren (erweiterte Simulationstechniken).

Die Nutzung von LLMs in der Finanzberatung wirft darüber hinaus ethische und regulatorische Fragen auf: zum einen Fragen zum Datenschutz und zum anderen Fragen zur

7.5 Technologische Portfoliosteuerung

Regulatorischen Compliance, denn die Einhaltung aller relevanten Vorschriften und Richtlinien ist sicherzustellen, um rechtliche Probleme zu vermeiden.

Eine Studie von Fieberg, Hornuf und Streich (2024) untersucht die Fähigkeit großer Sprachmodelle (LLMs) zur Bereitstellung von Finanzberatung und identifiziert, welche Modelleigenschaften mit höherer Beratungsqualität verbunden sind. Sie analysierten 32 LLMs, die für 64 verschiedene Investorenprofile Portfolioempfehlungen gaben, und bewerteten deren Umsetzbarkeit, Marktexposition und historische Performance. Die Ergebnisse zeigen, dass LLMs generell in der Lage sind, umsetzbare und auf die individuellen Umstände der Investoren abgestimmte Empfehlungen zu geben. Basismodelle erwiesen sich dabei als besser geeignet als feinabgestimmte Modelle, und größere Modelle lieferten tendenziell qualitativ bessere Empfehlungen. Die Studie hebt hervor, dass der Zugang zu qualitativ hochwertigen und aktuellen Daten für die Effektivität der LLMs bedeutsam ist. Sie betont auch die Notwendigkeit der Fähigkeit der Modelle, finanzielle Informationen korrekt zu interpretieren. Während die meisten empfohlenen Portfolios umsetzbar waren, traten bei feinabgestimmten Modellen häufiger Implementierungsprobleme auf. Die historische Performance der Empfehlungen war im Einklang mit den literaturbasierten Benchmarks. Die Studie schließt, dass LLMs das Potenzial haben, die Qualität digitaler Finanzberatung erheblich zu verbessern und den Zugang zu Finanzberatung zu demokratisieren. Es gibt noch nicht viele Studien zu diesem Thema, aber die vorgenannte Studie ist schon einmal als erste Indikation zu verstehen.

An dieser Stelle muss eine technische Ergänzung vorgenommen werden. Generative KI wie ChatGPT trainiert mit öffentlich zugänglichen Daten und hat ab und an auch Qualitätsprobleme (die KI „halluziniert" und es werden falsche Aussagen gemacht). Insofern ist eine qualitative Weiterverankerung notwendig. Ein besonders zukunftsweisender Ansatz in diesem Bereich ist die Integration von **Retrieval-Augmented Generation (RAG)** und die **Nutzung von APIs (Application Programming Interface)** zur Datenbeschaffung. Diese Kombination bietet innovative Lösungen, um sowohl Experten als auch Laien Zugang zu hochwertiger Datenanalyse zu verschaffen (vgl. Lewis et al., 2020).

Retrieval-Augmented Generation (RAG) ist eine Technologie, die generative künstliche Intelligenz (KI) mit einer Abfragefunktion (Retrieval-System) kombiniert. Der große Vorteil liegt darin, dass RAG Antworten nicht nur aus der Wissensbasis der KI generiert, sondern externe, oft aktuelle Datenquellen einbezieht. Dies ist besonders im Finanzwesen von Bedeutung, wo aktuelle Daten über Märkte, Unternehmen und regulatorische Änderungen essenziell sind.

RAG kann beispielsweise in Finanzcockpits eingesetzt werden, um Berichte zu erstellen, die auf aktuellen Marktbedingungen basieren. Anstatt auf den Stand eines KI-Trainingsmodells beschränkt zu sein, ruft das Retrieval-System aktuelle Informationen aus APIs oder Wissensdatenbanken ab. Dies führt zu einer deutlichen Verbesserung der Datenqualität und Aussagekraft.

Application Programming Interfaces (APIs) sollte zusätzlich in die Nutzung eines LLMs einbezogen werden. Ein API ist eine Schnittstelle, die es ermöglicht, Daten in strukturierter Form aus verschiedenen Quellen zu beziehen. Im Finanzwesen ermöglichen APIs den Zugriff auf Aktienkurse, Marktforschungsergebnisse und vieles mehr. Anbieter wie Quandl (https://www.quandl.com), Alpha Vantage und Yahoo Finance stellen APIs bereit, die speziell auf die Bedürfnisse von Analysten und Entwicklern zugeschnitten sind.

Ein Beispiel für den Einsatz von APIs ist die Erstellung von **automatisierten Portfolios**. Daten über historische Renditen, Volatilität und Korrelationen werden aus einer API bezogen und direkt in ein Modell integriert, das Anlageentscheidungen optimiert. Darüber hinaus sind APIs unverzichtbar für die Echtzeitverarbeitung von Börsendaten. Unternehmen wie Bloomberg bieten Premium-APIs an, die im Hochfrequenzhandel eingesetzt werden können,

Obwohl APIs mächtige Werkzeuge sind, können ihre Nutzungskosten ein Hindernis darstellen. Viele Anbieter verwenden ein Freemium-Modell, bei dem grundlegende Daten kostenlos sind, während tiefere Einblicke oder höhere Abruflimits kostenpflichtig werden. Dies stellt kleinere Unternehmen oder Start-ups vor Probleme. Laut einer Umfrage von Finextra (2023) geben rund 42 % der KMU an, dass die hohen Kosten für Daten-APIs ein Problem für die Einführung neuer digitaler Tools darstellen.

Die Verknüpfung von APIs und RAG ist ein entscheidender Schritt zu einer stärkeren Personalisierung von Finanzdienstleistungen. Nutzer könnten KI-gestützte Systeme verwenden, um ihre **persönlichen Finanzstrategien** zu optimieren.

7.6 Mächtige Bots

Die Digitalisierung des Geldwesens und die zuvor ausgeführten technischen Möglichkeiten zeigen, dass KI-gesteuerte Hilfswerkzeuge in der Form von persönlichen Assistenten (sogenannte Bots oder auch Agenten) eine bedeutende Zukunft haben werden. Diese Entwicklung ist nicht nur eine technologische, sondern auch eine strukturelle und gesellschaftliche Transformation, die weitreichende Auswirkungen auf die Art und Weise hat, wie Finanzdienstleistungen erbracht und wahrgenommen werden.

Traditionelle Finanzinstitutionen stehen vor der Herausforderung, ihre Dienstleistungen zu modernisieren und an die Anforderungen der digitalen Ära anzupassen. Diese Anpassungen betreffen sowohl interne Prozesse als auch die Interaktion mit Kunden. Die Digitalisierung ermöglicht eine personalisierte Kundenansprache, die auf den individuellen Bedürfnissen und Präferenzen der Kunden basiert.

Durch die Analyse von Transaktionsdaten, Kundenverhalten und Markttrends können Finanzdienstleister präzise Vorhersagen treffen und maßgeschneiderte Finanzprodukte anbieten. Wichtig ist aber in diesem Zusammenhang, dass die Nutzer und Kunden selbst – ohne Finanzintermediäre – Portfoliogestaltung und Vermögensmanagement betreiben können.

Digitale Plattformen haben es möglich gemacht, dass Finanzdienstleistungen rund um die Uhr verfügbar sind. Kunden können ihre Bankgeschäfte von überall aus erledigen, was die Zugänglichkeit und den Komfort erheblich erhöht. Dies hat auch zur Entwicklung neuer Geschäftsmodelle geführt, die auf digitalen Technologien basieren. Fintech-Unternehmen nutzen innovative Technologien, um traditionelle Finanzdienstleistungen zu verbessern oder ganz neue Dienstleistungen zu schaffen.

Traditionell war die Finanzberatung eine Domäne, die stark von menschlicher Expertise und persönlicher Interaktion geprägt war. Mit dem Aufkommen von KI-gestützten Systemen können viele dieser Aufgaben automatisiert und effizienter gestaltet werden.

Ein Beispiel für den Einsatz von KI in der Finanzbetreuung sind sogenannte Robo-Advisors. Diese digitalen Berater nutzen Algorithmen, um Anlagestrategien zu entwickeln, die auf den individuellen Zielen und Risikotoleranzen der Kunden basieren. Sie bieten eine kostengünstige Alternative zu traditionellen Finanzberatern und ermöglichen es auch kleineren Anlegern, Zugang zu professionellen Anlagestrategien zu erhalten. Robo-Advisors analysieren die finanzielle Situation des Kunden, bewerten verschiedene Anlageoptionen und empfehlen ein diversifiziertes Portfolio, das den langfristigen finanziellen Zielen des Kunden entspricht.

Ein weiteres Beispiel ist der Einsatz von KI in der Kreditvergabe. Durch die Analyse von Kreditnehmerdaten können KI-Algorithmen die Kreditwürdigkeit von Antragstellern präzise bewerten und das Ausfallrisiko besser einschätzen. Dies ermöglicht es Banken, fundierte Kreditentscheidungen zu treffen und das Risiko von Zahlungsausfällen zu minimieren. Darüber hinaus können KI-Systeme kontinuierlich lernen und ihre Vorhersagen verbessern, indem sie neue Daten integrieren und analysieren.

Persönliche Finanzassistenten, oft auch als Bots bezeichnet, sind eine weitere Anwendung von KI im Finanzwesen. Diese Assistenten können verschiedene Aufgaben übernehmen, von der Verwaltung des täglichen Budgets über die Planung von Investitionen bis hin zur Optimierung von Ausgaben. Durch die Integration in mobile Apps und Online-Banking-Plattformen bieten sie den Nutzern eine benutzerfreundliche und jederzeit verfügbare Unterstützung.

Ein solcher Assistent könnte beispielsweise automatisch die besten Spar- und Investitionsmöglichkeiten identifizieren, basierend auf dem Ausgabeverhalten und den finanziellen Zielen des Nutzers. Er könnte auch Warnungen ausgeben, wenn ungewöhnliche Aktivitäten auf dem Konto festgestellt werden, und so zur Sicherheit der Finanzen beitragen. Darüber hinaus können diese Bots personalisierte Finanzberatung anbieten, indem sie dem Nutzer helfen, seine Ausgaben zu überwachen, Einsparmöglichkeiten zu identifizieren und Investitionsentscheidungen zu treffen.

Ein Beispiel für einfachere Versionen von persönlichen Finanzassistenten ist der Einsatz von Chatbots in Banking-Apps. Diese Chatbots können Kundenanfragen in Echtzeit beantworten, Transaktionen durchführen und den Nutzern dabei helfen, ihre Finanzen zu verwalten. Sie können auch Empfehlungen geben, wie der Nutzer seine finanzielle Situation verbessern kann, indem sie auf Grundlage der Analyse von Ausgabemustern und finanziellen Zielen maßgeschneiderte Ratschläge erteilen. Wohl gemerkt, diese Bots arbeiten noch sehr an der Oberfläche und sind noch nicht in die Welt der oben skizzierten LLMs mit RAG und Datenbanken integriert.

Mit der zunehmenden Digitalisierung und dem Einsatz von KI im Finanzwesen steigen auch die Anforderungen an die Sicherheit und den Datenschutz. Finanzdaten sind besonders sensibel, und der Schutz dieser Daten hat höchste Priorität. KI-Systeme müssen daher so entwickelt und implementiert werden, dass sie höchste Sicherheitsstandards erfüllen und den Datenschutz gewährleisten.

Ein zentraler Aspekt dabei ist die **Einhaltung von Datenschutzgesetzen** wie der Datenschutz-Grundverordnung (DSGVO) in der EU. Finanzdienstleister müssen sicherstellen, dass die Daten ihrer Kunden sicher gespeichert und verarbeitet werden und dass die Kunden die Kontrolle über ihre Daten behalten. Dies umfasst auch Transparenz in Bezug auf die Verwendung der Daten und die Möglichkeit, Einwilligungen zu erteilen oder zu widerrufen.

Darüber hinaus müssen Finanzdienstleister robuste Sicherheitsmaßnahmen implementieren, um Cyberangriffe und Datenlecks zu verhindern. Dies umfasst die Verschlüsselung von Daten, die Implementierung von Mehrfaktor-Authentifizierung und regelmäßige Sicherheitsüberprüfungen. KI-Systeme können auch zur Verbesserung der Sicherheit beitragen, indem sie Anomalien und verdächtige Aktivitäten in Echtzeit erkennen und darauf reagieren.

Eine der größten Herausforderungen besteht darin, das Vertrauen der Kunden in diese neuen Technologien zu gewinnen. Viele Menschen stehen KI und automatisierten Systemen skeptisch gegenüber und bevorzugen den persönlichen Kontakt mit einem Berater. Es ist daher wichtig, dass Finanzdienstleister und Plattformen transparent über die Vorteile und Funktionsweisen von KI-Systemen informieren und deren Zuverlässigkeit und Sicherheit betonen.

Ein weiteres Hindernis ist die Notwendigkeit einer kontinuierlichen Weiterentwicklung und Anpassung der KI-Systeme. Die Finanzmärkte und die Bedürfnisse der Kunden ändern sich ständig, und die KI-Systeme müssen in der Lage sein, sich diesen Veränderungen anzupassen. Dies erfordert eine kontinuierliche Überwachung und Aktualisierung der Algorithmen sowie die Integration neuer Datenquellen und Technologien.

In diesem Zusammenhang sollte darauf hingewiesen werden, dass es ein erhebliches **Standardisierungspotenzial** gibt, dass die KI ermöglicht. Kunden geringen Veränderungswünschen und geringeren Volumina beim Portfolio (Ziel: Alterssicherung) können auf die Standards (ETFs, Rentenpapiere, vielleicht noch andere Assets wie Krypto) zurückgreifen und das Portfolio wird gemäß dem gegebenen Präferenzen nachgesteuert, ohne auf kurzfristige Gewinne aus zu sein.

An dieser Stelle rücken die oben genannten **Exchange Traded Funds (ETFs)** in den Fokus. ETFs haben sich in den letzten Jahren enorm weiterentwickelt und sind zu einem der bevorzugten Anlageinstrumente geworden. Sie bieten eine unkomplizierte Möglichkeit, Kapital breit über verschiedene Sektoren, Regionen und Anlageklassen zu streuen. Genau diese Diversifikation ist es, die den Erfolg der ETFs ausmacht – die intelligente Streuung des Risikos und diese bezogen auf alle möglichen Märkte.

ETFs bilden meist die Entwicklung eines Index ab, wie beispielsweise den S&P 500 oder den MSCI World, je nachdem, wie breit der Kunde streuen will. Dadurch können Anleger in Hunderte oder gar Tausende Unternehmen investieren, ohne jedes einzelne Wertpapier kaufen zu müssen. Die Kostenersparnis im Vergleich zu aktiv gemanagten Fonds ist ein Vorteil, die die Beliebtheit von ETFs beflügelt hat.

Interessant ist auch die zunehmende Verfügbarkeit von derivativen ETFs für Privatanleger. ETFs bieten damit Privatanlegern auch eine Möglichkeit, an komplizierten Finanzprodukten teilzuhaben. Hedgefonds oder sehr wohlhabende Investoren können Banken kontaktieren, um spezielle Finanzprodukte zu erstellen, die komplizierte Auszahlungen oder Strategien abbilden (dabei auch so wichtige Instrumente wie Portfolioabsicherungen im Stile von bestimmten Optionen). Diese könnten in den strukturierten Produkten auch für Kleinanleger abgebildet werden. Neben Aktien-ETFs könnten dies sein:

- **Einige Anleihen-ETFs** dienen dazu, institutionellen Anlegern einen diversifizierten Ort zu bieten, um Anleiheportfolios zu halten. Institutionelle Anleger halten spezifische Anleihenportfolios, die sich in aggregierten Merkmalen ähneln, aber aus unterschiedlichen Anleihen bestehen. Der ETF bietet Privatanlegern ein breit diversifiziertes Engagement im Anleihenmarkt.
- **ETFs als Derivateprodukte für Privatanleger**: Einige ETFs verkaufen Derivatgeschäfte an Privatanleger. Dies ermöglicht es selbstgesteuerten Kleinanlegern, Zugang zu Strategien wie Optionshandel oder gehebelten Aktien zu erhalten. ETF-Emittenten verpacken diese Strategien in Fonds und bieten sie als handelbare Produkte an.

Bei den strukturierten Produkten sind sog. Zertifikate für Kleinanleger führend, die von Banken verkauft werden. **Zertifikate** sind strukturierte Finanzprodukte, die eine Kombination aus verschiedenen Anlageklassen wie Aktien, Anleihen, Rohstoffen oder Währungen darstellen. Sie bieten Anlegern die Möglichkeit, an der Wertentwicklung dieser Basiswerte teilzuhaben, ohne die Vermögenswerte direkt zu kaufen. Seit einiger Zeit erleben Zertifikate wieder einen Boom, da sie durch niedrige Zinsen und volatile Märkte für Anleger attraktiv geworden sind. Besonders interessant sind sie, weil sie oft maßgeschneiderte Rendite-Risiko-Profile bieten und sich gut zur Diversifikation eines Portfolios eignen, allerdings sind sie oft teurer als die oben beschriebenen ETFs.

Zertifikate bieten verschiedene Risikostrukturen, von einfachen Indexzertifikaten, die die Entwicklung eines Indexes eins zu eins abbilden, bis hin zu Hebelzertifikaten, die es ermöglichen, von Kursbewegungen überproportional zu profitieren. Beliebt sind auch Bonus- und Discountzertifikate, die durch definierte Sicherheitsbarrieren das Risiko abfedern oder einen Preisabschlag auf den Basiswert bieten, während gleichzeitig die Chance auf Erträge erhalten bleibt.

Zertifikate sind eine mögliche Grundlage für den Einsatz von KI-gestützten Bots im Portfolio-Management. Bots können durch die Analyse großer Datenmengen und aktueller Marktentwicklungen in Echtzeit Entscheidungen vorbereiten, welche Zertifikate für ein bestimmtes Anlegerprofil am besten geeignet sind. Besonders bei komplexen Produkten wie Bonus-, Discount- oder Hebelzertifikaten können Bots helfen, die optimalen Strategien zu identifizieren, indem sie Marktsignale und Risikoparameter auswerten und entsprechende Empfehlungen geben. Vor allem sollten die Bots die Anleger über die **Kosten des Produktes** aufklären helfen, weil diese Kosten die Gesamtrendite des Engagements maßgeblich beeinflussen.

Wichtig: ETFs gelten im Vergleich zu Zertifikaten als sicherer, da sie als Indexfonds aufgebaut sind und direkt in einen Korb von Aktien, Anleihen oder anderen Vermögenswerten investieren. Zertifikate hingegen sind Schuldverschreibungen, bei denen der Emittent das

Versprechen gibt, eine bestimmte Wertentwicklung nachzubilden. Das bedeutet, dass der Anleger im Falle einer Insolvenz des Emittenten ein Emittentenrisiko trägt, also das Risiko, dass der Emittent seine Zahlungsverpflichtungen nicht erfüllen kann – so wie bei Lehman Brothers 2008, deren Konkurs maßgeblich die damalige Finanzkrise auslöste. Bei ETFs besteht dieses Risiko nicht in gleicher Weise, da die Vermögenswerte des Fonds in separaten Sondervermögen gehalten werden, die im Insolvenzfall des Emittenten geschützt ist.

Da kommt die Frage auf, ob diese Entwicklung eine „**Demokratisierung des Zugangs zu Finanzen**" darstellt oder eher eine Überforderung für unerfahrene Anleger ist. Befürworter argumentieren, dass die Verfügbarkeit dieser komplexen Strategien ein lang überfälliger Schritt sei, um Kleinanlegern die gleichen Chancen zu bieten wie institutionellen Investoren. Kritiker fragen sich jedoch, ob Privatanleger wirklich wissen, worauf sie sich einlassen, insbesondere wenn sie sich nur auf Tutorials auf Plattformen wie YouTube oder auf Posts sog. Influencer bei Instagramm oder anderen sozialen Medien verlassen.

In Deutschland belässt ein Großteil der Sparer sein Vermögen auf Girokonten und Tagesgeldkonten, die kaum Zinsen abwerfen. Trotz historisch niedriger Zinsen und zunehmender Inflation lassen sich die deutschen Anleger eine enorme Vermögenssteigerung entgehen, die bei einem strategischeren Einsatz von Kapital – etwa durch Investitionen in Aktien – möglich gewesen wäre. Diese Entwicklung illustriert eine aktuelle Modellrechnung der DZ Bank, die zeigt, wie stark sich das Vermögen der Haushalte hätte entwickeln können, wenn man verstärkt auf Aktien gesetzt hätte (vgl. Stappel, 2024).

Laut der Berechnungen der DZ Bank waren im Jahr 2024 knapp 23 % des deutschen Geldvermögens in Sichteinlagen und Bargeld geparkt. Das entspricht einem Wert von fast 2,2 Billionen Euro. Neben dieser Summe entfallen weitere signifikante Anteile des privaten Geldvermögens auf Versicherungen (knapp 27 %) und sonstige Bankeinlagen (gut 13 %), während sich Investmentfonds und Rentenpapiere eher auf den hinteren Rängen befinden. Aktien, die ohnehin nur einen kleinen Teil – etwa 9 % – der privaten Geldanlagen ausmachen, wurden in den letzten Quartalen sogar tendenziell verkauft. Ein Muster, das man als verpasste Chance betrachten kann. Die Modellrechnung legt nahe, dass ein bewusster Umgang mit Kapital in Kombination mit langfristiger Aktienanlage signifikant zur Wohlstandsbildung beitragen könnte.

In diesem Kontext kommt die KI ins Spiel, die personalisierte Empfehlungen auf Basis des individuellen Risikoprofils geben und dynamische Anpassungen vornehmen. Kleinanleger können ihr Vermögen mehren, wenn sie mutiger in Aktien und Anleihen, vielleicht auch Krypto investieren.

Einfachheit und Verständlichkeit wären hierbei entscheidend, um sicherzustellen, dass die Kleinanleger die Möglichkeit haben, fundierte Anlageentscheidungen zu treffen. Die Animationen für das Verständnis komplexer Finanzinhalte werden immer ausgefeilter werden – dank KI (ChatGPT). Jeder Anleger könnte seinen eigenen Finanzbot-Assistenten haben und müsste sich nicht auf sog. Influencer in den sozialen Medien verlassen.

Ein weiterer Trend wird die zunehmende **Vernetzung verschiedener Finanzdienstleistungen** sein. Durch die Integration von Bankdienstleistungen, Versicherungen und Anlageberatungen in einzelnen Plattformen können Nutzer eine umfassende und nahtlose Betreuung ihrer Finanzen erleben. Diese Plattformen werden durch KI gesteuert und bieten eine personalisierte und ganzheitliche Betreuung, die auf den individuellen Bedürfnissen und Zielen der Nutzer basiert. Eine solche Integration kann auch die Entwicklung neuer Finanzprodukte und -dienstleistungen fördern. Beispielsweise könnten Plattformen entwickelt werden, die den Nutzern ermöglichen, ihre Versicherungen, Kredite und Investitionen in Echtzeit zu verwalten und zu optimieren. Diese Plattformen könnten auch Tools zur finanziellen Bildung bieten, die den Nutzern helfen, ihre finanzielle Kompetenz zu verbessern und fundierte Entscheidungen zu treffen. Sie können den Nutzer in die Lage versetzen, seine Finanzen für die Zukunft zu simulieren – wichtig insbesondere für größere Anschaffungen und für den Ruhestand.

Um die vorgenannten Überlegungen greifbarer zu machen, ist es sinnvoll, ein paar Fallbeispiele und Anwendungen zu betrachten. Verschiedene Finanzinstitute und Fintech-Unternehmen haben bereits begonnen, KI und Digitalisierung in ihre Dienstleistungen zu integrieren:

- **Wealthfront** ist ein führendes Fintech-Unternehmen, das digitale Vermögensverwaltungsdienste anbietet. Durch den Einsatz von Algorithmen und automatisierten Systemen bietet Wealthfront seinen Kunden maßgeschneiderte Anlagestrategien. Die Plattform analysiert die finanzielle Situation und die Anlageziele des Kunden und schlägt ein diversifiziertes Portfolio vor. Wealthfront nutzt auch Steueroptimierungsstrategien, um die Nettorendite der Kunden zu maximieren. Dieses Beispiel zeigt, wie digitale Technologien genutzt werden können, um traditionelle Finanzdienstleistungen zu verbessern und für eine breitere Kundenschicht zugänglich zu machen.
- **MyEva** ist eine digitale Plattform, die personalisierte Finanzberatung für Arbeitnehmer bietet. Durch die Integration von KI und maschinellem Lernen analysiert MyEva die finanzielle Situation der Nutzer und bietet ihnen individuelle Empfehlungen zur Altersvorsorge, Schuldenmanagement und Sparstrategien. Die Plattform arbeitet mit Arbeitgebern zusammen, um den Zugang zu finanzieller Beratung am Arbeitsplatz zu erleichtern. MyEva zeigt, wie digitale Technologien genutzt werden können, um finanzielle Bildung und Beratung für eine breite Bevölkerungsschicht zugänglich zu machen.

Die Integration von Künstlicher Intelligenz (KI) in die Finanzwelt birgt – wie gezeigt – enormes Potenzial, stößt aber oft an ihre Grenzen, wenn Menschen nicht ausreichend darauf vorbereitet werden. Ohne ein solides Verständnis der Funktionsweise und Einsatzmöglichkeiten von KI bleiben viele Tools eine Black Box, die Skepsis hervorruft und ihre Nutzung einschränkt.

Large Language Model (LLM) können nicht nur komplizierte Konzepte in einfachen Worten erklären, sondern auch eine persönliche und unmittelbare Unterstützung bieten. Ob es darum geht, grundlegende Finanzbegriffe zu verstehen, komplexe Investmentstrategien zu durchleuchten oder die Funktionsweise von KI zu erklären – diese Modelle sind jederzeit verfügbar, um Wissen zu vermitteln.

7.7 Nachhaltige Finanzierungen

Kann die Digitalisierung des Geldwesens die Investition in erwünschte, nachhaltige Projekte erleichtern? Oft fällt in diesem Zusammenhang der Begriff Impact Investing. Impact Investment verbindet finanzielle Rendite mit positiven sozialen und ökologischen Effekten. Durch Technologien wie Blockchain können Impact Investments fälschungssicher dokumentiert und nachverfolgt werden, was Vertrauen bei Investoren stärkt. Zudem ermöglichen digitale Plattformen den Zugang zu einer breiteren Investorenbasis, die gezielt in nachhaltige Projekte investieren möchten. Dies führt zu einer datengetriebenen Optimierung von Impact-Portfolios und fördert die Skalierung nachhaltiger Geschäftsmodelle.

Die Tokenisierung von Vermögenswerten ermöglicht es, reale Vermögenswerte wie Immobilien, Kunstwerke oder Rohstoffe in digitale Token zu verwandeln, die auf der Blockchain gehandelt werden können. Dies eröffnet neue Möglichkeiten für die Finanzierung nachhaltiger Projekte. Tokenisierte Vermögenswerte können leichter gehandelt und liquidiert werden, was die Flexibilität und Attraktivität solcher Investitionen erhöht.

„**Nachhaltigen Finanzierungen**" sind Finanzierungen, die darauf abzielen, positive ökologische und soziale Auswirkungen zu erzielen. Dies kann durch die Finanzierung von Projekten geschehen, die den Klimawandel bekämpfen, die Umwelt schützen oder soziale Ungleichheiten verringern. Es geht folglich um positive Auswirkungen der Projekte auf ESG – also Ökologie, soziale Verantwortung und Unternehmensführung (Environmental, Social, and Governance, ESG) (vgl. Abdel-Karim & Kollmer, 2022, S. 39 ff.).

Es gab in den Medien immer wieder Meldungen, dass Finanzdienstleister mit Hilfe dieser Ausrichtung „Greenwashing" betreiben, also die wertorientierte Motivation als Marketinginstrument für den Vertrieb genutzt wurde. Greenwashing bedeutet, ökologische und soziale Verantwortung vorzutäuschen, um das Image eines Unternehmens zu verbessern, ohne echte nachhaltige Maßnahmen umzusetzen. Finanzdienstleister haben oft Investitionen als nachhaltig vermarktet, die nicht den versprochenen Standards entsprechen.

Greenwashing untergräbt das Vertrauen der Anleger und schwächt die Akzeptanz nachhaltiger Investitionen. Es besteht die Gefahr, dass echte nachhaltige Projekte durch das Misstrauen gegenüber Greenwashing benachteiligt werden.

Was sind die wichtigsten ESG-Regulierungen?

1. Corporate Sustainability Reporting Directive (CSRD): Diese Richtlinie verlangt ab 2024 von Unternehmen erweiterte Offenlegungspflichten zu ESG-Themen. Diese Vorgaben betreffen in erster Linie große Unternehmen, aber auch Banken müssen zunehmend nachhaltigkeitsbezogene Informationen in ihren Jahresberichten veröffentlichen (vgl. European Commission, o. J. a).
2. European Sustainability Reporting Standards (ESRS): Die ESRS präzisieren die Anforderungen der CSRD und sorgen dafür, dass Nachhaltigkeitsinformationen konsistent und vergleichbar berichtet werden. Diese Standards sind ein wichtiges Instrument, um Transparenz im Markt zu schaffen (vgl. EFRAG, o. J).

3. IFRS S1 und S2: Diese internationalen Standards zielen auf die Offenlegung von Nachhaltigkeitsrisiken und -chancen ab. Sie sind insbesondere für global agierende Banken von Bedeutung, auch wenn sie in der EU weniger verpflichtend sind (vgl. IFRS, o. J.).
4. EU-Taxonomie-Verordnung: Die EU hat ein Klassifikationssystem geschaffen, das Unternehmen dazu verpflichtet, offenzulegen, wie nachhaltig ihre wirtschaftlichen Tätigkeiten sind. Dieses System hilft Banken und Investoren, die Nachhaltigkeit ihrer Investitionen und Kredite zu bewerten.

Für Banken und Unternehmen bedeutet die steigende Zahl an ESG-Regulierungen eine erhebliche Herausforderung. Die Berichterstattungspflichten sind mit hohem Aufwand verbunden, und die Integration von ESG in die Geschäftspraktiken erfordert oft tiefgreifende Veränderungen in der Unternehmensstruktur. Hinzu kommt, dass die Einhaltung dieser Richtlinien regelmäßig überprüft wird, und Verstöße zu hohen Strafen oder Imageverlusten führen können. Banken müssen ihre Investitionen, Kredite und Geschäftsstrategien zunehmend an den Nachhaltigkeitszielen der EU ausrichten.

Zur **EU-Taxonomie:** Die EU-Taxonomie ist ein Klassifikationssystem, das entwickelt wurde, um klare Definitionen und Standards für nachhaltige wirtschaftliche Aktivitäten zu schaffen. Ziel ist es, Investoren dabei zu helfen, umweltfreundliche und nachhaltige Investitionsmöglichkeiten zu identifizieren und somit den Übergang zu einer grüneren Wirtschaft zu unterstützen (vgl. hierzu auch Abdel-Karim & Kollmer, 2022 S. 44 ff.; vgl. Grunow & Zender, 2020, S. 32 ff.).

Die EU-Taxonomie schafft die Voraussetzungen für standardisierte Nachhaltigkeits-Reportings mit vorgegebenen Kennzahlen. Dies wird dazu beitragen, dass die Daten branchenübergreifend für Investoren und andere Stakeholder nutzbar und vergleichbar sind (vgl. European Commission, o. J. b; vgl. European Union, 2020).

Die EU-Taxonomie umfasst mehrere Kernprinzipien, darunter:

1. Klarheit und Vergleichbarkeit: Die Taxonomie definiert klare Kriterien, die wirtschaftliche Aktivitäten als nachhaltig klassifizieren, und ermöglicht es Investoren, diese Aktivitäten besser zu vergleichen.
2. Transparenz: Durch die Einführung von Berichts- und Offenlegungsanforderungen sorgt die Taxonomie für eine hohe Transparenz der nachhaltigen Investitionspraktiken.
3. Förderung nachhaltiger Projekte: Die Taxonomie unterstützt die Entwicklung und Umsetzung nachhaltiger Infrastrukturprojekte in der EU und stellt sicher, dass Investitionen in solche Projekte tatsächlich positive ökologische und soziale Auswirkungen haben.

Die Corporate Sustainability Reporting Directive (CSRD), die im Rahmen der EU-Taxonomie entwickelt wurde, legt eine Reihe nichtfinanzieller Kennzahlen fest, die für das Nachhaltigkeits-Reporting verpflichtend sind (vgl. European Union, 2020).

Die International Capital Market Association (ICMA) und die Climate Bond Initiative (CBI) haben Standards für die Bewertung von grünen Finanzierungen entwickelt. Diese Standards konzentrieren sich auf die Qualität, Konzeption, Management und Transparenz von Projekten, bieten jedoch keine konkrete Bewertungsmethode dafür, wie "grün" eine Finanzierung tatsächlich ist (vgl. ICMA, 2021; vgl. Climate Bonds Initiative, o. J.).

Die Europäische Union hat darauf basierend den „EU Green Bond Standard" eingeführt, um den Markt für grüne Anleihen transparenter, glaubwürdiger und effektiver zu gestalten. Green Bonds, oder grüne Anleihen, sind festverzinsliche Wertpapiere, deren Erlöse speziell für Projekte mit positiven ökologischen Auswirkungen genutzt werden. Diese Projekte umfassen typischerweise erneuerbare Energien, Energieeffizienz, sauberes Wasser, nachhaltige Abfallwirtschaft und umweltfreundlichen Transport (zu ausführlichem Material dazu vgl. European Commission, o. J. c).

Zur Sicherstellung der Nachhaltigkeit von **Green Bonds** gibt es folglich mehrere anerkannte Standards:

1. Green Bond Principles (GBP): Entwickelt von der International Capital Market Association (ICMA), bieten diese Richtlinien einen Rahmen für die Emission von Green Bonds und umfassen vier Hauptkomponenten: Verwendung der Erlöse, Projektauswahl, Verwaltung der Erlöse und Berichterstattung.
2. Climate Bond Standard (CBS): Von der Climate Bonds Initiative (CBI) entwickelt, bietet dieser Standard detaillierte Kriterien und strenge Berichterstattungsanforderungen für grüne Projekte.
3. EU Green Bond Standard: Dieser Standard zielt darauf ab, die Transparenz und Vergleichbarkeit von Green Bonds zu verbessern und steht im Einklang mit der EU-Taxonomie.

Green Bonds können wertvolle Instrumente zur Finanzierung nachhaltiger Projekte sein. Mit klaren Standards und erhöhter Transparenz können sie sowohl finanzielle als auch ökologische Vorteile bieten und zur Erreichung globaler Umweltziele beitragen. Allerdings sollten die zukünftigen Entwicklungen im Auge behalten und wissenschaftlich ausgewertet werden.

In Bezug auf diese Projekte bedeutet dies, dass klare und präzise ESG-Kriterien in den Smart Contracts formuliert werden können. Beispielsweise könnte ein Smart Contract festlegen, dass Mittel nur dann freigegeben werden, wenn bestimmte Umweltziele oder soziale Standards eingehalten wurden.

Insofern kann die Digitalisierung die Investition in erwünschte, nachhaltige Projekte erleichtern. Durch den Einsatz von Peer-to-Peer Finanzierung, Crowdfunding und DeFi sowie die Integration von Blockchain-Technologie können die Transparenz, Sicherheit und Effizienz von nachhaltigen Finanzierungen verbessert werden.

In einem dezentralen Finanzsystem können Investoren direkt mit Projektträgern interagieren, ohne dass zwischengeschaltete Institutionen erforderlich sind. Die Blockchain ermöglicht es, jede Transaktion transparent zu verfolgen, was das Vertrauen der Investoren in die Verwendung ihrer Mittel stärkt. Darüber hinaus können durch die Automatisierung von Finanzierungsprozessen über Smart Contracts die Verwaltungskosten gesenkt und die Effizienz gesteigert werden.

7.7 Nachhaltige Finanzierungen

Ein weiteres zentrales Element, das den Beitrag der Blockchain zur Nachhaltigkeit aufzeigt, ist die erhöhte Transparenz. Jede Transaktion, jede Mittelverwendung und jedes Ergebnis in Bezug auf ESG-Kriterien werden auf der Blockchain festgehalten. Diese Daten sind für alle Beteiligten zugänglich und können nicht manipuliert werden, was die Glaubwürdigkeit der Nachhaltigkeitsangaben erhöht.

Auch die Sicherheit der Daten wird durch die Blockchain verbessert. Da die Blockchain dezentralisiert ist, gibt es keinen einzelnen Angriffspunkt, der die gesamte Kette gefährden könnte. Dies schützt die Daten vor Manipulation und garantiert, dass die Informationen, auf denen Entscheidungen beruhen, authentisch und unverfälscht sind.

Um das Potenzial der Digitalisierung und Blockchain für nachhaltige Finanzierungen besser zu verstehen, lohnt es sich, einige Fallbeispiele und Best Practices zu betrachten.

Fallbeispiel: Solarenergie in Entwicklungsländern

In vielen Entwicklungsländern fehlt es an zuverlässiger Energieversorgung. Digitale Finanzierungsplattformen haben es ermöglicht, dass Investoren aus aller Welt in Solarenergieprojekte investieren können. Diese Projekte bieten nicht nur eine nachhaltige Energiequelle, sondern verbessern auch die Lebensqualität der Menschen vor Ort. Durch die Nutzung von Blockchain-Technologie können Investoren sicher sein, dass ihre Mittel effizient und transparent eingesetzt werden. So wie die Plattform Sun Exchange, die es Investoren weltweit ermöglicht, in Solarenergieprojekte zu investieren. Diese Projekte bieten nicht nur nachhaltige Energiequellen, sondern verbessern auch die Lebensqualität der lokalen Bevölkerung (vgl. Sunexchange o. J.). ◄

Fallbeispiel: Nachhaltige Landwirtschaft

Die Landwirtschaft ist ein weiterer Bereich, in dem digitale Technologien nachhaltige Finanzierungen erleichtern können. Plattformen, die Landwirte direkt mit Investoren verbinden, ermöglichen es, Kapital für nachhaltige Landwirtschaftsprojekte zu mobilisieren. Blockchain-Technologie sorgt dafür, dass die Herkunft der Produkte nachvollziehbar ist und Investoren die Nachhaltigkeit ihrer Investitionen überprüfen können. So wie TE-FOOD. TE-FOOD bietet eine End-to-End-Lebensmittelrückverfolgungslösung, die es ermöglicht, die gesamte Lieferkette von Lebensmitteln transparent zu gestalten. Durch die Integration von Blockchain-Technologie können Verbraucher und Investoren die Herkunft und den Weg von Agrarprodukten nachvollziehen, was Vertrauen in die Nachhaltigkeit der Produkte schafft (vgl. o.V., 2023). ◄

Best Practice: Grünes Crowdfunding

Ein Beispiel für grünes Crowdfunding ist die Finanzierung von Wiederaufforstungsprojekten. Investoren können kleine Beträge in Projekte investieren, die darauf abzielen, abgeholzte Flächen wieder aufzuforsten. Blockchain-basierte Plattformen gewährleisten die Transparenz und Nachverfolgbarkeit der Mittelverwendung und stellen sicher, dass die Projekte wie versprochen umgesetzt werden. Vergleichbare Projekte gibt es für Windkraftanlagen oder auch großvolumige Solarparks. Ein Beispiel für grünes Crowdfunding im Bereich der Wiederaufforstung ist Tree-Nation. Diese Plattform ermöglicht es Einzelpersonen und Unternehmen, durch kleine Beiträge Bäume zu pflanzen und somit abgeholzte Flächen wieder aufzuforsten. Tree-Nation bietet eine transparente Nachverfolgung der gepflanzten Bäume und stellt sicher, dass die Projekte ordnungsgemäß umgesetzt werden (vgl. Tree Nation, o. J.). Für großvolumige Solarparks ermöglicht WIWIN nachhaltige Investitionen in erneuerbare Energien. Die Plattform bietet Anlegern die Möglichkeit, in den Ausbau von Solarenergie zu investieren und somit einen Beitrag zur Energiewende zu leisten (vgl. Winwin, o. J.). ◄

Diese Beispiele verdeutlichen das Potenzial einer digitalisierten Finanzwirtschaft für nachhaltige Projekte. Ein zu finanzierendes Wind- oder Solarprojekt kann dann genauso ins Portfolio, wie ein ETF auf heimische Aktien oder Krypto-Token von mittelständischen Unternehmen, die ihr Geschäftsmodell gut darstellen können und Equity einsammeln. Das Ganze wird gemonitort von KI-gestützten Modellen, die es dem Anleger ermöglichen, genau zu verstehen, was sich in seinem Portfolio tut und welche Risiken und Nachhaltigkeitsaspekte damit verbunden sind.

7.8 Zusammenfassung

In diesem Kapitel geht es um das Zusammenwirken von Digitalem Geld und der digitalen Finanzlandschaft durch technologische Innovationen. Es werden die Möglichkeiten beschrieben, die sich durch Blockchain, Künstliche Intelligenz (KI), Big Data und Dezentrale Finanzen (DeFi) ergeben, um Investitionen und Finanzierungen effizienter und zugänglicher für breite Bevölkerungsschichten zu gestalten.

Peer-to-Peer (P2P) Finanzierung ist ein Schwerpunkt, bei dem Investitionen direkt zwischen Einzelpersonen ohne traditionelle Finanzinstitutionen abgewickelt werden. Digitale Plattformen, unterstützt durch KI, ermöglichen es, Kreditrisiken präziser zu bewerten und personalisierte Anlagevorschläge zu machen. Diese Technologie steigert die Effizienz und unterstützt die Diversifikation von Portfolios, während Blockchain und Smart Contracts den Investitionsprozess sicherer und transparenter machen.

Zentral ist die Rolle von DeFi (Dezentrale Finanzen). DeFi-Plattformen ermöglichen Finanztransaktionen ohne zentrale Institutionen wie Banken, was die Finanzbeziehungen stark verändern. Stablecoins, an Fiat-Währungen gekoppelte digitale Währungen, sorgen für Stabilität in einem sonst volatilen System.

Besondere Aufmerksamkeit wird den Bots und KI-gestützten Finanzassistenten gewidmet. Diese Bots übernehmen immer mehr Aufgaben im Finanzmanagement, von der Budgetplanung bis zur Portfoliosteuerung. Mithilfe von Big Data analysieren sie in Echtzeit Finanzdaten und liefern personalisierte Anlageempfehlungen, die auf die individuellen Ziele und Präferenzen der Nutzer abgestimmt sind. Hinzu kommen Portfolio- und Korrelationsanalysen, die es dem Anleger ermöglichen, einen genauen Überblick über die Leistungsfähigkeit seines Portfolios zu erhalten.

Die Einführung von Security Tokens, die reale Vermögenswerte digital abbilden, ist ebenfalls ein Meilenstein in der Finanzwelt. Durch Security Token Offerings (STOs) können Unternehmen ihre Investitionen schneller und kosteneffizienter finanzieren. Die programmierbare Natur der Smart Contracts gewährleistet die automatische Einhaltung regulatorischer Vorschriften, was den Prozess der Kapitalbeschaffung effizienter und sicherer macht.

Der Aspekt der Nachhaltigkeit ist ebenfalls im Kontext zur Digitalisierung zu sehen, insbesondere durch die zunehmende Integration von ESG-Kriterien (Umwelt, Soziales, Governance) in moderne Finanzierungsmodelle wie Crowdinvesting und DeFi, aber auch in allen anderen Finanzprodukten (vor allem Anleihen). Diese Entwicklungen fördern den Kapitalfluss in nachhaltige Projekte, indem sie Anlegern ermöglichen, gezielt in Unternehmen und Vorhaben zu investieren, die positive ökologische und soziale Auswirkungen haben. Die Blockchain-Technologie kann helfen, die Kriterien abzubilden und zu überwachen.

Literatur

Abdel-Karim, B.M., & Kollmer, F.X. (2022). *Sustainable finance*. Springer Gabler.
BaFin. (2024). Vermögensanlagen-Informationsblatt (VIB). https://www.bafin.de/DE/Aufsicht/Prospekte/Vermoegensanlagen/Vermoegensanlagen_Informationsblatt/Vermoegensanlagen_Informationsblatt_node.html. Zugegriffen am 24.04.2025.
Cashlink. (2024). Tokenization Study: Kosteneinsparungspotenzial von DLT-basierten Kapitalmarktinfrastrukturen. https://cashlink.de/de/tokenization-study/. Zugegriffen am 04.04.2025.
Chen, Y., & Bellavitis, C. (2020). Blockchain-Störung und dezentralisierte Finanzierung: Der Aufstieg dezentralisierter Geschäftsmodelle. Journal of Business Venturing Insights, 13. https://doi.org/10.1016/j.jbvi.2019.e00151
Climate Bonds Initiative. (o.J.). The climate bonds standard. https://www.climatebonds.net/standard/the-standard. Zugegriffen am 07.04.2025.
Detweiler, G. (2022). Crowdfunding for business: Best crowdfunding platforms in 2022. https://www.nav.com/blog/small-business-crowdfunding-472432. Zugegriffen am 04.04.2025.
EFRAG. (o. J.). Sustainability reporting. https://www.efrag.org/en/sustainability-reporting. Zugegriffen am 04.04.2025.
European Commission. (o. J. a). Corporate sustainability reporting. https://finance.ec.europa.eu/capital-markets-union-and-financial-markets/company-reporting-and-auditing/company-reporting/corporate-sustainability-reporting_en. Zugegriffen am 04.04.2025.
European Commission. (o. J. b). EU taxonomy for sustainable activities. https://finance.ec.europa.eu/sustainable-finance/tools-and-standards/eu-taxonomy-sustainable-activities_en. Zugegriffen am 07.04.2025.
European Commission. (o. J. c). Sustainable finance. https://finance.ec.europa.eu/sustainable-finance_en. Zugegriffen am 07.04.2025.
European Union. (2020). Verordnung (EU) 2020/852 des Europäischen Parlaments und des Rates vom 18. Juni 2020 über die Einrichtung eines Rahmens zur Erleichterung nachhaltiger Investitionen und

zur Änderung der Verordnung (EU) 2019/2088 (Text von Bedeutung für den EWR). https://eur-lex.europa.eu/legal-content/DE/TXT/?uri=CELEX%3A32020R0852. Zugegriffen am 07.04.2025.

Finextra. (2023). *The API economy in financial services: Challenges and opportunities.*

Fintech Nexus. (2017). Lending club and prosper data: 10 years in. https://www.fintechnexus.com/lending-club-prosper-data-10-years/. Zugegriffen am 04.04.2025.

Grigo, J., Hansen, P., Patz, A., & von W. V. (2020). *Decentralized Finance (DeFi) – Eine neue Fintech-Revolution? Der Blockchain-Trend erklärt.* Bitkom Bundesverband für Informationswirtschaft, Telekommunikation und neue Medien e.V.

Grunow, H.-W., & Zender, C. (2020). *Green finance.* Springer Gabler.

ICMA. (2021). Green bond principles. https://www.icmagroup.org/sustainable-finance/the-principles-guidelines-and-handbooks/green-bond-principles-gbp/. Zugegriffen am 07.04.2025.

IFRS (o.J.). International Sustainability Standards Board. https://www.ifrs.org/groups/international-sustainability-standards-board/. Zugegriffen am 04.04.2025.

Lambert, T., Liebau, D., & Roosenboom, P. (2021). Security-Token-Angebote. Small business economics. https://doi.org/10.1007/s11187-021-00539-9

Lewis, M., et al. (2020). Retrieval-augmented generation for knowledge-intensive NLP tasks. arXiv preprint arXiv:2005.11401.

MakerDAO. (2020). The sky protocol: Sky's multi-collateral Dai (MCD) system. https://makerdao.com/en/whitepaper/#sky-vaults. Zugegriffen am 04.04.2025.

Meisner, H. (2021). *Finanzwirtschaft in der Internetökonomie.* Springer Gabler.

o.V. (2023). Krypto und Agrarwirtschaft: Blockchain für eine effiziente Landwirtschaft. https://www.krypto-magazin.de/krypto-und-agrarwirtschaft-blockchain-fuer-eine-effiziente-landwirtschaft. Zugegriffen am 07.04.2025.

Riethmüller, T. (2019). § 10 Crowdfunding und Crowdinvesting – Praktische Anwendungsfragen. In F. Möslein & S. Omlor (Hrsg.), *FinTech-Handbuch: Digitalisierung, Recht, Finanzen* (S. 222–253). C.H. Beck.

Schär, F. (2020). Decentralized finance: On blockchain- and smart contract-based financial markets. *SSRN Electronic Journal,* 1–22. https://doi.org/10.2139/ssrn.3571335

Sigl, M., Bush, P., Frankovitz, N. (2024). VanEck crypto monthly recap for September 2024. https://www.vaneck.com/us/en/blogs/digital-assets/matthew-sigel-vaneck-crypto-monthly-recap-for-september-2024/. Zugegriffen am 04.04.2025.

Stappel, M. (2024). Weltspartag 2024: Was bringen mehr Aktien für den Geldvermögensaufbau? https://www.dzbank.de/content/dam/dzbank/dokumente/de/dzbank/Presse/schwerpunkt-themen/2024/Konjunktur_Weltspartag2024.pdf. Zugegriffen am 04.04.2025.

Fieberg, H., & Streich, D. (2024). Using large language models for financial advice. SSRN. https://papers.ssrn.com/sol3/papers.cfm?abstract_id=4850039

Sunexchange (o.J.). Solar made simple, risk-free. https://sunexchange.com/?utm_source=chatgpt.com. Zugegriffen am 07.04.2025.

Tree Nation. (o.J.). Wiederaufforstungsprojekte. https://tree-nation.com/de/projekte. Zugegriffen am 07.04.2025.

Wiedemann, A. (o.J.). Gegenparteirisiko. https://www.gabler-banklexikon.de/definition/gegenpartei-risiko-58194. Zugegriffen am 04.04.2025.

Winwin. (o.J.). Nachhaltig investieren mit Winwin. https://wiwin.de/. Zugegriffen am 07.04.2025.

Zetzsche, D. A., Arner, D. W., & Buckley, R. P. (2020). Decentralized finance. *Journal of Financial Regulation, 6*(2), 172–203. https://doi.org/10.1093/jfr/fjaa01

Zukünftige Finanzlandschaften

8.1 Technische Grundlagen und Bildung

Eine wichtige erste These: Wir müssen uns von hergebrachten Denkbildern und Gewohnheiten verabschieden, die die Diskussionen um die Entwicklung der Finanzmärkte prägen. Die technologische Entwicklung ist so rasant, dass womöglich wenig so bleibt, wie es ist (Disruption). Hat man diese These einmal akzeptiert, wird man für die zweite These bereit sein: Blockchain-Technologie und Künstliche Intelligenz werden die Ressourcen- und Finanzwirtschaft der Zukunft prägen, mit teilweise dramatischen Konsequenzen. Digitales Geld wird der Normalfall werden, auch wenn viele Menschen sich heute das nicht richtig vorstellen können.

Die Debatte um Künstliche Intelligenz (KI) wird oft von Warnungen vor ihren potenziellen Gefahren dominiert, wie Kontrollverlust, ethischen Bedenken und möglichen Arbeitsplatzverlusten. Diese Sorgen sind berechtigt, doch sie dürfen nicht den Blick auf die einzigartigen Chancen verstellen, die sich durch die Zusammenarbeit von menschlicher Intuition und KI bieten. Der wahre Fortschritt liegt nicht allein in der Automatisierung und Effizienzsteigerung durch KI, sondern in der intelligenten Verbindung von menschlicher Kreativität, ethischer Urteilsfähigkeit und der Datenverarbeitungsstärke der KI. Diese Kombination könnte den Schlüssel zu einer positiven und nachhaltigen wirtschaftlichen Entwicklung darstellen.

Um die Synergien voll auszuschöpfen, ist lebenslange Bildung unerlässlich – ein Grundthese, der dieses Buch folgt. In einer Welt, die sich rasant verändert und in der technologische Innovationen stetig neue Herausforderungen mit sich bringen, müssen Menschen kontinuierlich lernen und sich weiterentwickeln. Bildung endet nicht mit dem Abschluss einer formalen Ausbildung; sie ist ein fortlaufender Prozess, der es den Menschen ermöglicht, sich an neue Technologien anzupassen, ihre Potenziale zu erkennen und sie verantwortungsvoll zu nutzen – in unserem Kontext bezogen auf die Finanz- und Wirtschaftsbildung.

Ein weiterer wichtiger Aspekt ist das Online-Lernen. Plattformen wie Coursera, edX oder Udemy bieten eine Vielzahl von Kursen, die es den Menschen ermöglichen, sich in ihrem eigenen Tempo weiterzubilden. Diese Kurse decken ein breites Themenspektrum ab, von Programmierung bis hin zu Philosophie. Interaktive Lernplattformen, die auf Quizze, Spiele und Simulationen setzen, machen das Lernen dabei interessanter und effektiver.

In der zukünftigen Welt, in der die staatlichen Rentenansprüche immer mehr unter Druck geraten, müssen die Menschen ihre Vermögensbildung noch stärker in die eigenen Hände nehmen, damit sie im Alter noch auskömmlich leben können.

Wichtig ist, dass die Menschen verstehen, warum sie sich mit Finanzfragen beschäftigen müssen und wie sie Probleme angehen. Da helfen Mentoring-Programme. Mentorship-Programme sind Programme, bei denen erfahrene Fachleute als Mentoren für unerfahrene Anleger fungieren.

Adaptive Learning Technologien bieten personalisierte Lernwege, die sich an den individuellen Lernstil und Fortschritt des Nutzers anpassen. KI-gestützte Lernassistenten könnten maßgeschneiderte Lernempfehlungen geben, die auf den spezifischen Bedürfnissen und Zielen des Lernenden basieren.

Lebenslange Bildung fördert nicht nur die technische Kompetenz, sondern auch die Fähigkeit, KI kritisch zu hinterfragen und in ethisch vertretbarer Weise einzusetzen. Sie stärkt die menschliche Intuition und Kreativität, die im Zusammenspiel mit KI zu innovativen Lösungen führen kann, die sonst nicht möglich wären.

Ein weiterer zentraler Gedanke, der sich aus den bisherigen Überlegungen ergibt, ist **die zunehmende Kapital- und Energieintensität** in der Herstellung von Produkten und Dienstleistungen durch die Einbindung von Big Data und Künstlicher Intelligenz (KI). Diese Technologien verändern maßgeblich – wie gezeigt – die Art und Weise, wie Unternehmen arbeiten, indem sie Effizienzen steigern, Prozesse automatisieren und durch Datenanalysen tiefere Einblicke ermöglichen, aber sie erfordern gleichzeitig erhebliche Investitionen in Technologie, Infrastruktur und sie sind energieintensiv. Die Kapitalintensität dieser Fortschritte führt zu einer erhöhten Abhängigkeit von großen Finanzressourcen, die vor allem von den bereits wohlhabenden und mächtigen Akteuren der Wirtschaft aufgebracht werden können.

In diesem Buch, das die tiefgreifenden Veränderungen durch Technologien wie Künstliche Intelligenz (KI) und Big Data zum Thema hat, ist die Frage der Kapitalbeteiligung von vielen Menschen ein zentrales Vorhaben. Während diese Technologien die Produktion und Dienstleistungserbringung kapital- und energieintensiver machen, birgt dies das Risiko einer weiteren Konzentration von Vermögen. Um dieser Entwicklung entgegenzuwirken und die wirtschaftlichen Vorteile gerechter zu verteilen, sind Strategien erforderlich, die eine breitere Kapitalbeteiligung fördern.

8.2 KI als große Herausforderung

Nachdem in Kap. 6 die Grundlagen der KI erläutert wurden, sollen jetzt ein paar anwendungsbezogene kritische Aspekte hervorgehoben werden. Die Grundfrage, warum KI eine solch bedeutende Mega-Technologie ist und warum sie mittlerweile überall einbezogen wird, geht weit über den Hype von ChatGPT hinaus, das im November 2022 das Licht der Welt erblickte.

In der Finanzwelt gibt es bereits zahlreiche Beispiele für die Anwendung von KI, die sowohl Vorteile als auch Risiken mit sich bringen. Automatisierte Trading-Systeme nutzen KI, um blitzschnell Entscheidungen zu treffen, basierend auf riesigen Datenmengen. Diese Systeme können Marktchancen schneller erkennen als Menschen, was vorteilhaft ist. Allerdings bergen sie auch Risiken, insbesondere wenn sie auf Fehler oder Manipulationen in den Daten reagieren und große Mengen Kapital in die falschen Assets leiten. Hier zeigt sich die potenzielle Gefahr eines Kontrollverlusts, die auch Suleyman (2024) beschreibt.

Ein weiteres bedeutendes Problemfeld ist die Voreingenommenheit, die in KI-Systemen auftreten kann. Sprachmodelle wie GPT werden mit enormen Mengen an Daten aus dem Internet trainiert, die häufig Vorurteile, Stereotype oder falsche Informationen enthalten. Diese systematischen Verzerrungen werden unweigerlich auf die Modelle übertragen, was zu diskriminierenden oder unfairen Entscheidungen führen kann. In der Finanzwelt könnte dies besonders problematisch werden, wenn solche Modelle zur Bewertung von Kreditanträgen, zur Analyse von Investmentrisiken oder zur Bestimmung von Anlageempfehlungen verwendet werden. Ein System, das unbewusst rassistische oder geschlechtsbezogene Vorurteile integriert, könnte bestimmte Bevölkerungsgruppen benachteiligen, was erhebliche ethische und regulatorische Fragen aufwirft.

Um diese Risiken zu minimieren, ist es entscheidend, dass Unternehmen und Regulierungsbehörden eng zusammenarbeiten, um Standards zu setzen, die den transparenten und fairen Einsatz von KI sicherstellen.

Sprachmodelle und KI-Systeme benötigen enorme Mengen an Daten, um effektiv zu funktionieren. Diese Daten sind jedoch auch ein potenzielles Ziel für Cyberkriminelle, die versuchen könnten, Finanzdaten zu manipulieren oder zu stehlen. Ein Angriff auf die Datenbasis eines Sprachmodells könnte beispielsweise dazu führen, dass ein KI-System falsche oder irreführende Informationen generiert, was im Finanzsektor katastrophale Folgen haben könnte. Es gibt bereits Beispiele, bei denen Hacker versuchten, durch gezielte Manipulation von Daten Trading-Bots zu täuschen und die Märkte zu manipulieren.

Für die Zukunft der Finanzsphäre ist es unerlässlich, robuste Sicherheitsprotokolle zu entwickeln, die sicherstellen, dass KI-Systeme nicht durch manipulierte Daten in die Irre geführt werden können. Dies beinhaltet nicht nur technische Maßnahmen, sondern auch gesetzliche Rahmenbedingungen, die klare Verantwortlichkeiten und Rechenschaftspflichten festlegen.

Sobald ein Algorithmus entwickelt ist, kann er durch die Verarbeitung großer Datenmengen und kontinuierliches Lernen schnell skaliert und verbessert werden. Dies führt zu einem Phänomen, das Suleyman (vgl. Suleyman, 2024, Kap. 7) als „Hyper-Evolution" beschreibt. Für die Finanzwelt bedeutet dies, dass KI-Systeme in der Lage sind, sich schnell an neue Marktbedingungen anzupassen und ihre Strategien zu optimieren. Allerdings stellt dies auch ein Problem dar, da Regulierungsbehörden und Entwickler Schwierigkeiten haben könnten, mit diesem rasanten Tempo Schritt zu halten.

Bleiben wir dennoch bei den eher positiven strukturellen Auswirkungen und Anwendungsmöglichkeiten der KI und gehen einen Schritt in die Zukunft, in der vernünftige Regulierung hilft, das Beste aus KI herauszuholen und sie fruchtbar einzusetzen.

8.3 Reise ins Botland

Eine Welt, in der die finanziellen Entscheidungen nicht mehr allein von Bauchgefühl oder vagen Marktprognosen oder Investmentbanken abhängen, sondern von hoch entwickelten Algorithmen, ist eine neuartige und andererseits spannende Welt, die auf die individuellen Bedürfnisse der Nutzer zugeschnitten ist. Willkommen im Botland, einer Zukunft, in der Big Data, Künstliche Intelligenz (KI) und Blockchain die treibenden Kräfte des Finanzwesens sind (vgl. Abb. 8.1).

In dieser Welt sind die altbekannten Banken oder anderen Finanzdienstleister nicht mehr die einzigen Akteure auf dem Finanzmarkt. Stattdessen agiert der Nutzer als eigenständiger Finanzakteur, unterstützt von einem Netzwerk aus intelligenten Systemen, die rund um die Uhr für ihn arbeiten (Bots) – wobei die Intensität dieser Assistenz vor allem am Vermögensumfang misst. Kleinanleger benötigen einen geringeren Support, dafür aber einen genauso zuverlässigen.

Die Bots analysieren die Märkte, passen das Portfolio in Echtzeit an und sichern das Vermögen der Nutzer gegen Risiken ab. Die Technologien, die diese Zukunft möglich machen, sind bereits heute in Entwicklung und ihre Integration in den Alltag steht kurz bevor.

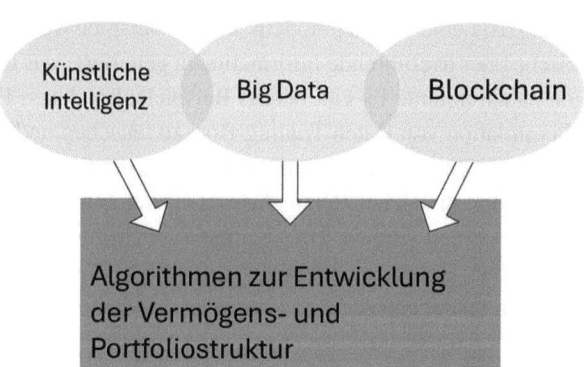

Abb. 8.1 Zusammenwirken von KI, Big Data und Blockchain. (Quelle: eigene Darstellung)

8.3 Reise ins Botland

Ein kleines Portfolio kann an der Technologie auch partizipieren – nur mit viel weniger Zeitaufwand und mit strukturierten Produkten (ETFs).

Während KI heute vor allem dazu genutzt wird, Daten zu analysieren und Muster zu erkennen, wird sie in der Zukunft eine viel aktivere Rolle übernehmen, nämlich als Agent:

1. **Personal Financial Bots**: Der Bot ist nicht nur in der Lage, die finanziellen Ziele des Nutzers zu verstehen, sondern auch, sie in den Kontext der globalen Märkte zu setzen. Er beobachtet ständig Markttrends, überprüft die Anlageentscheidungen und passt das Portfolio an, um das bestmögliche Ergebnis zu erzielen. Der Bot lernt kontinuierlich aus den Entscheidungen des Nutzers und den Ergebnissen der Märkte, um immer präzisere Empfehlungen zu geben.
2. **Emotionen berücksichtigen**: Einer der größten Vorteile der KI in der Finanzwelt ist ihre Fähigkeit, **emotionale Entscheidungen zu eliminieren**. Während menschliche Investoren oft durch Angst oder Gier beeinflusst werden, agieren KIs rational und datengetrieben. Dies minimiert das Risiko von Fehlentscheidungen und sichert die potenziellen Gewinne ab.
3. **Automatisierte Altersvorsorge**: In dieser Zukunft übernimmt die KI auch die Planung der Altersvorsorge der Nutzer. Anstatt einen festen Betrag in einen Fonds oder eine Rentenversicherung einzuzahlen, investiert die KI die Finanzmittel in ein dynamisches Portfolio, das auf die individuellen Bedürfnisse und Lebensumstände der Anleger abgestimmt ist. Das Portfolio enthält ggf. auch die oben genannten ETFs für eine möglichst breite Marktabdeckung. Die KI überwacht kontinuierlich die Performance der Investitionen und nimmt bei Bedarf Anpassungen vor, um sicherzustellen, dass der Nutzer im Ruhestand finanziell abgesichert bist. In diesem Portfolio wird auch Krypto nicht fehlen.

Die Blockchain-Technologie ist die notwendige technische Ergänzung in dieser Zukunftsvision. Sie ist das Rückgrat, das die Sicherheit und Transparenz in der neuen Finanzwelt gewährleistet:

1. **Vertrauen und Sicherheit durch Dezentralisierung**: In der Welt von Botland basiert das gesamte Finanzsystem auf der Blockchain-Technologie. Jede Transaktion, sei es ein Kauf, eine Investition oder eine Überweisung, wird in einer dezentralen Datenbank gespeichert, die nicht manipuliert werden kann. Diese Transparenz schafft Vertrauen, denn der Nutzer weiß, dass seine Daten sicher sind und nicht von zentralen Autoritäten kontrolliert werden können.
2. **Smart Contracts**: Die Nutzung von Smart Contracts ist in dieser Welt allgegenwärtig. Diese selbstausführenden Verträge werden direkt auf der Blockchain gespeichert und automatisch ausgeführt, sobald die festgelegten Bedingungen erfüllt sind. Ob der Nutzer ein Haus kauft, eine Versicherung abschließt oder in ein neues Unternehmen investiert – Smart Contracts sorgen dafür, dass alles ohne Mittelsmänner abläuft. Das spart nicht nur Zeit, sondern auch Kosten.

3. **Tokenisierung von Vermögenswerten**: Ein bedeutender Aspekt der Blockchain bildet in dieser Zukunft die Tokenisierung von Vermögenswerten ab, wie in Kap. 5 dargelegt. Das bedeutet, dass physische und immaterielle Güter – von Immobilien über Kunstwerke bis hin zu geistigem Eigentum – in digitale Tokens umgewandelt werden, die auf der Blockchain gehandelt werden können. Dies eröffnet völlig neue Möglichkeiten für Investitionen und Besitzrechte, da selbst kleine Anteile an großen Vermögenswerten erworben und gehandelt werden können und das Portfolio abgerundet werden kann. Hier werden Korrelationsmatrizen genutzt, die der Bot bereitstellt und interpretiert und dementsprechend in Aktionen umsetzt.

Eine Korrelationsmatrix ist eine Tabelle, die zeigt, wie stark verschiedene Variablen zusammenhängen. Sie hilft, Beziehungen zwischen Variablen schnell zu erkennen: Bewegen sich zwei Variablen gemeinsam, haben sie eine positive Korrelation, bei entgegengesetzter Bewegung eine negative. Bei Aktien zeigt eine Korrelationsmatrix, wie sich verschiedene Aktien oder Märkte im Verhältnis zueinander verhalten. Eine positive Korrelation bedeutet, dass sie tendenziell gemeinsam steigen oder fallen, während eine negative Korrelation zeigt, dass sie sich oft entgegengesetzt entwickeln. Dies ist wichtig für die Portfolio-Diversifikation: Durch das Kombinieren von weniger stark korrelierten Aktien kann das Risiko reduziert werden, da nicht alle Investments gleichzeitig schwanken.

In Botland ist Wissen Macht – und das Wissen stammt aus Daten. Business Intelligence (BI) und Big Data sind die Technologien, die helfen, diese Datenmengen zu sammeln, zu analysieren und in werthaltige Informationen zu verwandeln:

1. Datengetriebene Entscheidungen: Jede Entscheidung, die in dieser Zukunft getroffen wird, basiert auf umfassenden Datenanalysen. Die Einkäufe, die Investitionen, die Vermögensanlage, ja sogar die alltäglichen Ausgaben werden bei Bedarf von diesen Systemen überwacht, die auch detaillierte Berichte und Prognosen liefern. Diese Systeme sind in der Lage, Muster und Trends zu erkennen, die für den menschlichen Verstand unsichtbar bleiben. Dadurch kann der Nutzer Entscheidungen treffen, die auf den besten verfügbaren Informationen basieren.
2. Proaktives Risikomanagement: KI und Big Data in Botland gehen über bloße Analysen hinaus – sie sind proaktiv. Die BI-Systeme identifizieren mit Hilfe von KI potenzielle Risiken frühzeitig und schlagen Maßnahmen vor, um diese zu minimieren. Sie prognostizieren Marktveränderungen, bevor sie eintreten, und helfen, das Portfolio so anzupassen, dass der Nutzer von positiven Entwicklungen profitiert und negative Einflüsse minimiert werden.
3. Individuelle Finanzplanung: Die Finanzplanung wird in dieser Zukunft maßgeschneidert. Anstatt auf generische Ratschläge zu setzen, analysiert KI mit Hilfe von Big Data die spezifische Situation des Nutzers und entwickelt eine personalisierte Strategie. Diese Strategie berücksichtigt die langfristigen Ziele des Anlegers, seine aktuellen Bedürfnisse und seine Risikobereitschaft. So wird sichergestellt, dass seine Finanzen immer optimal auf deine Lebensumstände abgestimmt sind.

Es ist bekannt, dass rund 80 bis 90 % des gesamten Datenvolumens im Netz ein „Rauschen" ist, das für die Anwendung von wertbestimmenden Algorithmen nicht hilfreich sein kann. Viele vermeintlich hilfsbereite Influencer auf Youtube oder Instagramm sind Teile dieses Rauschens. Ohne eine klare Filterung und Gewichtung können die Daten nicht richtig genutzt werden – eine wesentliche Aufgabe der KI.

Eine der bemerkenswertesten Auswirkungen von KI in dieser Zukunft ist die Demokratisierung des Vermögensaufbaus. Während früher umfangreiche Finanzkenntnisse und viel Kapital notwendig waren, um erfolgreich zu investieren, können in Botland Menschen jeder Einkommensklasse von den gleichen Chancen profitieren.

In Botland ist das **Konzept des Sparens** nicht mehr auf traditionelle Sparkonten beschränkt. Stattdessen werden Ersparnisse automatisch in diverse Anlageklassen investiert, die auf die persönlichen Ziele der Nutzer und die aktuelle Marktlage abgestimmt sind. Die KI-basierte Finanzsoftware analysiert fortlaufend, welche Investitionen das beste Verhältnis von Sicherheit und Rendite gemäß dem Risikoprofil des Anlegers bieten, und passt die Strategie entsprechend an:

1. Globale Reichweite: Dank der Blockchain-Technologie sind Transaktionen nicht mehr an nationale Grenzen gebunden. Menschen in Entwicklungsländern oder Regionen ohne ausreichende Bankeninfrastruktur können durch einfache mobile Anwendungen auf den globalen Finanzmarkt zugreifen. Dadurch wird es möglich, dass auch diejenigen, die bisher von traditionellen Finanzsystemen ausgeschlossen waren, am Wirtschaftswachstum teilhaben und Vermögen aufbauen können.
2. Mikroinvestitionen und Crowdfunding: In Botland kann jeder mit geringen Beträgen in Projekte investieren, die ihm wichtig sind. Die Tokenisierung von Vermögenswerten und die ermöglicht es jedem, unabhängig von der Höhe seines Einkommens, an profitablen Projekten teilzunehmen. Plattformen für Crowdfunding und Mikroinvestitionen werden durch KI gesteuert.

Die Entscheidungsmacht, die in den Händen von KI-Systemen liegt, wirft Fragen zur Verantwortlichkeit und Transparenz auf. Wer trägt die Verantwortung, wenn ein KI-System eine Fehlentscheidung trifft? Wie kann sichergestellt werden, dass diese Systeme fair und ohne Vorurteile agieren? In Botland müssen daher strenge ethische Standards und Aufsichtsmechanismen etabliert werden, um zu gewährleisten, dass KI im besten Interesse der Nutzer arbeitet. In Botland sind alle Algorithmen und Systeme so konzipiert, dass sie verantwortungsbewusst handeln und die besten Interessen der Nutzer im Blick behalten. Es gibt strenge Regulierungen und Überwachungsmechanismen, die dazu führen, dass die KI nicht nur effizient, sondern auch fair und transparent arbeitet. Das Zusammenwirken zwischen den KI-Anbietern und den Regulierern muss aufeinander abgestimmt sein. Dieser Teil der Entwicklung dürfte mit der schwierigste werden, weil auch Interessen berührt werden – mächtige Interessen. Der mögliche Wegfall von Intermediären könnte die Lobby dieser Spieler auf den Plan rufen, hier Steine in den Weg zu legen (zum Thema „Kritischer Umgang mit KI" vgl. Suleyman, 2024).

Die riesigen Mengen an Informationen, die in Botland gesammelt und verarbeitet werden, müssen vor Missbrauch und Cyberangriffen geschützt werden. Hier sind starke Verschlüsselungstechnologien und dezentrale Netzwerke gefragt, aber auch strenge Regulierungen und Kontrollen sind unerlässlich, um das Vertrauen der Nutzer zu gewährleisten.

Während die Automatisierung viele Vorteile bietet, besteht auch die Gefahr, dass sie die menschliche Entscheidungsfindung verdrängt. Es ist wichtig, dass die Menschen in Botland nicht zu passiven Konsumenten der von Maschinen getroffenen Entscheidungen werden. Die Balance zwischen Automatisierung und menschlichem Eingreifen muss sorgfältig gewahrt werden, damit die Nutzer weiterhin die Kontrolle über ihre finanziellen Entscheidungen behalten: letztendlich muss der Mensch immer das letzte Wort haben und wichtige Entscheidungen beeinflussen können.

Die Transformation, die Botland verkörpert, geht weit über das Finanzwesen hinaus. Sie stellt einen entscheidenden Schritt in der Entwicklung der Menschheit dar, bei der Technologie nicht nur als Werkzeug, sondern als integraler Bestandteil des Lebens und der Gesellschaft fungiert. KI, Blockchain und Big Data sind nicht einfach nur Innovationen – sie sind die Grundpfeiler einer neuen Ära, die das Potenzial hat, Wohlstand und Chancengleichheit auf eine Weise zu fördern, wie es bisher nicht möglich war.

Es gibt bereits **Beispiele von KI-Bots**, die eigenständig Krypto-Wallets steuern können. Ein herausragendes Beispiel für diese Integration bietet die Nutzung von Coinbase MPC Wallets (vgl. o.V. o. J.). Diese Multi-Party Computation (MPC)-basierte Lösung stellt eine leistungsstarke und sichere Methode dar, um KI-Agenten mit Krypto-Wallets auszustatten.

Eine Multi-Party Computation (MPC)-basierte Lösung ermöglicht es mehreren Parteien, Berechnungen durchzuführen, ohne ihre privaten Daten offenzulegen, indem sensible Informationen in verschlüsselte Teile (Shares) aufgeteilt werden. Im Kryptobereich wird MPC häufig für sicheres Schlüsselmanagement, Transaktionssignaturen und den Schutz sensibler Daten eingesetzt.

Dabei wird nicht nur die Sicherheit der durchgeführten Operationen gewährleistet, sondern auch die Möglichkeit eröffnet, Werte direkt an KI-Agenten zu übertragen. Diese Agenten können komplexe Finanztransaktionen automatisieren, die für Menschen in großem Maßstab zeitaufwändig wären und damit eine neue Dimension der Skalierbarkeit erreichen.

Ein praktisches Beispiel für die Implementierung dieser Technologien findet sich im Base Sepolia Netzwerk (für ein Beispiel mit Hilfe des Sepolia Netzwerkes aus dem Bereich Tokenerstellung mittels Smart Contracts vgl. Kap. 10), das als Testumgebung dient, um das Senden von Kryptowährungen von einem KI-Agenten an einen Benutzer zu demonstrieren. Dadurch können Entwickler Krypto-Wallets für KI-Agenten erstellen, diese mit Kryptowährung aufladen, Zahlungen an Endbenutzer durchführen und die Wallet-Salden in Echtzeit überwachen. Diese Funktionalitäten lassen sich problemlos skalieren und bieten eine nahtlose Integration in bestehende Anwendungen.

Die Kombination aus MPC-Technologie und Krypto-Integration macht es möglich, die Sicherheit und Effizienz von KI-gestützten Finanzoperationen erheblich zu verbessern.

8.4 Cockpitsteuerung für jeden

Die Technologien, die Bitcoin und andere Kryptowährungen möglich machen – Blockchain, KI, Big Data – sind hochkomplex. Sie sind nicht einfach zu verstehen oder zu nutzen. Ein tieferes Verständnis dieser Technologien ist notwendig, um ihre Vorteile voll auszuschöpfen und ihre Risiken zu minimieren.

Zu beachten sind insbesondere psychologische Faktoren, die wir in Kap. 4 und Kap. 5 thematisiert hatten. Die **Behavioral Finance** geht davon aus dass Investoren oft irrational handeln. Emotionen wie Angst und Gier, sowie kognitive Verzerrungen wie Überoptimismus, können zu schlechten Entscheidungen führen. Dies ist besonders in einem so volatilen Markt wie dem Krypto-Markt gefährlich.

Eine KI könnte über ein Entscheidungs-Cockpit unverzerrte Analysen und Entscheidungsempfehlungen geben.

Wenn über Hilfen zum Vermögensaufbau gesprochen wird, die Technologien wie Blockchain, KI und Big Data bieten können, dann geht die Perspektive über die Finanzmärkte hinaus:

1. Ressourcensteuerung und smarte Investitionen: In der modernen Wirtschaft wird der Erfolg zunehmend davon bestimmt, wie gut Ressourcen – insbesondere Informationen – gesteuert werden. Das bedeutet, dass gut informierte Investoren bessere Entscheidungen treffen können, die zu höheren Renditen führen.
2. Digitalisierung und Disruption: Die Digitalisierung verändert die Spielregeln der Wirtschaft. Unternehmen müssen schneller reagieren, flexibler sein und sich kontinuierlich anpassen. Für Investoren bedeutet dies, dass sich Chancen und Risiken schneller verändern als je zuvor. Wer diese Dynamik versteht und nutzt, kann davon profitieren. Statische Regelungsprozesse, wie sie oft noch bei öffentlichen Stellen vorherrschen, werden das Nachsehen haben.
3. Blockchain als transformative Technologie: Die Blockchain-Technologie hat das Potenzial, ganze Branchen zu verändern, indem sie Transparenz, Sicherheit und Dezentralisierung in bisher ungeahntem Ausmaß ermöglicht. Diese Technologie kann nicht nur die Finanzwelt verändern, sondern auch in Bereichen wie Logistik, Gesundheitswesen und öffentlicher Verwaltung neue Wege ebnen.

In dem Cockpit in Abb. 8.2 muss der Anleger auf grafisch Ansprechende Weise einen Überblick über sein Portfolio mit den maßgeblichen Einflussfaktoren bekommen.

Diese Skizze ist kein Abbild des Cockpits, sondern eine visuelle Stütze. Ein reales Cockpit ist komplexer und mehrdimensionaler, gespeist durch eine KI-API und eine Excelanwendung. In einem realen Cockpit öffnen sich beim Klicken auf die Schlagwörter neue Felder und Informations- und Entscheidungsareale.

Das Cockpit-Dashboard ist so konzipiert, dass es eine übersichtliche und benutzerfreundliche Darstellung der wichtigsten Finanzinformationen bietet. Im oberen Bereich

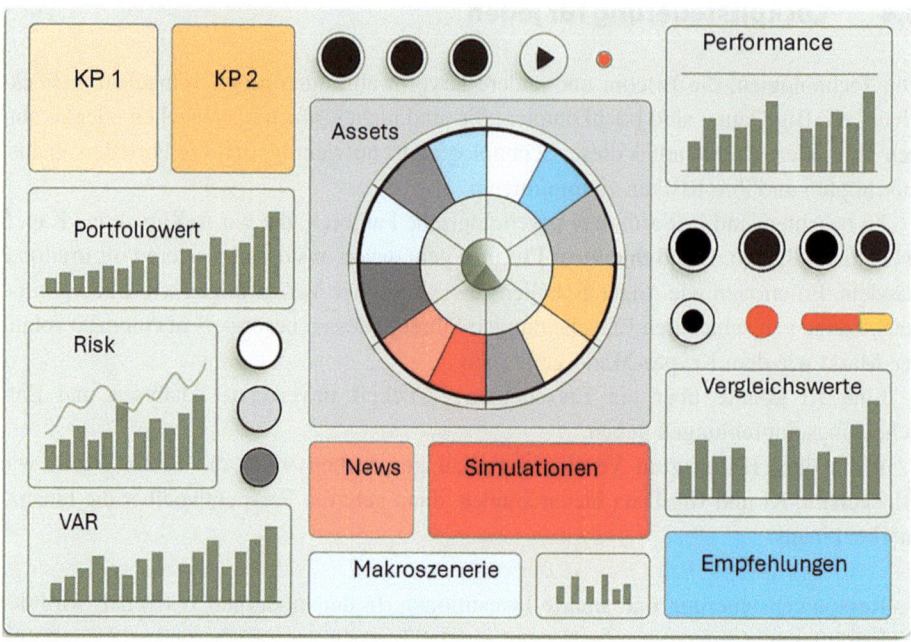

Abb. 8.2 Entwurf für ein Cockpit. (Quelle: eigene Darstellung)

des Dashboards befindet sich die Startseite, die als zentrale Übersicht dient. Hier werden die wichtigsten Kennzahlen (Key Performance Indicators, KPIs) zusammengefasst, wie der Gesamtwert des Portfolios, die tägliche Performance, die Monatsrendite und die Gesamtrendite (ROI) in einem Jahr. Diese KPIs sollten in einer Reihe angezeigt werden, begleitet von leicht verständlichen Symbolen, wie einem Pfeil nach oben für positive Renditen. Die Zahlen sind farbcodiert: Grün für positive Werte und Rot für negative. Diese Informationen sind groß und prominent dargestellt, um sofort ins Auge zu fallen. Wichtig ist auch, dass das Cockpit eine Sprachsteuerung enthält, damit die Usability erleichtert wird und das Potenzial der LLMs ausgeschöpft wird.

Zentral im Dashboard befindet sich die Portfoliostruktur, visualisiert durch ein Kreisdiagramm. Dieses Diagramm zeigt die Verteilung des Portfolios nach verschiedenen Anlageklassen, wie Aktien (bzw. ETFs), Anleihen, Immobilien, Kryptowährungen und alternativen Investments. Die Segmente des Diagramms sind farblich unterschiedlich und deutlich beschriftet, wobei jedes Segment den prozentualen Anteil der jeweiligen Anlageklasse am Gesamtportfolio anzeigt. Zusätzliche Informationen, wie der aktuelle Wert oder historische Renditen, könnten durch einen Mouseover-Effekt eingeblendet werden.

Auf der linken unteren Seite des Dashboards befindet sich die Risikomanagement-Heatmap (Heatmap als Themenkarte), die die Risikoverteilung im Portfolio anzeigt. Diese Heatmap verwendet eine Farbskala von Grün für geringes Risiko bis Rot für hohes Risiko. Jedes Portfolioelement wird als Rechteck oder Quadrat dargestellt, dessen Farbe die Höhe

8.4 Cockpitsteuerung für jeden

des Risikos widerspiegelt. Zusätzliche Details, wie die Volatilität oder Value-at-Risk (VaR), können durch Anklicken der einzelnen Elemente abgerufen werden.

Auf der rechten Seite des Dashboards ist das Leistungsdiagramm positioniert, das die historische Performance des Portfolios zeigt. Dieses Diagramm ist interaktiv und ermöglicht es dem Nutzer, verschiedene Zeiträume auszuwählen, wie einen Monat, sechs Monate oder ein Jahr. Es können auch Vergleichsmaßstäbe, wie der S&P 500, hinzugefügt werden. Datenpunkte könnten hervorgehoben werden, wenn der Nutzer mit der Maus darüberfährt, um detaillierte Informationen zu den Renditen in einem bestimmten Zeitraum anzuzeigen.

Ebenfalls auf der rechten unteren Seite befindet sich das Empfehlungspanel, eine interaktive Leiste, die automatisierte Investitionsempfehlungen auf Basis der aktuellen Marktbedingungen und der Ziele des Nutzers bietet. Jede Empfehlung ist mit einem Symbol, wie einem Pfeil nach oben für Kaufempfehlungen, und einer kurzen Beschreibung versehen. Die Empfehlungen können nach Priorität sortiert sein, und bei Klick darauf öffnet sich eine detaillierte Analyse oder ein Handlungsvorschlag.

Am mittleren linken Rand des Dashboards befindet sich die Benachrichtigungsleiste, die wichtige Alerts und Benachrichtigungen über Marktveränderungen oder spezifische Portfolioereignisse anzeigt. Diese horizontale Leiste enthält einfache, einprägsame Symbole, wie ein Glockensymbol für Alerts, und kurze Texte. Die Leiste könnte kontinuierlich durchlaufen oder statische Meldungen anzeigen, die regelmäßig aktualisiert werden.

Daneben sind die Simulationswerkzeuge untergebracht, die es dem Nutzer ermöglichen, verschiedene Marktbedingungen und deren Auswirkungen auf das Portfolio zu simulieren. Diese Werkzeuge umfassen interaktive Schieberegler und Dropdown-Menüs, mit denen Szenarien wie Zinserhöhungen, Wirtschaftskrisen oder Währungsbewegungen durchgespielt werden können. Die Auswirkungen dieser Szenarien werden sofort in den Performance- und Risikografen dargestellt. Diese Werkzeuge sollten benutzerfreundlich und intuitiv gestaltet sein, mit klaren Visualisierungen, die die Ergebnisse der Simulationen zeigen.

Interaktive Elemente sollten überall dort integriert werden, wo zusätzliche Informationen durch Mouseover-Effekte, Klicks oder Schieberegler bereitgestellt werden können. Das Layout sollte intuitiv sein, mit klaren Navigationsmöglichkeiten und einem logischen Fluss, der es dem Nutzer ermöglicht, sich schnell zurechtzufinden und die Informationen zu erhalten, die er benötigt.

Neben den grundlegenden Funktionen – Portfoliozusammensetzung, Zeitstrahlen, Vermögensüberblick – kann ein modernes Finanzcockpit auch fortgeschrittene Analysetools bieten, die dem Anleger tiefere Einblicke in sein Portfolio ermöglichen. Diese Tools könnten beispielsweise Sentiment-Analysen umfassen, bei denen die Stimmung in den Märkten oder in sozialen Medien in Bezug auf bestimmte Anlageklassen oder einzelne Titel erfasst und ausgewertet wird. Solche Analysen könnten helfen, frühzeitig Trends zu erkennen und das Portfolio entsprechend anzupassen.

Benchmarking-Tools könnten auch historische Vergleiche ermöglichen, bei denen die Performance des Portfolios über verschiedene Zeiträume hinweg analysiert wird. Dies würde es dem Anleger ermöglichen, langfristige Trends zu erkennen und zu bewerten, ob die getroffenen Investitionsentscheidungen den gewünschten Erfolg gebracht haben.

In der heutigen digitalen Welt ist die Integration von **Kommunikationskanälen** in das Cockpit eine nahe liegende Lösung. Diese könnten es dem Anleger ermöglichen, direkt mit Beratern, Analysten oder anderen Nutzern in Kontakt zu treten. Ein integriertes Nachrichtensystem oder eine Chat-Funktion könnte Diskussionen über Markttrends, individuelle Anlagestrategien oder spezifische Investitionen erleichtern.

Ein weiterer Vorteil eines solchen Systems wäre die Möglichkeit, automatisch generierte Berichte oder Empfehlungen direkt im Cockpit zu teilen und gemeinsam zu diskutieren. Dies fördert die Zusammenarbeit und den Austausch von Wissen, was besonders in komplexen Marktsituationen von großem Nutzen sein kann.

Ein entscheidendes Merkmal für die Effektivität eines Cockpits sind die **Benachrichtigungssysteme**, die den Anleger über wichtige Ereignisse informieren. Diese könnten individuell angepasst werden, um den Anleger bei bestimmten Kursbewegungen, Nachrichtenereignissen oder Erreichen von festgelegten Zielen zu benachrichtigen.

Ein solches Alarmsystem könnte in verschiedenen Formen bereitgestellt werden, wie zum Beispiel durch Push-Benachrichtigungen, E-Mail-Alerts o. ä. Diese Flexibilität stellt sicher, dass der Anleger immer auf dem Laufenden bleibt und schnell auf wichtige Veränderungen reagieren kann.

Weitere Bausteine, die ein modernes Cockpit bereichern, sind **Gamification-Elemente**. Durch die Einführung von spielerischen Elementen kann die Nutzung des Cockpits nicht nur angenehmer, sondern auch motivierender gestaltet werden. Beispielsweise könnten Anleger durch das Erreichen bestimmter Ziele wie das Einhalten einer Anlagestrategie, die Reduzierung von Risiken oder das Erreichen einer bestimmten Rendite „Belohnungen" in Form von Abzeichen oder Fortschrittsbalken erhalten.

Diese Gamification-Elemente könnten auch dazu beitragen, das Engagement der Nutzer zu erhöhen, indem sie dazu ermutigt werden, das Cockpit regelmäßig zu nutzen und sich intensiver mit ihren Finanzen auseinanderzusetzen. Zudem könnte eine Community-Funktion integriert werden, in der Anleger ihre Erfolge teilen und voneinander lernen können.

Das Cockpit der Zukunft wird voraussichtlich auch Vorhersagemodelle in einem bestimmten Umfang beinhalten. Diese Funktionen könnten dem Anleger helfen, fundierte Entscheidungen auf der Grundlage von umfangreichen Datenanalysen und maschinellem Lernen zu treffen. Vorhersagemodelle könnten Trends aufzeigen, bevor sie sich auf dem Markt manifestieren, während KI-gesteuerte Systeme Empfehlungen geben, die speziell auf die individuelle Situation des Anlegers zugeschnitten sind. Eine Watchlist könnte so technologisch stark aufgewertet werden.

Diese auf die Zukunft gerichteten Funktionen ermöglichen es dem Anleger, proaktiv auf Veränderungen im Markt zu reagieren und strategisch neue Chancen wahrzunehmen. Dies könnte durch interaktive Diagramme und Simulationen visualisiert werden, die es dem Anleger ermöglichen, verschiedene Szenarien zu durchspielen und deren potenzielle

8.4 Cockpitsteuerung für jeden

Auswirkungen auf sein Portfolio zu sehen. Gerade die nutzerfreundliche grafische Aufbereitung ist eines der Kernelemente eines solchen Cockpits.

Ein wesentliches Zentrum der Betrachtungen sollte im **Risikomanagement** liegen, denn das betrifft die Nutzer sehr. Um das zu vertiefen, soll eine Methode der Risikoanalyse am Beispiel des Bitcoins veranschaulicht werden.

Exkurs: Risikoeinschätzung Bitcoin
Im Folgenden soll ein Beispiel für eine Simulationsumgebung für eine Risikobetrachtung vorgestellt werden (siehe hierzu Gleißner & Wolfrum, 2019 und 2022). Um es überschaubar zu halten, wird auf einen Vermögenswert Bezug genommen – den Bitcoin. Da der Bitcoin sehr volatil ist, ist er somit eine Herausforderung für das Risikomanagement.

Um die Frage zu beantworten, ob Bitcoin tatsächlich ein Turbo für ein Portfolio sein kann, wird eine Monte Carlo Simulation durchgeführt. Diese Simulation modelliert tausende mögliche Szenarien für die zukünftige Preisentwicklung von Bitcoin und gibt uns eine Vorstellung davon, was wir erwarten können.

In diesem Fall wird sie verwendet, um die möglichen Preisentwicklungen von Bitcoin über einen Zeitraum von fünf Jahren zu simulieren.

Eine Monte Carlo Simulation ist eine mathematische Methode, die dazu verwendet wird, Unsicherheiten in der Zukunft zu modellieren und mögliche Ergebnisse eines Systems zu prognostizieren. Diese Technik wird häufig in der Finanzwelt eingesetzt, um Investoren eine Vorstellung davon zu geben, wie sich ein Vermögenswert in der Zukunft entwickeln könnte. Dabei geht es nicht darum, eine exakte Vorhersage zu treffen, sondern vielmehr darum, eine Bandbreite möglicher Entwicklungen aufzuzeigen und die damit verbundenen Risiken besser zu verstehen.

Der Kern der Monte Carlo Simulation besteht darin, wiederholt Zufallsexperimente durchzuführen, um eine große Anzahl von möglichen Szenarien zu erzeugen. Bei der Simulation der Bitcoin-Preisentwicklung über einen Zeitraum von fünf Jahren werden beispielsweise tausende von möglichen zukünftigen Preisverläufen modelliert. Jedes dieser Szenarien wird unter Berücksichtigung der Unsicherheiten, wie der Volatilität (Schwankungen des Preises), der durchschnittlichen erwarteten Rendite und anderer relevanter Faktoren, simuliert.

Schritte zur Durchführung der Simulation:

1. Festlegung der Anfangsbedingungen: Die Simulation beginnt mit der Festlegung des heutigen Bitcoin-Preises als Ausgangspunkt. In diesem Fall wurde der aktuelle Preis von Bitcoin als Startwert verwendet.
2. Annahmen über zukünftige Preisveränderungen: Basierend auf historischen Daten wird angenommen, dass der Bitcoin-Preis bestimmten Schwankungen unterliegt. Diese Schwankungen werden durch statistische Parameter wie die Volatilität beschrieben, die angibt, wie stark der Preis in der Vergangenheit geschwankt hat. Zusätzlich wird eine durchschnittliche Rendite angenommen, die den erwarteten jährlichen Anstieg oder Rückgang des Preises widerspiegelt.

3. Zufällige Preisänderungen simulieren: Die eigentliche Simulation besteht darin, zufällige Preisänderungen zu modellieren, die auf den zuvor festgelegten Annahmen basieren. Für jeden Zeitschritt (zum Beispiel täglich oder monatlich) wird der Preis entsprechend den Zufallsereignissen angepasst. Dieser Prozess wird für jeden der tausenden simulierten Zeitverläufe wiederholt, sodass eine Vielzahl von möglichen zukünftigen Preisentwicklungen entsteht.
4. Analyse der Ergebnisse: Nachdem alle Szenarien simuliert wurden, entsteht eine Verteilung von möglichen Endwerten des Bitcoin-Preises nach fünf Jahren. Diese Verteilung wird dann analysiert, um wichtige Kennzahlen wie den Median, das fünfte Perzentil und das 95. Perzentil zu ermitteln.

Die Monte Carlo Simulation in dieser Analyse basiert auf der empirischen Verteilung der historischen Preisänderungen von Bitcoin. Anstatt eine theoretische Verteilung wie die Normalverteilung zu verwenden, zieht die Simulation Werte direkt aus den tatsächlichen, in der Vergangenheit beobachteten Daten. Diese Methode ermöglicht es, die spezifischen Eigenschaften und Schwankungen des Bitcoin-Marktes realitätsnäher abzubilden. Die empirische Verteilung berücksichtigt extreme Preisbewegungen und die tatsächliche Volatilität, was zu einer präziseren Einschätzung der potenziellen zukünftigen Entwicklungen führt. Dadurch bietet die Simulation eine robuste Grundlage, um sowohl die Chancen als auch die Risiken einer Bitcoin-Investition besser zu verstehen.

Das Ergebnis dieser Simulation:

- Median: Der Medianwert der Simulation zeigt, dass der Bitcoin-Preis nach fünf Jahren in einem typischen Szenario deutlich höher sein könnte als der heutige Preis. Dies ist ein optimistisches Signal, das darauf hindeutet, dass Bitcoin tatsächlich erhebliches Potenzial hat, aber es ist auch wichtig, die Breite der Verteilung zu beachten.
- Fünftes Perzentil: Das fünfte Perzentil zeigt, dass in den ungünstigsten fünf Prozent der Szenarien der Bitcoin-Preis immer noch höher sein könnte als heute. Das gibt uns eine gewisse Sicherheit, dass das Abwärtsrisiko begrenzt ist.
- 95. Perzentil: In den optimistischsten Szenarien könnte der Bitcoin-Preis auf sehr hohe Werte steigen. Dies ist das Szenario, das Träume vom schnellen Reichtum befeuert. Doch diese Szenarien sind mit Vorsicht aufzunehmen.

Diese Monte Carlo Simulation bietet Anlegern eine tiefere Einsicht in die möglichen Risiken und Chancen einer Investition in Bitcoin. Anstatt sich auf eine einzige Prognose zu verlassen, bietet diese Methode eine Vielzahl von möglichen Szenarien, die eine realistischere Einschätzung der Zukunft ermöglichen. Durch das Verständnis der Verteilung der möglichen Ergebnisse können Anleger besser entscheiden, ob sie bereit sind, die mit Bitcoin verbundenen Risiken einzugehen. Anleger müssen bereit sein, auch die negativen Szenarien in Betracht zu ziehen und entsprechende Vorsichtsmaßnahmen zu treffen.

Insgesamt ermöglicht die Monte Carlo Simulation eine fundiertere Entscheidung, ob und in welchem Umfang Bitcoin in ein Portfolio aufgenommen werden sollte.

Jeder andere Vermögenswert oder auch das gesamte Portfolio können so simuliert und auf Risiken abgeschätzt werden.

Diese Simulation ist nur als Beispiel gedacht, nicht als tatsächliche werthaltige Simulation, die womöglich zu Kaufabsichten führt oder eine Beratung darstellt!

Exkurs Ende
Risikomanagement ist demnach ein zentraler Aspekt der Vermögensverwaltung (vgl. zum Folgenden Gleißner & Wolfrum, 2019, S. 15 ff.). In einer Welt, in der Märkte von Volatilität, Unsicherheit und ständigen Veränderungen geprägt sind, ist die Fähigkeit, Risiken frühzeitig zu erkennen und effektiv zu steuern, von größter Bedeutung. Ein modernes Cockpit muss daher nicht nur eine übersichtliche Darstellung des Portfolios bieten, sondern auch leistungsfähige Werkzeuge zur Risikoanalyse und -bewältigung integrieren.

Das Herzstück eines effektiven **Risikomanagements** ist die Fähigkeit, potenzielle Risiken frühzeitig zu erkennen und zu analysieren. Im Cockpit könnte dies durch ein spezielles Modul geschehen, das kontinuierlich die Performance und Volatilität der verschiedenen Vermögenswerte überwacht. Durch die Anwendung von Algorithmen und Datenanalysen können Abweichungen von der Norm erkannt und als potenzielle Risikofaktoren identifiziert werden.

Diversifikation ist eine der grundlegendsten Strategien im Risikomanagement und sollte daher in einem modernen Cockpit prominent dargestellt werden. Durch die Streuung von Investitionen über verschiedene Anlageklassen, Branchen und geografische Regionen können Anleger das Gesamtrisiko ihres Portfolios erheblich reduzieren. Ein gut gestaltetes Cockpit könnte ein spezielles Diversifikations-Dashboard enthalten, das zeigt, wie gut das Portfolio diversifiziert ist und wo eventuell Ungleichgewichte bestehen.

Ganz entscheidend für das Risikomanagement ist die Durchführung von **Stresstests und Szenarioanalysen**. Diese Tools ermöglichen es dem Anleger, zu simulieren, wie sich extreme Marktbedingungen auf sein Portfolio auswirken würden. Ein gut ausgestattetes Cockpit könnte solche Tests automatisiert durchführen und die Ergebnisse in leicht verständlichen Grafiken darstellen.

Stresstests könnten beispielsweise simulieren, wie das Portfolio auf eine plötzliche Zinserhöhung, eine Finanzkrise oder einen geopolitischen Schock reagieren würde. Szenarioanalysen könnten verschiedene wirtschaftliche Entwicklungen durchspielen, wie etwa eine längere Rezession oder eine starke Inflation. Die Ergebnisse dieser Tests könnten dem Anleger zeigen, wie robust sein Portfolio gegenüber verschiedenen Risiken ist und welche Maßnahmen er ergreifen könnte, um sich besser abzusichern.

Ein modernes Cockpit sollte auch mit einem Frühwarnsystem ausgestattet sein, die den Anleger auf potenzielle Gefahren hinweisen, bevor diese zu erheblichen Verlusten führen. Solche Systeme könnten auf der Grundlage von technischen Indikatoren, makroökonomischen Daten oder Sentiment-Analysen aus sozialen Medien arbeiten.

Beispielsweise könnte ein Frühwarnsystem den Anleger informieren, wenn ein bestimmter Vermögenswert eine kritische Schwelle überschreitet, sei es aufgrund von Preisbewegungen, erhöhtem Handelsvolumen oder negativen Nachrichten. Diese Warnungen könnten durch Push-Benachrichtigungen oder E-Mail-Alerts direkt an den Anleger gesendet werden, sodass er schnell reagieren kann.

Integrierte KI-Systeme könnten auch automatisierte Risikominderungsstrategien vorschlagen. Basierend auf den Risikoprofilen der einzelnen Vermögenswerte könnte das Cockpit dem Anleger empfehlen, bestimmte Positionen zu reduzieren, Hedging-Strategien anzuwenden oder in sicherere Anlageklassen umzuschichten.

Eine Ergänzung hierzu wäre **die automatische Anpassung der Asset-Allokation**, wenn bestimmte Risikogrenzen überschritten werden. Sollte etwa der Aktienmarkt stark schwanken, könnte das System vorschlagen, einen Teil des Kapitals in weniger volatile Anlagen wie Anleihen oder Gold umzuschichten. Diese automatisierten Prozesse stellen sicher, dass das Portfolio kontinuierlich an die aktuellen Marktbedingungen angepasst wird, ohne dass der Anleger ständig eingreifen muss. Hierbei muss allerdings beachtet werden, dass der Anleger nicht in eine **Automatisierungsfalle** gerät, weil Aktien verkauft werden, die nur kurzfristig schwanken und sich der Anleger dadurch mittel- und langfristig verschlechtert. Letztendlich sollte der gut informierte Anleger diese Gefahren kennen und **immer das letzte Wort haben**. Die Kenntnis möglicher Verlustaversionen und Verzerrungsgefahren ist dabei essenziell.

Eine weitere Absicherungsmöglichkeit ist eine **Portfolioversicherung;** dies ist eine Strategie zur Absicherung eines gesamten Portfolios vor größeren Verlusten. Sie kann durch den gezielten Einsatz von Derivaten wie **Protective Puts** umgesetzt werden, um das Risiko zu steuern. Dabei wird das Portfolio so abgesichert, dass Verluste bei starken Marktschwankungen begrenzt bleiben, während das Potenzial für Gewinne weiterhin bestehen bleibt. Diese Versicherungsstrategien bieten Anlegern einen Schutzmechanismus, insbesondere in Phasen hoher Unsicherheit oder starker Volatilität am Markt.

Kurz im Einzelnen: Ein **Protective Put** ist eine Optionsstrategie, bei der der Anleger das Recht erwirbt, eine bestimmte Aktie, einen Index oder einen anderen Vermögenswert zu einem vorab festgelegten Preis (dem sogenannten Ausübungspreis) zu verkaufen. Diese Absicherung funktioniert ähnlich wie eine Versicherung.

Konkret: Für Anleger, die ein breit diversifiziertes Aktienportfolio besitzen und das Risiko starker Markteinbrüche begrenzen möchten, bieten Index-Puts eine interessante Absicherungsstrategie. Anstatt für jede einzelne Aktie Protective Puts zu erwerben – was schnell kostspielig und unübersichtlich werden kann – können Sie eine Option auf einen repräsentativen Index nutzen, wie etwa den DAX bei einem überwiegend deutschen Portfolio oder den S&P 500 bzw. MSCI World bei international diversifizierten Anlagen. Wird ein passender Ausübungs-Preis (Strike Price) gewählt, in der Regel etwa fünf bis zehn Prozent unter dem aktuellen Indexstand, dann begrenzt diese Strategie Ihr maximales Verlustpotenzial: Sinkt der Markt stark, ermöglicht Ihnen der Put, Ihre Positionen zu einem vorher festgelegten, höheren Wert zu verkaufen.

Gleichzeitig profitieren Sie von Aufwärtsbewegungen des Marktes, da die Option bei steigenden Kursen verfällt und lediglich die gezahlten Prämien als Kosten bleiben – ähnlich wie bei einer Versicherungsgebühr. Entscheidend ist dabei, nicht nur den idealen Strike-Preis, sondern auch die passende Laufzeit und die damit verbundenen Prämienkosten

8.4 Cockpitsteuerung für jeden

sorgfältig abzuwägen, um ein optimales Kosten-Nutzen-Verhältnis zu erzielen und so in volatilen Zeiten eine verlässliche Planungssicherheit für Ihr Portfolio zu erreichen.

Futures können ebenfalls zur Absicherung eines Portfolios verwendet werden, insbesondere wenn es darum geht, das Portfolio gegen negative Marktbewegungen zu schützen. Bei Futures-Kontrakten verpflichtet sich der Anleger, eine bestimmte Menge eines Vermögenswertes zu einem festgelegten Preis und Zeitpunkt in der Zukunft zu kaufen oder zu verkaufen. Dies ermöglicht es, künftige Preisschwankungen abzusichern, ohne die zugrunde liegenden Vermögenswerte direkt handeln zu müssen. Durch den Einsatz von Futures können Anleger Positionen im Aktienmarkt oder in anderen Märkten absichern, ohne ihre tatsächlichen Bestände verkaufen zu müssen. Dies kann insbesondere in Zeiten hoher Volatilität oder bei unsicheren Marktbedingungen von Vorteil sein. Allerdings sind die Preise fix und der Anleger kann nicht mehr an den Aufwärtstendenzen partizipieren, es werden aber auch keine Prämien wie bei Optionen fällig.

Beide Strategien, Protective Puts und Futures, bieten also die Möglichkeit, das Risiko gezielt zu steuern und sich gegen extreme Verluste abzusichern. Sie erlauben es, Portfolios effizient zu schützen, ohne dass der Anleger gezwungen ist, seine Positionen vollständig zu liquidieren oder die langfristige Anlagestrategie zu verändern. Durch den Einsatz solcher Derivate wird eine Art „Sicherheitsnetz" geschaffen, das bei starken Marktbewegungen greift und so zur Stabilität des Portfolios beiträgt.

Anleger haben die Möglichkeit, den Umfang der Absicherung flexibel zu steuern, indem sie die **Laufzeit**, den **Basispreis** und die **Menge der eingesetzten Derivate** an ihre individuellen Risikopräferenzen anpassen. So lässt sich der Schutzgrad des Portfolios gezielt auf die jeweilige Marktsituation ausrichten. Es ist dabei wichtig, die Kosten und potenziellen Ertragsverluste im Auge zu behalten, die durch den Einsatz von Derivaten entstehen können, um sicherzustellen, dass die Absicherung effektiv und wirtschaftlich sinnvoll bleibt. Ein einzelner Anleger wäre wahrscheinlich mit der Entwicklung und Verfolgung einer solchen Strategie überfordert, aber ein Bot kann hier gut helfen und das Vorgehen erklären.

Eine KI könnte dem Anleger im Cockpit helfen, geeignete Portfolioversicherungsstrategien zu identifizieren und maßgeschneiderte Protective Puts oder Futures vorzuschlagen, basierend auf aktuellen Marktdaten und dem individuellen Risikoprofil. Darüber hinaus könnte sie Simulationen bereitstellen, die zeigen, wie sich verschiedene Absicherungsstrategien auf das Portfolio auswirken würden – und dies auch verständlich und grafisch anspruchsvoll.

Sogenannte **Buffer-ETFs** erfreuen sich wachsender Beliebtheit bei Privatanlegern und institutionellen Investoren, da sie eine einfache und kosteneffiziente Möglichkeit bieten, Risiken zu mindern und dennoch von Marktwachstum zu profitieren (Buffer steht sinnigerweise für Schutzschild). Diese ETFs nutzen vordefinierte Optionsstrategien, um Verluste bis zu einem bestimmten Prozentsatz zu begrenzen und Gewinne bis zu einer festgelegten Obergrenze zu ermöglichen. Privatanleger profitieren von der Zugänglichkeit professioneller Absicherungsstrategien, während institutionelle Investoren wie Pensionsfonds diese ETFs zur Reduzierung der Portfoliovolatilität einsetzen. Vorteile sind unter anderem Kosteneffizienz, Liquidität und Einfachheit. Nachteile bestehen in begrenzten Gewinnmöglichkeiten und zeitlich begrenzten Pufferstrukturen. Insgesamt bieten Buffer-ETFs eine praktikable Lösung, um Risiken zu minimieren und gleichzeitig von steigenden Märkten zu profitieren.

Ein zukunftsorientiertes Risikomanagement im Cockpit sollte auch **langfristige Risiken** berücksichtigen, wie zum Beispiel Klimarisiken oder die Auswirkungen des demografischen Wandels. Ein spezielles Modul könnte hier Szenarien darstellen, die sich über mehrere Jahrzehnte erstrecken und den Anleger über mögliche langfristige Entwicklungen informieren, die seine Investitionen beeinflussen könnten.

Nachhaltigkeitsrisiken, insbesondere im Zusammenhang mit ESG-Kriterien, sollten ebenfalls prominent einbezogen werden. Das Cockpit könnte anzeigen, wie gut das Portfolio gegen ökologische und soziale Risiken abgesichert ist, und Empfehlungen geben, wie diese Risiken durch Investitionen in nachhaltigere Projekte oder Unternehmen gemindert werden können.

Durch die Integration von Erkennungssystemen, Diversifikationsanalysen, Stresstests, Frühwarnsystemen und automatisierten Risikominderungsstrategien bietet das Cockpit dem Anleger alle notwendigen Werkzeuge, um Risiken effektiv zu managen und langfristig erfolgreich zu investieren.

Es stellt sich hier die Frage, inwieweit ein solches umfangreiches Cockpit für einen Kleinanleger sinnvoll sein kann. Es ist daher wichtig, dass Cockpit auf den Nutzer auszurichten und das bedeutet für ein kleines Portfolio, entsprechende Standardisierungen (mittels ETFs u. ä.) vorzunehmen und das Risikomanagement nicht zu überfrachten und die Darstellungen zu vereinfachen. Ein solches Cockpit sähe dann überschaubarer aus, als das oben vorgestellte.

In Kap. 11 werden die technischen Details der Cockpit-Entwicklung vertieft.

8.5 Veränderte Kapitalmarktlandschaften

Die geschilderte technologische Entwicklung und die Dezentralisierung werden die Kapitalmarktlandschaften verändern. Im Mittelpunkt dieser Veränderungen stehen:

- Die Banken, die als Intermediäre eine andere Rolle bekommen werden oder deren Rolle eingeschränkt wird.
- Die Anleger und Nutzer, die die höhere Souveränität dazu nutzen, sich selbstständig am Kapitalmarkt zu bewegen.

Zumindest einige Bestandteile der Kapitalmarktanalyse werden an Bedeutung gewinnen:

- die Portfoliogestaltung
- statistische Konzepte der Korrelationsanalyse und des Risikomanagements
- Analyse von Kursentwicklungen und damit einhergehende Simulationen

8.5 Veränderte Kapitalmarktlandschaften

Um die theoretischen Grundmuster der Kapitalmarkttheorie einmal in neuem Licht zu betrachten, soll erneut auf die **Markteffizienzhypothese von Fama** eingegangen werden (vgl. Fama, 1970). Die Markteffizienzhypothese (MEH), entwickelt von Eugene Fama in den 1960er-Jahren, stellt eine der zentralen Theorien der modernen Finanzwirtschaft dar. Sie besagt, dass alle verfügbaren Informationen in den Preisen von Wertpapieren reflektiert sind. Dies bedeutet, dass es für Anleger nahezu unmöglich ist, durch den Kauf oder Verkauf von Wertpapieren überdurchschnittliche Renditen zu erzielen, da die Marktpreise die relevanten Informationen bereits vollständig berücksichtigen.

Die MEH wird in drei Formen unterschieden: die schwache, die semistarke und die starke Form. Die schwache Form besagt, dass alle historischen Preise in den aktuellen Kursen enthalten sind, sodass technische Analyse keine überdurchschnittlichen Gewinne ermöglicht. Die semistarke Form geht weiter und beinhaltet, dass alle öffentlich zugänglichen Informationen in den Preisen enthalten sind, wodurch auch die Fundamentalanalyse keine Vorteile bringt. Die starke Form schließlich postuliert, dass auch nicht-öffentliche, also Insider-Informationen, in den Preisen reflektiert sind.

Wie gezeigt wurde, werden in der heutigen Zeit die Analysewerkzeuge immer besser und die schnellere Datenverarbeitung und eine enorme Verfügbarkeit von Daten prägen dieses Analyseumfeld. Es stellt sich die Frage, inwiefern die MEH weiterhin Gültigkeit hat. Die technologische Entwicklung hat zu einer deutlichen Verbesserung der Informationsverarbeitung und -verfügbarkeit geführt, wodurch theoretisch alle Marktteilnehmer auf dieselben Informationen in nahezu Echtzeit zugreifen können. Doch hat dies auch die Effizienz der Märkte verbessert, oder könnte es gar das Gegenteil bewirken?

Einerseits unterstützen die technologischen Fortschritte die MEH, insbesondere in ihrer semistarken Form. Durch den breiten Zugang zu aktuellen Daten und deren Verarbeitung durch Algorithmen und künstliche Intelligenz (KI) wird es immer schwieriger, Informationsvorsprünge zu erzielen. Selbst komplexe Zusammenhänge und Muster, die früher nur Experten zugänglich waren, können nun von Maschinen erkannt und analysiert werden. Dies führt dazu, dass neue Informationen sehr schnell in die Marktpreise einfließen, was den Grundannahmen der MEH entspricht.

Auf der anderen Seite stellt die schiere Masse an verfügbaren Daten und die zunehmende Komplexität der Märkte eine Herausforderung dar. Die Gefahr, dass „Rauschen" – also irrelevante oder irreführende Informationen – als wertvoll interpretiert wird, wächst. Dies kann zu Fehlbewertungen und kurzfristigen Marktineffizienzen führen. Zwar kann KI helfen, relevante von irrelevanten Daten zu trennen, doch sind diese Systeme nicht unfehlbar. Hier zeigt sich, dass trotz technologischer Fortschritte menschliche Intuition und Urteilsvermögen nach wie vor wichtig bleiben. Zudem verdeutlicht die Behavioral Finance, dass die Überforderung mit Daten die Menschen zu verzerrten Wahrnehmungen und zur Anwendung von Vereinfachungsregeln führen, die weit entfernt von rationalen Vorgehensweisen sind.

Ein weiterer Aspekt ist die zunehmende Automatisierung des Handels durch Algorithmen, die auf Basis von Big Data und KI Entscheidungen treffen. Diese Systeme handeln oft in Millisekunden und können Marktbewegungen verstärken, indem sie auf dieselben

Signale reagieren. Dies führt zu neuen Formen der Marktvolatilität, die durch traditionelle Ansätze der MEH nicht vollständig erklärt werden können. Solche kurzfristigen Ineffizienzen könnten von erfahrenen Händlern ausgenutzt werden, was wiederum die Annahmen der MEH in Frage stellt.

Ein zentrales Element für die Weiterentwicklung der modernen Wirtschaft ist das **Kapital**, das als Motor für Innovationen und technologische Fortschritte dient. Während die Technologie rasant voranschreitet, führt dies zu einem wachsenden Dilemma: Viele traditionelle Arbeitsplätze werden durch Maschinen und Künstliche Intelligenz (KI) ersetzt, wodurch das Arbeitseinkommen für viele Menschen sinken könnte. In einer solchen Welt, in der immer mehr wirtschaftliche Wertschöpfung durch automatisierte Prozesse erfolgt, wird der Zugang zu Kapital – sei es in Form von Aktien, Unternehmensbeteiligungen oder anderen Vermögenswerten – immer wichtiger, um am wirtschaftlichen Erfolg teilzuhaben.

Das Problem dabei ist, dass das Eigentum an Vermögenswerten stark konzentriert ist. Eine kleine Gruppe von Investoren und Unternehmen besitzt den Großteil der Vermögenswerte, während ein großer Teil der Bevölkerung wenig Kapitalbesitz hat. Diese Ungleichheit könnte sich durch den technologischen Fortschritt weiter verschärfen, da diejenigen, die über signifikantes Kapital verfügen, weiterhin von den Erträgen der Automatisierung und der KI profitieren, während andere auf stagnierende oder sogar rückläufige Arbeitseinkommen angewiesen bleiben. Dies könnte zu einer wachsenden sozialen Kluft führen und die wirtschaftliche Ungleichheit weiter verstärken, was ein ernstes gesellschaftliches und ökonomisches Problem darstellt.

Um diesem Trend entgegenzuwirken, könnten die Strategien für eine **breitere Kapitalbeteiligung** sinnvoll sein, die in diesem Buch angesprochen wurden: Crowdinvesting, breit gestreuter Aktienbesitz (auch für Mitarbeiter) und dezentrale Vermögenssteuerung mittels KI. Nur so kann sichergestellt werden, dass die wirtschaftlichen Vorteile des technologischen Fortschritts nicht ausschließlich einer kleinen Elite zugutekommen, sondern dass sie breit in der Gesellschaft verteilt werden und die wirtschaftliche Stabilität langfristig gewahrt bleibt.

Eine Kapitalmarktanalyse müsste folglich diese Aspekte mit einbeziehen: die Menschen als Mitbesitzer von Vermögenswerten. Dabei sind die drohenden Unzulänglichkeiten durch Verzerrungen und Informationsasymmetrien zu berücksichtigen.

Eine pragmatische und sinnvolle Kapitalmarktanalyse, die darauf abzielt, die breitere Beteiligung der Bevölkerung am Kapitalmarkt zu fördern und gleichzeitig die drohenden Unzulänglichkeiten durch Verzerrungen und Informationsasymmetrien zu berücksichtigen, müsste folgende Aspekte in den Fokus rücken:

- Ein bedeutender zentraler Aspekt der Analyse wäre der **Zugang zu den Kapitalmärkten**. Hierbei wäre zu bewerten, wie leicht oder schwer es für verschiedene Bevölkerungsgruppen ist, Zugang zu Kapitalmärkten zu erlangen. Wie in diesem Kapitel angesprochen, schließt dies die Analyse der Verfügbarkeit von Finanzbildung, die Komplexität der Anlagemöglichkeiten und die Höhe der Einstiegshürden mit ein. Insbesondere müsste untersucht werden, inwiefern Technologien wie Big Data und Künst-

8.5 Veränderte Kapitalmarktlandschaften

liche Intelligenz (KI) den Zugang zu Kapitalmärkten erleichtern können. Diese Technologien haben – wie hier gezeigt – das Potenzial, den Anlegern maßgeschneiderte Anlagestrategien zu bieten und so den Zugang zu Kapitalmärkten breiter zu gestalten.
- Die Nutzung von **Crowdinvesting und dezentralen Finanzplattformen (DeFi)** wäre ein weiterer wesentlicher Lösungsansatz. Diese neuen Formen der Kapitalbeteiligung bieten Menschen, die traditionell Kapitalmarktfern sind, die Möglichkeit, sich mit kleineren Beträgen an Unternehmen zu beteiligen. Die Analyse müsste untersuchen, wie effektiv diese Plattformen sind, um die Kapitalbeteiligung breiter Bevölkerungsschichten zu fördern. Darüber hinaus wäre zu prüfen, inwiefern diese Plattformen tatsächlich zu einer gerechteren Verteilung von Kapital und Vermögenswerten beitragen.

Dezentrale Finanzsysteme (DeFi) und Kryptowährungen wurden ursprünglich als Alternative zum traditionellen Bankensystem konzipiert – als Mittel, um Menschen von den Zwängen zentraler Institutionen zu befreien. Doch zunehmend wird dieses Feld von mächtigen Akteuren vereinnahmt. Institutionelle Investoren, Hedgefonds und Konzerne wie BlackRock treten in den Kryptomarkt ein und verändern dessen ursprüngliche Dynamik.

Gleichzeitig entwickelt sich die Künstliche Intelligenz zu einem entscheidenden Werkzeug der Vermögensverwaltung. Während sie Kleinanlegern neue Analysemöglichkeiten bietet, perfektioniert sie für Superreiche die Steueroptimierung, das Risikomanagement und den Zugang zu exklusiven Anlagemöglichkeiten: insofern bleibt der technische Fortschritt immer ein zweischneidiges Schwert.

An diesem Punkt sollte über die **Rolle der Finanzintermediäre** gesprochen werden. Banken und traditionelle Finanzinstitute haben historisch gesehen eine Schlüsselfunktion bei der Steuerung des Kapitalflusses. Sie verfügen über umfangreiche Ressourcen, technologische Infrastruktur und politischen Einfluss, was ihnen eine dominante Stellung im Finanzsystem verschafft. Diese Institutionen werden Strategien zur Dezentralisierung von Kapital und zur Förderung einer breiteren Kapitalbeteiligung als Bedrohung für ihr Geschäftsmodell ansehen. Insbesondere Crowdinvesting-Plattformen, dezentrale Finanzsysteme (DeFi) und Technologien, die den direkten Zugang zu Kapitalmärkten erleichtern, könnten die traditionellen Einnahmequellen der Banken, wie Kreditvergabe und Anlageberatung, untergraben.

Eine mögliche Reaktion der Banken auf diese Bedrohung könnte darin bestehen, ihre eigene Macht zu nutzen, um **regulatorische Hürden** zu errichten oder aufrechtzuerhalten, die es neuen, disruptiven Technologien und Plattformen erschweren, Fuß zu fassen. Dies könnte in Form von Lobbyarbeit bei Regierungen und Regulierungsbehörden geschehen, um strenge Vorschriften für neue Marktteilnehmer durchzusetzen oder bestehende Vorschriften so zu interpretieren, dass sie zugunsten der traditionellen Banken ausgelegt werden. Solche Maßnahmen könnten die Entwicklung und Verbreitung von Crowdinvesting und dezentralen Finanzplattformen erheblich behindern und den Zugang zu Kapital für breite Bevölkerungsschichten einschränken.

Zudem könnten Banken versuchen, selbst in die neuen Technologien zu investieren oder diese zu übernehmen, um ihre eigene Position zu sichern und gleichzeitig die Kontrolle über den Markt zu behalten. Dies könnte dazu führen, dass die Innovationskraft der neuen Plattformen abgeschwächt wird und sie in die bestehenden Strukturen der Banken integriert werden, wodurch das ursprüngliche Ziel einer breiteren und demokratischeren Kapitalbeteiligung aus den Augen gerät.

Insgesamt besteht tatsächlich die Gefahr, dass die mächtigen Banken erhebliche Widerstände gegen Initiativen zur breiteren Kapitalbeteiligung aufbauen könnten. Um diesen potenziellen Blockaden entgegenzuwirken, wäre es notwendig, eine enge Zusammenarbeit zwischen politischen Entscheidungsträgern, Regulierungsbehörden und den neuen Marktteilnehmern zu fördern. Regulierungsrahmen sollten so gestaltet werden, dass sie Innovationen unterstützen und gleichzeitig die Stabilität des Finanzsystems gewährleisten. Weiterhin könnten Strategien entwickelt werden, die den Übergang zu einer stärker dezentralisierten Kapitalverteilung ermöglichen, ohne die Banken vollständig auszuschließen, sondern sie vielmehr als Partner in den Transformationsprozess einzubeziehen.

8.6 Web 3.0 als Ziel

Mit der Einführung von Web 3.0, der nächsten Evolutionsstufe des Internets, wird ein Paradigmenwechsel sichtbar, der bisher nur unterschwellig betrachtet wurde. Es wurde bereits betont, dass Web 3.0 ein „semantisches Web" bezeichnet und es somit ermöglicht wird, eine dezentralisierte und nutzerzentrierte Struktur zu schaffen. Die Blockchain ist das Rückgrat von Web 3.0.

Während Web 1.0, das „lesbare" Internet, durch statische Inhalte und geringe Interaktivität geprägt war, brachte Web 2.0 das „interaktive" Internet hervor. Plattformen wie Facebook, YouTube oder Twitter ermöglichten es Nutzern, Inhalte zu erstellen und miteinander zu interagieren. Diese Phase führte jedoch auch zu zentralisierten Machtstrukturen, bei denen große Plattformen über Daten und Inhalte dominierten (vgl. Kollmann, 2020, S. 133 ff.; vgl. Huang et al., 2022).

Web 3.0 hingegen strebt nach Dezentralisierung mit einer technologischen Basis aus Blockchain, semantischen Datenbanken und künstlicher Intelligenz (KI). Chris Dixon beschreibt Web 3.0 treffend als „read-write-own web", da es Nutzern nicht nur erlaubt, Inhalte zu lesen und zu erstellen, sondern ihnen auch die Kontrolle und das Eigentum über ihre Daten zurückgibt (vgl. Dixon, 2024). Diese Eigenschaft ist entscheidend, da sie die bisherigen zentralisierten Strukturen in Frage stellt und Nutzern eine neue Form der digitalen Selbstbestimmung ermöglicht (zu den Technologien vgl. Huang et al., 2022).

Die Internetökonomie hat sich in den letzten Jahrzehnten stark gewandelt. Die Blockchain-Technologie ist in dieser Entwicklung ein wesentlicher Meilenstein. Blockchain ist weit mehr als eine technische Innovation – sie ist ein Paradigmenwechsel, der die Art und Weise, wie Daten, Transaktionen und Zusammenarbeit organisiert werden, grund-

8.6 Web 3.0 als Ziel

legend verändert. Im Kontext von Web 3.0 wird Blockchain oft als „Netz der Werte" bezeichnet. Sie ermöglicht nicht nur die sichere und transparente Abwicklung von Transaktionen, sondern auch die Rückgewinnung von Gestaltungskraft und Teilhabe für Nutzer.

Blockchain bedeutet, dass keine zentrale Autorität oder Server die Kontrolle hat. Stattdessen wird die Integrität des Systems durch ein verteiltes Netzwerk von Teilnehmern gewährleistet, die Transaktionen validieren und speichern. Die Blockchain ist der Auslöser eines fundamentalen Wandels, bei dem Nutzer nicht nur Konsumenten oder Produzenten von Inhalten sind, sondern aktive Mitgestalter des Systems.

Ein herausragendes Beispiel dafür sind **Dezentrale Autonome Organisationen (DAOs)**. DAOs sind Organisationen, die durch Smart Contracts gesteuert werden und keine zentrale Führung haben. Teilnehmer können über Tokens Stimmrechte erwerben und gemeinsam Entscheidungen, beispielsweise über Investitionen oder Projekte, treffen. Diese Struktur fördert Transparenz und demokratische Teilhabe, da alle Entscheidungen öffentlich einsehbar und überprüfbar sind.

Im Gegensatz zu den einfachen Datensätzen von Web 1.0 und den vernetzten, aber oft unstrukturierten Daten von Web 2.0, ermöglicht Web 3.0 eine kontextbezogene Analyse und Verarbeitung von Daten. Technologien wie RDF (Resource Description Framework) und OWL (Ontology Web Language) ermöglichen es, Daten miteinander zu verknüpfen und in Bedeutungskontexte zu setzen. Dadurch können Maschinen nicht nur Daten verarbeiten, sondern auch deren Bedeutung „verstehen". Diese semantische Ebene macht Web 3.0 besonders leistungsstark (vgl. Rudman & Bruwer, 2015, S. 145 ff.). Sie ermöglicht beispielsweise Finanzanwendungen, die Markttrends in Echtzeit analysieren, Risiken bewerten und automatische Entscheidungen treffen können.

Ein interessantes Konzept ist der sogenannte **Digitale Zwilling**. Der digitale Zwilling ist eine der innovativsten Anwendungen von Web 3.0, die digitale und physische Welt nahtlos verbindet. Als virtuelle Kopie physischer Objekte oder Prozesse ermöglicht er in Echtzeit die Optimierung von Abläufen – von der Industrie bis zur Finanzwelt. Technologien wie Blockchain, KI und IoT (Internet oft hings) garantieren dabei Sicherheit, Datenhoheit und Interoperabilität. In der Finanzwirtschaft könnte der digitale Zwilling komplexe Systeme wie Portfolios oder Risikomodelle simulieren und optimieren. Er passt perfekt zu unserem Cockpit und kann als solches modelliert werden.

Die hier in diesem Buch analysierte **Tokenisierung** (vgl. Dixon, 2024, S. 141 ff.) ist der Treibstoff für Web 3.0. Sie ermöglicht die digitale Darstellung von physischen oder immateriellen Vermögenswerten, wie Immobilien, Kunstwerken oder geistigem Eigentum, auf der Blockchain. Fractional Ownership, also der Kauf von Anteilen an einem Vermögenswert, eröffnet neue Möglichkeiten für die Geschäftswelt.

Smart Contracts wurden in diesem Buch als bedeutender technologischer Bestandteil der Blockchain-Technologie eingeführt. Sie ermöglichen automatisierte Transaktionen, sobald vorab definierte Bedingungen erfüllt sind. Demnach schaffen diese technologischen Grundlagen von Web 3.0 nicht nur neue Rahmenbedingungen, sondern verändern auch bestehende Geschäftsmodelle und Prozesse in der Finanzwelt.

DeFi ermöglicht – wie gezeigt – die Durchführung von Finanzdienstleistungen ohne zentrale Vermittler wie Banken oder Zahlungsdienstleister. Plattformen wie Uniswap und Aave bieten Nutzern die Möglichkeit, Kryptowährungen zu tauschen, Kredite aufzunehmen oder Zinserträge zu erzielen – alles dezentral und automatisiert. Web 3.0 ergänzt DeFi um semantische Technologien und intelligente Agenten, die Prozesse noch effizienter machen. So könnten Kredite basierend auf semantischen Analysen von Blockchain-Daten automatisch genehmigt werden.

Trotz der zahlreichen Vorteile bringt Web 3.0 auch Stolpersteine mit sich. Die technologische Komplexität ist eine der größten Hürden. Die Implementierung von Blockchain, semantischen Datenbanken und intelligenten Agenten erfordert erhebliche Investitionen in Infrastruktur und Personal. Unternehmen müssen sicherstellen, dass sie über das notwendige Know-how verfügen, um diese Technologien effektiv zu nutzen.

Auch der Datenschutz bleibt eine zentrale Herausforderung. Die zunehmende Nutzung personenbezogener Daten erhöht das Risiko von Datenschutzverletzungen. Gleichzeitig müssen Unternehmen sicherstellen, dass ihre Systeme den gesetzlichen Anforderungen entsprechen. Regulierungsbehörden stehen vor der Aufgabe, neue rechtliche Rahmenbedingungen zu schaffen, die den Schutz der Nutzer gewährleisten, ohne Innovationen zu behindern.

Der AI Act ist das erste umfassende Regelwerk zur Regulierung von Künstlicher Intelligenz in der EU und verfolgt einen risikobasierten Ansatz, um Innovationen zu ermöglichen, während gleichzeitig ethische und sicherheitsrelevante Risiken minimiert werden. Er ist am 1. August 2024 in Kraft getreten.

Ein wesentlicher Grund, warum Web 3.0 bisher nicht die breite Masse erreicht hat, liegt in der Hemmschwelle vieler Menschen, diese neue Technologie zu nutzen. Blockchain, Smart Contracts oder dezentrale Anwendungen (DApps) wirken auf viele Nutzer abstrakt und fremd. Die technischen Konzepte sind oft schwer verständlich, und der Zugang zu Web-3.0-Anwendungen erfordert bisher ein gewisses Maß an technischem Wissen sowie die Bereitschaft, neue Denkweisen anzunehmen.

Während Web 2.0 durch benutzerfreundliche Oberflächen und intuitive Nutzung punktet, erscheint Web 3.0 für Laien komplex und einschüchternd. Hinzu kommt die Sorge vor Fehlern – etwa durch den Verlust von Zugangsschlüsseln oder die Unsicherheit im Umgang mit Wallets und Tokens. Um diese Probleme zu überwinden, sind benutzerfreundlichere Schnittstellen, eine klarere Kommunikation der Vorteile sowie umfassende Bildungsinitiativen notwendig. Nur so kann Web 3.0 die breite Akzeptanz finden, die es braucht, um sein volles Potenzial zu entfalten.

8.7 Zusammenfassung

In diesem Kapitel sind die tiefgreifenden Umwälzungen in der Finanzwelt durch technologische Entwicklungen, insbesondere durch den Einfluss von Blockchain-Technologie und Künstlicher Intelligenz (KI) betrachtet worden. Die zentrale These ist: Herkömmliche

8.7 Zusammenfassung

Vorstellungen über Finanzmärkte und Wirtschaft müssen überwunden werden, da die Geschwindigkeit technologischer Innovationen bestehende Strukturen auflöst und neue Normen etabliert.

Die Blockchain-Technologie wird als Fundament zukünftiger Finanzlandschaften betrachtet, die Transparenz und Dezentralisierung in ihren Bausteinen enthält. Sie ermöglicht durch die Implementierung von Smart Contracts und die Tokenisierung von Vermögenswerten eine Verbesserung des Zugangs zu Investitionen und Anlagemöglichkeiten – auch für Kleinanleger. Die Anleger gewinnen somit eine größere Autonomie über ihre Finanzentscheidungen. Im Rahmen der Einbindungsmodelle für KI wird ein Cockpit für Investoren entwickelt, das der Autonomie der Anleger Ausdruck verleiht. Der digitale Agent wird in Zukunft der Standard werden.

Während die potenziellen Vorteile von Automatisierung und datenbasierter Entscheidungsfindung offensichtlich sind, wird auch auf die Fallstricke hingewiesen. Hierzu gehören die Risiken von Verzerrungspotenzialen in KI-Modellen und die Gefahr des Kontrollverlusts, wenn sich KI-Systeme autonom entwickeln. Eine effektive Regulierung und die Entwicklung ethischer Standards sind daher unabdingbar, um sicherzustellen, dass KI im Sinne der Gesellschaft genutzt wird.

Bildung wird als Schüssel zu dieser Transformation – im gesamten Buch – beschrieben. Lebenslange Lernprozesse sind erforderlich, um den Umgang mit komplexen Technologien zu erlernen und eine nachhaltige Nutzung zu gewährleisten. Zudem wird kritisiert, dass die Kapital- und Energieintensität, der durch diese Technologien ermöglichten Prozesse steigt und Nachhaltigkeitsprobleme mit sich bringt.

Die resultierende Konzentration von Vermögen bei großen Marktakteuren birgt das Risiko einer wachsenden sozialen Ungleichheit. Als Gegenstrategie werden Ansätze wie Mitarbeiterbeteiligungsprogramme und Peer-to-Peer-Investitionsplattformen vorgestellt, die breitere Kapitalbeteiligungen auf den Weg bringen können. In der Zukunft werden viele Aufgaben durch Maschinen und KI erledigt – mit einer entsprechend höheren Kapitalintensität. Es macht keinen Sinn, diesen Effekt zu marginalisieren, er berührt das Gefüge einer Gesellschaft.

Schließlich geht das Kapitel auf die Veränderungen der Kapitalmarktlandschaften ein. Die Rolle der traditionellen Banken als Intermediäre wird neu definiert, da technologische Plattformen zunehmend direkt zwischen Anlegern und Märkten vermitteln. Es wächst die Erkenntnis, dass eine zukunftsfähige Finanzwelt nicht nur auf Technologie, sondern auch auf durchdachte ethische und regulatorische Rahmenbedingungen angewiesen ist, um die potenziellen Vorteile für alle Marktteilnehmer zugänglich zu machen.

Web 3.0 wird der neue Zustand der Internetökonomie sein und markiert die nächste Evolutionsstufe des Internets: Dezentralisierung, Datenhoheit und Interoperabilität. Basierend auf Technologien wie Blockchain, KI und semantischen Netzwerken ermöglicht es Nutzern, nicht nur Inhalte zu erstellen, sondern auch Eigentümer ihrer Daten und digitalen Werte zu sein. Anwendungen wie DeFi, Tokenisierung und der digitale Zwilling schaffen neue Märkte und optimieren Prozesse, gerade in der Finanzwelt. Trotz seiner Potenziale steht Web 3.0 vor Herausforderungen wie technischer Komplexität und regulatorischer Unsicherheit. Es ist ein Schlüsselkonzept, um das Internet gerechter, sicherer und nachhaltiger zu gestalten und physische wie digitale Welten enger zu verbinden.

Literatur

Dixon, C. (2024) *Read Write Own: Building the Next Era of the Internet.* Random House.

Fama, E. F. (1970). Efficient capital markets: A review of theory and empirical work. *The Journal of Finance, 25*(2), 383 ff.

Finlay, S. (2017). *Artificial intelligence and machine learning for business.* Lightning Source.

Gleißner, W. (2022). *Grundlagen des Risikomanagements.* Vahlen Verlag.

Gleißner, W., & Wolfrum, M. (2019). *Risikoaggregation und Monte-Carlo-Simulation.* Springer Gabler.

Huang, R., Chen, J., Wang, Y., et al. (2022). An overview of web3.0 technology: Infrastructure, applications, and popularity. https://arxiv.org/abs/2305.00427. Zugegriffen am 24.06.2025.

Kollmann, T. (2020). *Handbuch Digitale Wirtschaft.* Springer Gabler.

Mainzer, K. (2016). *Künstliche Intelligenz – Wann übernehmen die Maschinen?* Springer.

o.V. (o.J.). Welcome to wallet API. https://docs.cdp.coinbase.com/wallet-api/docs/welcome. Zugegriffen am 07.04.2025.

Rudman, R., & Bruwer, R. (2015). *Defining web 3.0: Opportunities and challenges.* Electronic Library. https://doi.org/10.1108/EL-08-2014-0140.

Suleyman, M. (2024). *The coming wave.* Springer.

9   Epilog: Die Zukunft der Finanzlandschaften – Zwischen Dezentralität, Technologie und neuer Anlegerkultur

Die Welt der Finanzwirtschaft steht an einem Wendepunkt. Während traditionelle, zentralisierte Systeme weiterhin dominieren, entstehen parallel dazu dezentrale Ökonomien, die zunehmend an Bedeutung gewinnen. Diese befinden sich zwar noch in einer Nische, profitieren jedoch von mehreren ineinandergreifenden Entwicklungen: veränderten Anlegergewohnheiten, technologischen Fortschritten und einer jungen Generation, die sowohl intrinsisch motiviert als auch technikaffin ist. Dieser Wandel könnte die Art und Weise, wie die Menschen Vermögen aufbauen, Risiken managen und Kapital einsetzen, nachhaltig verändern.

9.1   Dezentrale Ökonomien: Vom Randphänomen zur Transformation

Dezentrale Finanzsysteme (DeFi) stehen noch am Anfang ihrer Entwicklung, doch sie zeigen bereits, wie finanzielle Prozesse neu gestaltet werden können. Sie brechen mit den alten Strukturen zentralisierter Institutionen und setzen auf Offenheit, Transparenz und Partizipation.

9.1.1   Kraft der Dezentralität

- Direkter Zugang zu Finanzdienstleistungen: Im dezentralen Umfeld haben alle Menschen mit Internetzugang die Möglichkeit, Finanzdienstleistungen ohne Intermediäre zu nutzen. Dadurch werden die Hürden für Investitionen und Vermögensaufbau gesenkt.

- Demokratische Strukturen: Dezentrale Organisationen, wie DAOs (Decentralized Autonomous Organizations), zeigen, dass Kapital und Entscheidungsprozesse auf viele Schultern verteilt werden können.
- Skalierbarkeit und Flexibilität: Die Tokenisierung von Vermögenswerten, automatisierte Smart Contracts und globale Plattformen schaffen ein Ökosystem, das jederzeit skalierbar und anpassungsfähig ist.

9.1.2 Nischenmarkt mit Potenzial

Auch wenn DeFi und ähnliche Systeme aktuell noch als Spielwiese für technikaffine Anleger gelten, gibt es klare Indikatoren für ein bevorstehendes Wachstum:

- Zunahme digitaler Assets: Kryptowährungen, Stablecoins und tokenisierte Wertpapiere etablieren sich zunehmend als neue Anlageklassen.
- Zunehmende Akzeptanz: Institutionen und Regulierungsbehörden beginnen, dezentrale Finanzprodukte zu berücksichtigen, was Vertrauen schafft.
- Erfolgreiche Pilotprojekte: Plattformen wie Uniswap oder Aave zeigen, dass dezentrale Finanzmärkte bereits heute funktionieren und Renditen erwirtschaften können.

9.2 Rolle der Technologie

Eines der zentralen Argumente gegen DeFi und ähnliche Systeme ist das Risiko. Volatilität, Betrug und Sicherheitslücken werden oft als Gründe genannt, weshalb Anleger weiterhin auf etablierte Finanzsysteme setzen. Doch Technologie, insbesondere künstliche Intelligenz (KI), zeigt das Potenzial, diese Risiken zu bewältigen und neue Möglichkeiten zu schaffen.

9.2.1 Künstliche Intelligenz als Risikomanager

- Datenanalyse in Echtzeit: KI kann riesige Datenmengen analysieren und Muster erkennen, die auf potenzielle Risiken hinweisen. Dadurch können Anleger fundierte Entscheidungen treffen.
- Vorausschauendes Risikomanagement: Algorithmen können Marktvolatilität vorhersagen und Anleger davor bewahren, in unsichere Assets zu investieren.
- Schutz vor Betrug: KI-Systeme können betrügerische Aktivitäten schneller erkennen als herkömmliche Sicherheitsmechanismen.

9.2.2 Technologien als Bildungsinstrument

Die Komplexität neuer Finanztechnologien ist oft ein Hindernis für breite Akzeptanz. Doch genau hier kann Technologie, unterstützt durch KI, Brücken bauen:

- Nutzerfreundliche Plattformen: Dank KI und intuitiver Benutzeroberflächen können Menschen Finanztechnologien schnell erlernen und anwenden.
- Personalisierte Bildungsansätze: Plattformen wie ChatGPT oder spezialisierte DeFi-Tools bieten personalisierte Unterstützung und erklären komplizierte Konzepte auf verständliche Weise.
- Gamification und Simulationen: Spielerische Elemente und Simulationswerkzeuge helfen dabei, Finanzwissen praxisnah zu vermitteln.

9.3 Neue Anlegergeneration: motiviert und technologieaffin

Ein weiterer Grund für den Wandel in der Finanzlandschaft ist die junge Generation, die ein anderes Verhältnis zu Geld und Vermögen hat als frühere Generationen. Sie wächst in einer Welt auf, in der digitale Technologien allgegenwärtig sind, und ist sich bewusst, dass Vermögensaufbau ein wichtiger Bestandteil der persönlichen Lebensplanung ist.

9.3.1 Intrinsische Motivation für Vermögensaufbau

Junge Menschen wissen, dass sie sich nicht allein auf staatliche Rentensysteme verlassen können. Die Unsicherheiten im Hinblick auf die Altersvorsorge sowie der Wunsch nach finanzieller Unabhängigkeit treiben sie an:

- Flexibilität im Leben: Viele junge Menschen möchten nicht in starren Arbeitsverhältnissen verharren, sondern durch Kapitalerträge mehr Freiheit gewinnen.
- Langfristiges Denken: Klimawandel, Digitalisierung und geopolitische Unsicherheiten motivieren sie, frühzeitig Verantwortung für ihre finanzielle Zukunft zu übernehmen.

9.3.2 Technologiekompetenz als Schlüssel

- Schnelles Lernen: Dank digitaler Bildungsangebote haben junge Menschen heute einen einfachen Zugang zu Finanzwissen.
- Technologieverständnis: Sie sind mit Apps, Kryptowährungen und digitalen Tools vertraut, was den Einstieg in DeFi erleichtert.
- Netzwerkeffekte: Communities und soziale Netzwerke spielen eine wichtige Rolle bei der Verbreitung von Wissen und Erfahrungen.

9.4 Kapitalerträge als zweite Einkommensquelle

Die neue Finanzlandschaft macht es möglich, dass Menschen neben ihrem Arbeitseinkommen zunehmend auf Kapitalerträge setzen können. Dies könnte langfristig dazu führen, dass Vermögensaufbau und finanzielle Stabilität breiteren Bevölkerungsschichten ermöglicht wird.

9.4.1 Diversifikation durch neue Anlageklassen

- ETFs und Kleinanlagen: Der Zugang zu Exchange-Traded Funds (ETFs) und anderen Anlageinstrumenten wird durch digitale Plattformen erleichtert.
- Investitionen in kleine Unternehmen: Crowdfunding und tokenisierte Start-ups bieten neue Möglichkeiten, Kapital direkt in Projekte zu lenken und an möglichen Gewinnen teilzuhaben.
- Impact Investing: Viele Anleger interessieren sich zunehmend für Investments, die sowohl finanzielle als auch gesellschaftliche Renditen bieten.

9.4.2 Automatisierte und passive Einkommensströme

- Staking und Lending: In der DeFi-Welt können Nutzer durch das Bereitstellen von Liquidität oder das Verleihen von Assets passives Einkommen generieren.
- Automatisierte Portfolios: KI-gestützte Systeme können individuell optimierte Portfolios erstellen und verwalten, was auch unerfahrenen Anlegern Zugang zu komplexen Strategien ermöglicht.

9.5 Fazit: Digitale Finanzlandschaften im dezentralen Umfeld

Die Zukunft der Finanzwirtschaft liegt in digitalen, dezentralen Systemen. Diese bieten nicht nur mehr Menschen Zugang zu Finanzdienstleistungen, sondern ermöglichen es ihnen auch, ihre finanziellen Ziele selbstbestimmt zu erreichen. Dank technologischem Fortschritt und einer wachsenden Generation motivierter und gut informierter Anleger könnten zentrale Finanzsysteme, wie wir sie heute kennen, an Bedeutung verlieren. Andererseits sind die Anleger aber auch in größerer Verantwortung für ihren Vermögensaufbau.

10
Anlage 1: Technische Darstellung einer Token – Umgebung

Token sind so etwas wie das Herzstück der digitalen Geldentwicklung. Um die technische Seite des Entwicklungsvorgangs zu verdeutlichen, soll an dieser Stelle in Ansätzen der technische Ablauf einer Token Implementierung aufgezeigt werden (vgl. hierzu Modi, 2022, Kap. 2 und 3; vgl. Dannen, 2017, S. 100 ff.; vgl. auch Zheng et al., 2021). Dabei wird auf die Standards der Ethereum-Blockchain aufgesetzt und ein rudimentärer Crowdfunding-Token für ein Small Cap vorgestellt.

Es handelt sich um einen Security Token mit einer Genussschein-Orientierung, wobei bei der Darstellung des technischen Umfeldes die Komplexität von Genussscheinen ausspart und nur die wesentlichen Token Aspekte entwickelt werden. Wie sieht die grundsätzliche Vorgehensweise für einen einfachen Token aus:

- Es wird ein MetaMask-Account eingerichtet und eine Verbindung mit dem Sepolia Testnet hergestellt. Dieses Testnet ermöglicht Transaktionen auf der Blockchain, ohne wirkliche Ether zu nutzen – es gibt Test-Ether, die auf einer speziellen Website erhältlich sind (https://www.alchemy.com/faucets/ethereum-sepolia). MetaMask wird dann mit diesem Testnet verbunden, indem die Chain ID und die RPC-Informationen in MetaMask eingetragen werden. Die Chain ID ist eine eindeutige Kennung, die eine spezifische Blockchain-Netzwerkinstanz identifiziert. RPC steht für „Remote Procedure Call". Es handelt sich dabei um ein Protokoll, das einen Client ermöglicht, einen Code auszuführen, der sich auf einem anderen Server oder Computer befindet. In Bezug auf Ethereum und andere Blockchains werden RPC-Endpunkte verwendet, um eine Verbindung zu einer Blockchain herzustellen und mit ihr zu interagieren. Die Chain ID und die RPC-Informationen sind essenzielle Teile, um eine sichere und effiziente Kommunikation zwischen der Ethereum-Wallet (zum Beispiel MetaMask) und der Blockchain zu ermöglichen.

© Der/die Autor(en), exklusiv lizenziert an Springer Fachmedien Wiesbaden GmbH, ein Teil von Springer Nature 2025
H. Meisner, *Transformation des Geldes im digitalen Zeitalter*,
https://doi.org/10.1007/978-3-658-48235-0_10

- Daraufhin wird ein Smart Contract in Remix erstellt. Remix ist eine webbasierte integrierte Entwicklungsumgebung (IDE) für Solidity, die von der Ethereum Foundation entwickelt und bereitgestellt wird. Solidity ist die primäre Programmiersprache zur Entwicklung von Smart Contracts auf der Ethereum-Plattform. Remix ist ein umfassendes Werkzeug für die Entwicklung von Smart Contracts auf Ethereum und bietet eine Vielzahl von Funktionen, die das Schreiben, Testen und Bereitstellen von Solidity-Code effizienter machen. Es ist ein zentrales Werkzeug für viele Ethereum-Entwickler (vgl. Modi, 2022).
- Dann wird in Remix einen ERC20 Token Smart Contract erstellt. Dieser Contract enthält Funktionen für die Ausgabe von Token, die Übertragung von Token zwischen Konten, die Genehmigung von Token-Übertragungen im Namen eines Kontoinhabers und die Übertragung von Token von einem Konto zu einem anderen durch eine dritte Partei (das Beispiel für diesen ersten, einfachen Smart Contract ist in der unten zu finden).
- Dann wird der erstellten Smart Contract auf dem Sepolia Testnet bereitgestellt; der Vertrag hat eine Adresse auf der Blockchain erhalten (das wird Deployment genannt).
- Nach dem Deployment wird getestet, wie wir mit dem Smart Contract interagieren können, indem wir seine Funktionen in Remix aufrufen. Es wird erfolgreich die `transfer` Funktion aufgerufen, um Token von einem Konto zu einem anderen zu übertragen. Andere Funktionen werden ebenfalls mit Remix getestet.

Im nächsten Schritt wurde der Vertrag dann um einfache Crowdfunding-Funktionalitäten erweitert. Hierbei würden die Tokens des Smart Contracts gegen Ether getauscht werden, um dann eine Genussscheinfinanzierung zu etablieren. Besondere spezielle Anforderungen an diese Finanzierungsform wurden nicht getestet.

Der erweiterte Smart Contract wird neu in Remix kompiliert und auf dem Sepolia Testnet bereitgestellt und getestet.

Wichtig ist, dass die Adresse des Smart Contracts eindeutig ist und den Smart Contract repräsentiert; er kann also für Transaktionen angesteuert werden.

Übliche Benutzerkonten werden durch private Schlüssel kontrolliert und können Transaktionen initiieren. Smart Contracts hingegen haben keinen privaten Schlüssel und können nur auf Anfragen reagieren, die von Benutzerkonten gesendet wurden.

Der gesamte Prozess ist technisch getrieben; die wirtschaftlichen Parameter wie Nominalwerte der Finanzierung, Zinssätze und Gewinnbeteiligungen, Rückzahlungszeiträume und -beträge, Kündigungsoptionen, steuerliche Fragen etc. müssen zuvor eindeutig bestimmt werden und in dem Vertrag spezifiziert werden, genauso wie die Spezifikationen für einen ERC-1400-Token (Compliance etc.).

Hinzuzufügen ist noch, dass in dem Smart Contract keine regulatorischen Bestandteile nach dem neuen eWpG eingebaut wurden, dies hätte zu erheblichen Erweiterungen geführt. In einem realen Fall wäre also der reine ERC-1400 Token nicht ausreichend; in unserem Beispiel wurde nur das Crowdfunding mit Token abgebildet, ohne die entsprechenden Erweiterungen für den deutschen Regulierungsfall nach eWpG oder anderen Regularien.

10 Anlage 1: Technische Darstellung einer Token – Umgebung

Was für Ökonomen an dieser technischen Darstellung wichtig ist, der vertiefende Einblick auf diese Smart Contracts verbessert das wirtschaftliche Verständnis von Steuerung und Automatisierung im Zeitalter der Internet- und der Kryptoökonomie. In einer idealisierten Umwelt ohne Regulierungs- und Compliance Anforderungen könnte ein Unternehmen mit dem dargelegten Token Finanzmittel einsammeln.

Beispiele für Smart Contracts
DIESE FOLGENDEN CONTRACTE SIND KEINE PROTOTYPEN – SIE SIND NUR DEMONSTRATIONSBEISPIELE
   Einfacher Smart Contract für einfachen Token:

```
pragma solidity >=0.4.22 <0.6.0;

contract MyToken {
    /* This creates an array with all balances */
    mapping (address => uint256) public balanceOf;

    /* This generates a public event on the blockchain that will notify clients */
    event Transfer(address indexed from, address indexed to, uint256 value);

    /* Initializes contract with initial supply tokens to the creator of the contract */
    constructor(uint256 initialSupply) public {
        balanceOf[msg.sender] = initialSupply;       // Give the creator all initial tokens
    }

    /* Send coins */
    function transfer(address _to, uint256 _value) public returns (bool success) {
        require(balanceOf[msg.sender] >= _value);     // Check if the sender has enough
        require(balanceOf[_to] + _value >= balanceOf[_to]); // Check for overflows
        require(_to != address(0));                   // Prevent transfer to 0x0 address

        balanceOf[msg.sender] -= _value;              // Subtract from the sender
        balanceOf[_to] += _value;                     // Add the same to the recipient

        emit Transfer(msg.sender, _to, _value);       // Notify anyone listening that this transfer took place

        return true;
    }
}
```

Smart Contract für Crowdinvesting-Tokens – einfach

```solidity
pragma solidity >=0.4.22 <0.6.0;

contract MyToken {
    string public name;
    string public symbol;
    uint8 public decimals = 18;
    uint256 public totalSupply;

    mapping (address => uint256) public balanceOf;
    mapping (address => mapping (address => uint256)) public allowance;

    event Transfer(address indexed from, address indexed to, uint256 value);
    event Approval(address indexed owner, address indexed spender, uint256 value);

    constructor(string memory tokenName, string memory tokenSymbol, uint256 initialSupply) public {
        name = tokenName;
        symbol = tokenSymbol;
        totalSupply = initialSupply * 10 ** uint256(decimals);
        balanceOf[msg.sender] = totalSupply;
    }

    function transfer(address _to, uint256 _value) public returns (bool success) {
        require(balanceOf[msg.sender] >= _value);
        require(balanceOf[_to] + _value >= balanceOf[_to]);
        require(_to != address(0));

        balanceOf[msg.sender] -= _value;
        balanceOf[_to] += _value;

        emit Transfer(msg.sender, _to, _value);

        return true;
    }

    function approve(address _spender, uint256 _value) public returns (bool success) {
        allowance[msg.sender][_spender] = _value;

        emit Approval(msg.sender, _spender, _value);

        return true;
    }
```

```
    function transferFrom(address _from, address _to, uint256 _value) public returns (bool
success) {
        require(_value <= balanceOf[_from]);
        require(_value <= allowance[_from][msg.sender]);
        require(balanceOf[_to] + _value >= balanceOf[_to]);
        require(_to != address(0));

        balanceOf[_from] -= _value;
        balanceOf[_to] += _value;
        allowance[_from][msg.sender] -= _value;

        emit Transfer(_from, _to, _value);

        return true;
    }
}
```

▶ Dieser Smart Contract ist ein Standard ERC 20-Token-Vertrag, der in vielen verschiedenen Kontexten verwendet werden kann, einschließlich Crowdinvesting. Wie im Text oben erwähnt, wäre für eine vertiefende Darstellung ein ERC-1400-Token notwendig gewesen, der auch Compliance- und Controlling Aspekte ausdrücklich mit einbezieht. **Insbesondere kann dieser Token keine regulatorischen Anforderungen einbeziehen und müsste insofern zusätzlich ergänzt werden!**

Literatur

Dannen, C. (2017). *Einführung in Ethereum und Solidity*. Apress Brookly.
Modi, R. (2022). *Solidity programming essentials*. Packt Publishing Ltd.
Zheng, G., Gao, L., Huang, L., & Guan, J. (2021). *Ethereum smart contract development in solidity*. Springer Verlag.

Anlage 2: Konkrete Gestaltung eines Finanz-Cockpits

Ein KI-gestütztes Finanzcockpit stellt eine Lösung dar, die Anlegern hilft, die Komplexität der Finanzmärkte zu bewältigen. Durch personalisierte Empfehlungen, Echtzeitsimulationen und automatisierte Portfolio-Überwachung schafft das Cockpit eine Plattform, die sowohl für erfahrene Investoren als auch für Anfänger gleichermaßen nützlich ist. Die Integration von maschinellem Lernen und modernster Sicherheitstechnologie macht dieses Tool zu einem Assistenten in einer zunehmend digitalen und vernetzten Finanzwelt. Es kann im Sinne eines Agenten verstanden werden. Ein **KI-Agent** ist ein autonomes System, das eigenständig Daten wahrnimmt, analysiert und Entscheidungen trifft, um vordefinierte Ziele zu erreichen. Er kann reaktiv oder lernfähig sein und findet Anwendung in Bereichen wie Finanzmärkte, Smart Homes, Gesundheitswesen und Blockchain.

An dieser Stelle sollen die Anforderungen aufgezeigt werden, auf dessen Basis dann ein Cockpit mit Hilfe von KI eingerichtet werden kann.

Das Cockpit würde mit einem benutzerfreundlichen Dashboard ausgestattet, das als zentrales Interface fungiert. Die Oberfläche sollte visuell ansprechend und intuitiv gestaltet sein, sodass auch Anleger ohne tiefgehendes technisches oder finanzielles Vorwissen alle wichtigen Informationen schnell erfassen können.

Ein wesentlicher Teil der Benutzererfahrung besteht darin, dass der Nutzer die Oberfläche nach seinen Bedürfnissen anpassen kann. Über sogenannte Widget-Systeme könnte der Anleger entscheiden, welche Informationen auf der Startseite prominent angezeigt werden sollen. Zum Beispiel könnten Renditekennzahlen, Risikoprofile und die Verteilung der Assets visuell dargestellt und per Drag-and-Drop neu angeordnet werden.

Die Implementierung von Farbcodierung unterstützt den Benutzer zusätzlich bei der Interpretation der Marktentwicklungen. Positive Trends könnten beispielsweise grün, negative Entwicklungen rot markiert werden. Solche visuell eindeutigen Signale helfen dem Nutzer, auf einen Blick zu erkennen, wie es um sein Portfolio steht.

Am Anfang sollte ein **Fragebogen** zur Erfassung der Risikoneigung, des Vermögens und der Liquidität stehen, denn bevor die KI maßgeschneiderte Empfehlungen abgeben kann, müsste das System ein umfassendes Verständnis über die finanziellen Verhältnisse und Risikobereitschaft des Nutzers entwickeln. Die KI verwendet diese Daten, um die Basisstrategie des Portfolios zu erstellen und individuelle Risikoprofile anzupassen.

Der Fragebogen sollte folgende Kategorien umfassen:

- Risikoneigung: Wie hoch ist die Bereitschaft des Nutzers, Risiken einzugehen? Hier werden Fragen gestellt, die das Verhalten in Krisensituationen oder bei Verlusten bewerten.
- Vermögen: Welche Vermögenswerte stehen zur Verfügung? Das System müsste die verschiedenen Arten von Vermögenswerten berücksichtigen – von liquiden Mitteln bis hin zu illiquiden Vermögenswerten wie Immobilien.
- Liquidität: Wie hoch ist die tägliche oder monatliche Verfügbarkeit von Geldern, die in den Finanzmarkt investiert werden könnten? Dabei werden die Einkommens- und Verdienstverhältnisse zu berücksichtigen sein.
- Natürlich müssen Alter und die familiäre Situation erfasst werden.

Auf Basis dieses Fragebogens erstellt die KI ein Vermögens- und Risikoprofil und eine geeignete Anlagestrategie. Hierbei wird maschinelles Lernen eingesetzt, um den Anleger in eine der festgelegten Risikoklassen einzustufen. Diese Risikoklassen reichen von konservativ bis aggressiv und beeinflussen, welche Empfehlungen und Investmentstrategien die KI vorschlägt.

Für die **gesamte Datenerfassung** gilt entweder eine

- **Diskrete Erfassung;** dies bedeutet, dass Daten in einzelnen, getrennten Punkten oder Intervallen erfasst werden.
- **Kontinuierliche Erfassung;** dies bedeutet, dass Daten als durchgängiger Fluss ohne feste Abstände aufgenommen werden.

Statt diskreter Momentaufnahmen (zum Beispiel tägliche oder wöchentliche Analysen) könnte die KI **kontinuierlich** Marktbewegungen, Portfolio-Risiken und externe Faktoren in Echtzeit analysieren. Sie könnte **Live-Datenströme** aus Börsen, Wirtschaftsnachrichten, geopolitischen Ereignissen und KI-gestützten Prognosemodellen integrieren.

Ein Herzstück dieses Cockpits sind die **Simulationswerkzeuge**, die in Echtzeit verschiedene Marktszenarien durchspielen können. Hierbei wird maschinelles Lernen eingesetzt, um auf Basis von historischen Marktdaten und aktuellen Entwicklungen Prognosen zu erstellen. Diese Prognosen erlauben es, verschiedene Szenarien zu simulieren, wie beispielsweise Zinserhöhungen, geopolitische Krisen oder Inflationsschocks.

Ein bedeutendes Feature wäre die Was-wäre-wenn-Analyse. Diese ermöglicht es den Nutzern, hypothetische Änderungen vorzunehmen, wie etwa die Frage: „Was passiert, wenn ich 10 % meines Portfolios in Kryptowährungen investiere?" Die KI würde daraufhin die möglichen Auswirkungen dieser Entscheidung auf das gesamte Portfolio simulieren. Sie zeigt an, wie sich das Risiko-Rendite-Profil verschiebt und ob diese Änderung mit den finanziellen Zielen des Nutzers im Einklang steht.

Die **personalisierte Beratung durch KI** ist ein weiterer wesentlicher Aspekt des Cockpits. Mithilfe von Reinforcement-Learning-Algorithmen und Data-Mining-Techniken analysiert das System kontinuierlich die Marktentwicklungen und passt die Empfehlungen an die individuellen Bedürfnisse des Nutzers an. Das Ziel ist es, durch die Analyse von historischen Daten, Echtzeitmarktdaten und persönlicher Portfolioperformance Vorschläge zu unterbreiten, die sowohl die Renditen maximieren als auch die Risiken minimieren.

Ein Beispiel: Hat der Nutzer ein stark diversifiziertes Portfolio, könnte die KI vorschlagen, einen Teil in wachstumsstarke, aber risikoreichere Sektoren zu investieren, etwa in Technologie- oder Kryptowährung-ETFs. Wenn der Nutzer hingegen kurz vor dem Ruhestand steht, könnte die KI auf sicherere Anlagen wie Anleihen oder geldmarktnahe Instrumente hinweisen.

Ein herausragendes Merkmal dieses Cockpits wäre die Fähigkeit der KI, sich an **veränderte Lebenssituationen** des Nutzers anzupassen. Dazu gehört etwa der Eintritt in den Ruhestand, der Wechsel in eine neue Anstellung oder größere geplante Ausgaben wie der Kauf einer Immobilie. Auf Grundlage solcher Informationen kann die KI-Vorschläge machen, um das Portfolio entsprechend anzupassen.

Die **automatisierte Überwachung des Portfolios** wäre eine weitere entscheidende Funktion des Cockpits. Mithilfe von maschinellem Lernen analysiert die KI kontinuierlich die Performance und das Risikoprofil des Portfolios und passt es automatisch an, wenn bestimmte Schwellenwerte erreicht werden. Ein Beispiel hierfür ist die Rebalancing-Funktion, die regelmäßig oder bei bestimmten Marktbewegungen automatisch das Portfolio anpasst, um die ursprünglich festgelegte Asset-Allokation beizubehalten.

Die Implementierung einer solchen Funktion erfordert die Integration von Echtzeit-Datenfeeds, die es der KI ermöglichen, Marktveränderungen sofort zu erkennen. Die KI könnte beispielsweise Alarmfunktionen auslösen, wenn bestimmte Märkte Volatilität zeigen oder das Portfolio droht, von den langfristigen Zielen des Anlegers abzuweichen.

Mit dem zunehmenden Interesse an **Kryptowährungen und DeFi** (dezentralen Finanzsystemen) bietet das Cockpit auch Funktionen zur Verwaltung von Kryptowährung Portfolios. Es integriert verschiedene Kryptowährungen wie Bitcoin, Ethereum und Altcoins und analysiert deren Performance anhand von Volatilitätsdaten und Markttrends. Die KI könnte hierbei helfen, den richtigen Zeitpunkt für den Kauf oder Verkauf solcher Vermögenswerte zu bestimmen. Es muss allerdings vorher grundsätzlich geklärt werden, ob man kurzfristig mit Krypto handeln will, oder eine langfristige Strategie verfolgt. **HODLn** bedeutet, eine Kryptowährung langfristig zu halten, unabhängig von Marktbewegungen, während andere Strategien wie **Trading** (kurzfristige Käufe und Verkäufe) auf Preisschwankungen spekulieren. In diesem Zusammenhang sind noch **Staking** und **Yield Farming** zu nennen; diese Formen setzen darauf, Coins aktiv einzusetzen, um durch Netzwerkteilnahme oder Liquiditätsbereitstellung Renditen und Überschüsse zu erzielen.

Zusätzlich oder ergänzend könnte die Plattform durch die Integration von Krypto-ETFs weitere Diversifikationsmöglichkeiten bieten. Solche ETFs ermöglichen es den Nutzern, von der Entwicklung des Kryptomarktes zu profitieren, ohne direkt in volatile Einzelwerte zu investieren. Hierzu wird das Cockpit spezielle Empfehlungen basierend auf dem Risikoprofil und den langfristigen Zielen des Nutzers aussprechen.

Ein zentrales Anliegen bei der Gestaltung eines solchen Cockpits ist die **Sicherheit der Nutzerdaten**. Alle Transaktionen und personenbezogenen Informationen werden durch End-to-End-Verschlüsselung geschützt. Zudem würde eine Zwei-Faktor-Authentifizierung zur Absicherung des Kontos implementiert.

Die Einhaltung der Datenschutzbestimmungen wie der DSGVO ist ebenfalls essenziell. Nutzer haben volle Kontrolle über ihre persönlichen Daten und können entscheiden, welche Informationen die KI verwenden darf. Alle gespeicherten Daten werden verschlüsselt und sicher auf dezentralen Servern gespeichert, um sicherzustellen, dass die Daten der Nutzer jederzeit geschützt sind.

Da nicht jeder Nutzer ein erfahrener Anleger ist, würde das Cockpit zusätzlich Lernressourcen anbieten, um die Nutzer bei der Weiterbildung zu unterstützen. Interaktive Tutorials könnten den Umgang mit dem Cockpit und die Grundlagen der Geldanlage erläutern. Eine integrierte Wissensdatenbank würde es den Nutzern ermöglichen, auf Artikel, Videos und Tutorials zu spezifischen Themen wie Anlagestrategien, Risikomanagement und Kryptowährungen zuzugreifen.

Ein weiteres nützliches Feature wäre die Bereitstellung von Echtzeit-Marktnachrichten und Analysen, die in das Dashboard integriert werden. Diese Informationen helfen dem Nutzer, jederzeit auf dem Laufenden zu bleiben und fundierte Entscheidungen zu treffen. Es ist aber auch klar, dass die Intensität dieses Features von dem Vermögensumfang abhängig ist. Kleinere Portfolios benötigen weniger Aufmerksamkeit in dieser Richtung, weil eine zu intensive ständige Beobachtung von Kursveränderungen zu Aktionen der Umschichtung führen, die zu weniger Rendite führen (Lehren aus der Behavioral Finance).

Das Cockpit könnte auch **soziale Funktionen** integrieren, die es Nutzern ermöglichen, ihre Portfolios (anonym) mit denen anderer Nutzer zu vergleichen und sich über Anlagestrategien und Marktentwicklungen auszutauschen. Ein Community-Tool könnte den Nutzern helfen, sich in einem Forum oder Chat über ihre Erfahrungen auszutauschen. Durch diese soziale Interaktion könnten Nutzer wertvolle Einblicke in die Strategien anderer gewinnen, etwa indem sie die Performance unterschiedlicher Portfolios miteinander vergleichen.

Für die Zukunft wäre darüber hinaus noch die Darstellungsform eine Chance, das Cockpit den Nutzern näher zu bringen. In einer **virtuellen Welt** bietet ein Finanzcockpit nahezu unbegrenzte Möglichkeiten, komplexe Finanzdaten interaktiv und verständlich darzustellen. Die dreidimensionale Umgebung des **Metaverse** würde es mit sich bringen, Informationen in einer Weise zu visualisieren, die auf traditionellen Bildschirmen nur schwer umsetzbar wäre. So könnten Portfoliodaten, Risikoprofile und Marktanalysen als schwebende, interaktive Diagramme präsentiert werden, die der Benutzer frei um sich herum anordnen und betrachten kann: er wäre quasi im Cockpit.

11 Anlage 2: Konkrete Gestaltung eines Finanz-Cockpits

Eine der größten Stärken eines virtuellen Finanzcockpits liegt in der intuitiven Navigation. Nutzer könnten durch einfache Gesten Diagramme vergrößern, Details abrufen oder zwischen verschiedenen Ansichten wechseln. Dabei könnten etwa 3D-Modelle eines Portfolios verwendet werden, die eine räumliche Darstellung der Anteile verschiedener Anlageklassen bieten. Das erlaubt einen schnelleren Überblick und ein tieferes Verständnis komplexer Strukturen.

Ein weiterer Vorteil liegt in der Flexibilität der Umgebung. In einem virtuellen Raum gibt es keine physischen Grenzen. Das bedeutet, dass komplexe Finanzstrategien über mehrere „Räume" oder „Ebenen" verteilt werden könnten, durch die sich der Benutzer bewegen kann. Jeder Raum könnte unterschiedliche Informationen beinhalten, zum Beispiel eine Übersichtsebene, ein Raum für Risikomanagement und ein weiterer für historische Datenanalysen. Diese Struktur hilft dabei, Informationen klarer und übersichtlicher zu präsentieren, ohne den Benutzer zu überfordern.

Zudem bietet die virtuelle Welt zusätzliche Kooperationsmöglichkeiten. Mehrere Nutzer könnten sich gleichzeitig im selben Raum aufhalten und gemeinsam an denselben Daten arbeiten. Denkbar sind virtuelle Meetings, in denen Teams, Kunden oder Berater zusammenkommen, um komplexe Analysen durchzuführen und direkt Maßnahmen zu planen. Jeder Teilnehmer hätte die Möglichkeit, Diagramme zu gestalten, Anmerkungen hinzuzufügen und Änderungen vorzunehmen, während alle anderen die Ergebnisse in Echtzeit sehen.

Allerdings sind diese Möglichkeiten heute noch stark beschränkt und es gibt zu wenige Erfahrungsberichte und empirische Forschung dazu.

Entwicklung eines Excel-basierten Finanzcockpits mit integriertem KI-gestütztem Risikomanagement: Zwischenstand und nächste Schritte

Das Excel-Cockpit dient als umfassende Plattform zur Verwaltung, Überwachung und Analyse eines Portfolios und deckt wesentliche Aspekte des Finanzmanagements ab. Besonders im Bereich Risikomanagement wird das Cockpit durch quantifizierbare Daten und KI-gestützte Einblicke unterstützt, um so eine ausgewogene und dynamische Sicht auf das Portfolio zu ermöglichen. Nachfolgend eine Übersicht über die einzelnen Cockpit-Bausteine und ihre geplante Weiterentwicklung.

1. Übersichtsdashboard mit Key Performance Indicators (KPIs)

Das Dashboard ist die zentrale Anlaufstelle des Cockpits und präsentiert wesentliche Kennzahlen auf einen Blick. Hierzu zählen:

- Gesamtwert des Portfolios: Zeigt den aktuellen Wert aller Anlageklassen im Portfolio und dient als Basiswert für Renditeberechnungen.
- Tägliche und monatliche Performance: Diese Kennzahlen geben einen Überblick über die kurzfristige Wertentwicklung und ermöglichen es, Trends oder Abweichungen frühzeitig zu erkennen.

- Gesamtrendite (ROI) und jährliche Rendite: Die ROI gibt die Gesamtperformance seit Beginn der Anlage an, während die jährliche Rendite als wichtiger Indikator für die langfristige Entwicklung des Portfolios dient.

Das Dashboard schafft Transparenz und vereinfacht die Überwachung des Portfolios. Es dient auch als Basis für die Integration weiterer Module und gibt erste Hinweise auf mögliche Optimierungs- oder Anpassungsbedarfe im Portfolio.

2. Portfolio-Struktur und Kategorisierung nach Anlageklassen
Die Portfolio-Struktur bildet eine detaillierte Übersicht über die Zusammensetzung des Portfolios und umfasst verschiedene Anlageklassen wie Aktien-ETFs, Anleihen-ETFs, Kryptowährungen sowie Cash und Tagesgeld. Eine flexible Struktur ist hier besonders wichtig, da sie den Anwendern erlaubt, spezifische Kategorien wie Regionen (zum Beispiel Nordamerika, Europa) oder Anlagearten (zum Beispiel Staatsanleihen vs. Unternehmensanleihen) zu unterscheiden.

3. Risikomanagement-Heatmap mit Risikokennzahlen
Ein wichtiger Bestandteil des Cockpits ist die Risikomanagement-Heatmap, die die verschiedenen Anlageklassen anhand ihrer Risikopotenziale auf einer Skala von 0 bis 1 einstuft. Die Basis für die Bewertung bilden die folgenden Risikokennzahlen:

- Volatilität: Zeigt die Schwankungsbreite der Renditen und dient als Indikator für die potenzielle Wertentwicklung.
- Beta: Misst das relative Risiko im Vergleich zu einem Benchmark, zum Beispiel dem S&P 500 oder einem europäischen Vergleichsindex. Ein höheres Beta deutet auf eine stärkere Marktsensitivität hin.
- Value-at-Risk (VaR): Gibt den maximalen Verlust bei einem bestimmten Konfidenzniveau an (zum Beispiel 95 %) und ist ein gängiges Instrument zur Risikomessung.

Die Kennzahlen werden in Python berechnet und dynamisch in das Excel-Sheet übertragen, was eine kontinuierliche Aktualisierung und eine schnelle Risikoeinschätzung ermöglicht. Geplant ist, für jede Anlageklasse Schwellenwerte festzulegen, die den Anwender darauf hinweisen, wenn bestimmte Risikogrenzen überschritten werden. Diese Warnhinweise dienen als Unterstützung, um das Portfolio proaktiv zu steuern. Für kleinere Portfolios können entsprechende Vereinfachungen vorgenommen werden.

4. Simulationswerkzeuge für Szenario- und Stressanalysen
Das Sheet Simulationswerkzeuge ist besonders wertvoll für die Durchführung von Szenario- und Stressanalysen. In diesem Bereich können hypothetische Marktveränderungen simuliert werden, um die Auswirkungen auf das Portfolio zu untersuchen. Geplante Szenarien umfassen:

- Zinserhöhungen: Simulationen zur Abschätzung der Effekte von Zinsschwankungen auf Anleihen und Aktien.
- Marktabstürze und -hochs: Hier werden verschiedene Marktverläufe simuliert, wie zum Beispiel ein plötzlicher Kurseinbruch oder ein rasantes Wachstum.
- Veränderte Korrelationen: In Stresssituationen ändern sich oft die Korrelationen zwischen Anlageklassen. Diese Anpassung ermöglicht es, zu testen, wie das Portfolio auf unterschiedliche Korrelationsniveaus reagiert.

Ein solches Simulationswerkzeug schafft die Möglichkeit, das Portfolio auf Krisenresistenz zu überprüfen und frühzeitig auf potenzielle Gefahren zu reagieren. Zukünftige Versionen könnten KI-gestützte Anpassungen der Parameter umfassen, basierend auf aktuellen Marktentwicklungen.

5. Korrelationsmatrix zur Darstellung der Abhängigkeiten zwischen Anlageklassen

Die Korrelationsmatrix zeigt die wechselseitigen Beziehungen der Anlageklassen, aber auch einzelner Wertpapiere und hilft zu verstehen, wie stark sich deren Renditen im Normalfall oder in Krisensituationen entwickeln. Dies ist besonders wertvoll, um Risiken zu bewerten, die sich aus einer zunehmenden Korrelation von zum Beispiel Aktien und Anleihen ergeben.

Die Korrelationsmatrix bildet eine Grundlage für die Risikobewertung in Stressphasen. Diese Daten können in der Simulationsanalyse verwendet werden, um auf eine gestiegene Korrelation in Krisenzeiten zu reagieren, was ein häufiges Phänomen in Finanzkrisen ist.

6. Erweiterung durch KI-gestützte Marktanalysen

Eine weitere geplante Erweiterung ist die Integration von KI-gestützten Marktanalysen, die qualitative Daten wie Nachrichten, geopolitische Ereignisse oder Regulierungsänderungen berücksichtigen. Die OpenAI-API könnte hier verwendet werden, um Marktanalysen und Risikoeinschätzungen zu generieren, die über reine quantitative Daten hinausgehen. Diese zusätzlichen Informationen unterstützen Anleger dabei, auch externe Faktoren in ihre Entscheidungen einzubeziehen und so eine umfassendere Einschätzung der Marktsituation zu erhalten.

Konkreter Ansatz für eine Integration

Eine direkte und benutzerfreundliche Einbindung wäre die direkte Integration von ChatGPT. Hier gibt es verschiedene Möglichkeiten, wie ChatGPT in Excel und dem Front End für eine nahtlose Zusammenarbeit und Unterstützung eingebunden werden kann:

Direkte Nutzung in Excel mit ChatGPT-Integration

- OpenAI-Plugin für Excel: Einige Excel-Versionen und Plattformen wie Office 365 bieten API-Integrationen oder Plugins für OpenAI an, die den direkten Zugriff auf die Funktionen im Tabellenblatt ermöglichen. Mit einem solchen Plugin können Fragen gestellt oder Anweisungen gegeben werden, und die Antworten oder Berechnungen erscheinen direkt in Excel. Man sollte Bedenken, dass die API-Anbindung zusätzliche Kosten verursacht.

- Excel VBA Makros: Mithilfe von Makros und APIs können Funktionen und Skripte auf Abruf ausgeführt werden zum Beispiel Portfolio analysieren oder Simulation starten. Eine kleine Codezeile in VBA stellt die Verbindung zur API her und leitet Daten weiter. So könnte im Excel-Menü die Option ChatGPT-Analyse starten oder eine Schaltfläche für spezielle Berechnungen hinzugefügt werden.

Separates Interface als Support-Cockpit im Front-End
- Dashboard-Erweiterung im Front-End: Eine separate Chat- oder Fragefläche im Cockpit könnte die Möglichkeit bieten, auf ChatGPT-Funktionen zuzugreifen, sei es für Erklärungen, Berechnungen oder Tipps zu spezifischen Zellen und Berechnungen. Ein einfaches Textfeld mit einer API-Anbindung ermöglicht es, schnell Fragen zu stellen oder Berechnungen anzustoßen
- Kontextuelle Anfragen über Schaltflächen: An bestimmten Positionen im Cockpit zum Beispiel neben einer Diagrammüberschrift oder im Portfolio-Heatmap-Bereich könnten Schaltflächen wie ChatGPT fragen eingefügt werden. Diese Schaltflächen könnten mit einem vorgegebenen Kontext kommunizieren zum Beispiel: „Erkläre Volatilität im Portfolio" sodass passende Antworten zur jeweiligen Funktion bereitgestellt werden.

Integration durch VBA für gezielte Rückfragen
-Hinterlegte VBA-Funktionen in Excel: Eine Reihe von Makros könnte spezifische Funktionen oder Analysen übermitteln. Ein Makro könnte eine ausgewählte Zelle oder Tabelle automatisch an die API senden und die Antwort als neuen Wert oder Kommentar direkt in Excel darstellen. Makros für Risikobewertung Benchmark-Analyse oder Portfolio-Simulation könnten hier nützlich sein.

Chatbot-Integration mit personalisierten Funktionen
- In einem webbasierten Cockpit oder einer eigenständigen Anwendung könnte ein integrierter Chatbot oder ein Textfeld eingerichtet werden, das über API-Aufrufe auf Funktionen zugreift. Dies schafft eine direkte Support-Schnittstelle über die Berechnungen durchgeführt oder Analysen angefragt werden können
- API-Parameter könnten festgelegt werden um spezifische Finanzthemen wie Portfolioanalyse, Risikoanpassungen Asset-Bewertungen mit vordefinierten Fragen zu versehen was den Prozess erleichtert.

Für eine direkte Ansteuerung der OpenAI API über Excel könnte ein VBA-Makro als Schnittstelle zur API fungieren.

Mit dieser Funktion können Eingaben direkt in einem Pop-up-Fenster gemacht werden. Die Frage wird gesendet und das Ergebnis in einer MessageBox angezeigt.

Mehr zu den Themen auf www.blog.meisnerconsult.de

MIX
Papier aus verantwortungsvollen Quellen
Paper from responsible sources
FSC® C105338

If you have any concerns about our products,
you can contact us on
ProductSafety@springernature.com

In case Publisher is established outside the EU,
the EU authorized representative is:
Springer Nature Customer Service Center GmbH
Europaplatz 3, 69115 Heidelberg, Germany

Printed by Libri Plureos GmbH
in Hamburg, Germany